Accedi ai **Servizi Riservati**

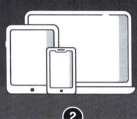

① **COLLEGATI AL SITO** EDISES.IT ▶ ② **ACCEDI AL MATERIALE DIDATTICO** ▶ ③ **SEGUI LE ISTRUZIONI**

Se hai acquistato su **amazon.it**, all'atto della spedizione riceverai via mail il **codice personale** necessario per accedere ai **servizi** e ai **contenuti extra** previsti da questo libro.

Se non hai ricevuto il codice (controlla anche nello spam), apri un ticket su **assistenza.edises.it** allegando la **ricevuta d'acquisto** e provvederemo ad inviarti il codice.

L'**accesso ai servizi riservati** ha la durata di **18 mesi** dall'attivazione del codice.

Per attivare i **servizi riservati**, collegati al sito **edises.it** e segui queste semplici istruzioni

SE SEI REGISTRATO AL SITO

clicca su **Accedi al materiale didattico**
▼
inserisci email e password
▼
inserisci le ultime 4 cifre del codice ISBN
▼
inserisci il **codice personale** ricevuto via mail da Amazon per essere reindirizzato automaticamente all'area riservata

SE NON SEI REGISTRATO AL SITO

clicca su **Accedi al materiale didattico**
▼
registrati al sito edises.it
▼
attendi l'email di conferma per perfezionare la registrazione
▼
torna sul sito **edises.it** e segui la procedura già descritta per **utenti registrati**

il **nuovo** concorso a cattedra
QUIZ COMMENTATI

Per la **prova scritta** del **concorso scuola**

Ampia raccolta di **quesiti** a risposta multipla **commentati** su tutto il programma

Francesca **de Robertis**
Valeria **Crisafulli**

Il nuovo concorso a cattedra – Quiz commentati per la prova scritta del concorso scuola
Copyright © 2023 EdiSES edizioni S.r.l. – Napoli

9 8 7 6 5 4 3 2 1 0
2027 2026 2025 2024 2023
Le cifre sulla destra indicano il numero e l'anno dell'ultima ristampa effettuata

> *A norma di legge è vietata la riproduzione, anche parziale, del presente volume o di parte di esso con qualsiasi mezzo.*
> L'Editore

Progetto grafico: ProMedia Studio di A. Leano – Napoli

Fotocomposizione: EdiSES edizioni S.r.l. – Napoli

Stampato presso: Vulcanica S.r.l. – Nola (NA)

Per conto della EdiSES edizioni S.r.l. – Piazza Dante 89 – Napoli

ISBN 978 88 3622 970 3   www.edises.it

I curatori, l'editore e tutti coloro in qualche modo coinvolti nella preparazione o pubblicazione di quest'opera hanno posto il massimo impegno per garantire che le informazioni ivi contenute siano corrette, compatibilmente con le conoscenze disponibili al momento della stampa; essi, tuttavia, non possono essere ritenuti responsabili dei risultati dell'utilizzo di tali informazioni e restano a disposizione per integrare la citazione delle fonti, qualora incompleta o imprecisa.

Realizzare un libro è un'operazione complessa e, nonostante la cura e l'attenzione poste dagli autori e da tutti gli addetti coinvolti nella lavorazione dei testi, l'esperienza ci insegna che è praticamente impossibile pubblicare un volume privo di imprecisioni. Saremo grati ai lettori che vorranno inviarci le loro segnalazioni e/o suggerimenti migliorativi sulla piattaforma *assistenza.edises.it*

Premessa

Il volume è indirizzato a quanti intendono partecipare alla prova scritta del nuovo Concorso a cattedra. L'opera è, infatti, costituita da un'ampia raccolta di quiz a risposta multipla su tutte le conoscenze e competenze richieste ai candidati, corredati da puntuali ed esaustivi richiami:
- competenze di ambito pedagogico;
- competenze di ambito psico-pedagogico, compresi gli aspetti relativi all'inclusione;
- competenze di ambito metodologico-didattico, compresi gli aspetti relativi alla valutazione;
- conoscenza della lingua inglese;
- competenze digitali.

Il commento ragionato fornito per ciascun quiz costituisce, infatti, un momento di ripasso, un rapido riepilogo delle nozioni teoriche fondamentali e consente di fissare i punti chiave. L'approccio didattico utilizzato rende il testo uno strumento di studio completo consentendo l'assimilazione dei concetti per argomento.

Il volume è, infine, completato da un software di simulazione mediante cui è possibile effettuare infinite esercitazioni con gli stessi criteri della prova reale.

Ulteriori materiali didattici sono disponibili nell'area riservata a cui si accede mediante la registrazione al sito *edises.it* secondo la procedura indicata nelle prime pagine del volume.

Eventuali errata-corrige saranno pubblicati sul sito *edises.it*, nella scheda "Aggiornamenti" della pagina dedicata al volume.

Altri aggiornamenti sulle procedure concorsuali saranno disponibili sui nostri profili social.

blog.edises.it

Indice

Parte Prima
Competenze pedagogiche

Questionario 1 Metodologia della ricerca in psico-pedagogia 3
Questionario 2 Pedagogia generale e speciale 28

Parte Seconda
Competenze psico-pedagogiche

Questionario 1 Psicologia generale e dell'età evolutiva 93
Questionario 2 Empatia e intelligenza emotiva 141
Questionario 3 Creatività e pensiero divergente 164

Parte Terza
Competenze didattico-metodologiche

Questionario 1 Didattica generale e speciale 193

Parte Quarta
Competenze in lingua inglese e informatica

Questionario 1 Inglese 235
Questionario 2 Informatica 249

Parte Prima
Competenze pedagogiche

SOMMARIO

Questionario 1	Metodologia della ricerca in psico-pedagogia
Questionario 2	Pedagogia generale e speciale

Questionario 1
Metodologia della ricerca in psico-pedagogia

1) In campo educativo, per metodo si intende:
A. un sistema di regole, di principi e di procedimenti che guidino l'indagine scientifica
B. un insieme strutturato di procedure che definiscono il modo di operare in classe
C. un modo di procedere per giungere alla realizzazione finale di un compito
D. un espediente che l'insegnante mette in opera per raggiungere un obiettivo
E. un sistema educativo concordato a livello scolastico

2) Una variabile è:
A. una serie statistica
B. una caratteristica che non deve cambiare
C. una caratteristica che può mutare
D. un dato numerico
E. una rappresentazione grafica

3) Per metodologia si intende:
A. un quadro di riferimento che renda intelligibili i fatti della vita sociale
B. un insieme di tecniche impiegate per risolvere un determinato problema
C. una ricerca che attribuisca fondatezza alle varie teorie passate in rassegna
D. l'esame della letteratura esistente sull'argomento oggetto di analisi
E. un sistema di regole, di principi e di procedimenti che guidino l'indagine scientifica

4) Una correlazione:
A. è un indice di dispersione
B. è un indice di tendenza centrale
C. esprime l'intensità della relazione tra due variabili
D. è un tipo di media
E. è una scala proporzionale

5) Per stabilire se tra due variabili esiste una correlazione è necessario:
A. stabilire se sono omogenee
B. fare una media aritmetica
C. compiere un'analisi multivariata
D. compiere un'analisi bivariata
E. compiere un'analisi monovariata

6) La definizione di un oggetto di ricerca consiste:
A. nella scelta di un argomento da indagare utilizzando una corretta metodologia
B. nella formulazione di un'ipotesi
C. nell'analisi di tutte le ricerche compiute su un determinato argomento
D. nella scelta del campione più rappresentativo della popolazione
E. nella raccolta dei dati

7) Un universo è:
A. una variabile indipendente
B. un numero limitato di individui che rappresentano una totalità oggetto di analisi
C. uno strumento di analisi
D. l'insieme dei casi che teoricamente costituisce l'oggetto complessivo di un'indagine sociologica
E. un metodo per costruire un campione rappresentativo di una popolazione

8) In uno studio di panel:
A. le inchieste ripetute vengono realizzate sempre sullo stesso campione formato dalle stesse persone
B. si ottiene un campione non probabilistico
C. si ottiene un campione casuale semplice
D. si analizzano le storie di vita
E. le inchieste ripetute vengono realizzate non sullo stesso campione, ma su campioni omogenei

9) Il focus group è:
A. un'intervista orientata a una ricostruzione dei fatti fedele alla realtà
B. una tecnica di campionamento
C. un gruppo di individui con caratteristiche tutte diverse tra loro
D. un gruppo di individui omogenei per certe caratteristiche sociali
E. un'intervista protesa a comprendere le interpretazioni elaborate dall'intervistato

10) Le storie di vita scritte sono:
A. biografie ricostruite dallo studioso mediante interviste narrative
B. analisi dei risultati dell'osservazione partecipante
C. questionari a domanda aperta
D. questionari a domanda chiusa
E. serie di biografie raccolte dal ricercatore

11) Nell'osservazione naturalistica:
A. si analizzano documenti già studiati e rielaborati
B. si compie un'analisi del contenuto di un testo registrato
C. si osservano documenti che forniscono notizie di prima mano

D. il ricercatore osserva, senza partecipare, degli individui che non sanno di essere analizzati
E. il sociologo si immerge nelle attività dei soggetti studiati

12) I documenti scientifici:
A. sono sovrarappresentazioni dei gruppi elitari della società
B. sono costituiti dai risultati delle ricerche precedenti condotte nelle scienze sociali
C. sono materiali prodotti e diffusi dai mezzi di comunicazione di massa
D. sono pubblicazioni curate da istituti specializzati nel rilevamento e nell'elaborazione dei dati
E. sono realizzati esclusivamente a partire da dati di laboratorio

13) L'adattamento realizzato a livello del pensiero:
A. fornisce conoscenze, modelli e immagini
B. sviluppa bisogni fisiologici e atteggiamenti corporei
C. canalizza le modalità di espressione degli affetti
D. favorisce lo sviluppo del linguaggio
E. condiziona l'organismo neurofisiologico

14) Quale studioso ha parlato di falsificabilità?
A. Herbert Spencer
B. Karl Popper
C. Harold Garfinkel
D. Émile Durkheim
E. Alfred Schütz

15) Quale paradigma scientifico può essere contrapposto, in sociologia e nelle scienze sociali in genere, a quello positivista?
A. Progressivista
B. Costruttivista
C. Determinista
D. Realista
E. Interpretativista

16) «Fenomenologia significa dunque: […] lasciar vedere da se stesso ciò che si manifesta, così come si manifesta da se stesso. Questo è il senso formale dell'indagine che si autodefinisce fenomenologia». Queste sono parole di:
A. Martin Heidegger
B. Edmund Husserl
C. Herbert Mead
D. Alfred Schütz
E. John Dewey

17) Cos'è l'operativizzazione?
A. L'espressione verbale del linguaggio matematico
B. Il processo di traduzione dei dati grezzi in risultati oggettivi
C. L'ultima fase di una ricerca sociale
D. Il conteggio matematico delle proprietà di una o più variabili
E. La trasformazione dei concetti in variabili

18) Quale di queste affermazioni è valida per quanto riguarda la ricerca quantitativa?
A. La ricerca quantitativa si basa su assunti esclusivamente soggettivi, essa non ricercherà mai risultati che possano dirsi oggettivi
B. Nella ricerca quantitativa non deve mai essere utilizzata la matrice dati
C. La ricerca quantitativa si utilizza esclusivamente nell'ambito del paradigma interpretativista
D. Nella ricerca quantitativa il disegno della ricerca è definito a tavolino prima dell'inizio della rilevazione ed è rigidamente strutturato e chiuso
E. Nella ricerca quantitativa si utilizzano esclusivamente dati statistici

19) Come è possibile suddividere le variabili?
A. Variabili di concetto, variabili di proprietà e variabili di ispezione
B. Non è possibile suddividere le variabili in alcun modo
C. Variabili assolute e variabili relative
D. Variabili soggettive e variabili oggettive
E. Variabili dipendenti e variabili indipendenti

20) A cosa puntano le famiglie standard?
A. All'annullamento dello sguardo del ricercatore
B. A ricercare relazioni tra variabili
C. A tradurre in variabili qualitative i dati ricavati dalle variabili quantitative
D. A modificare i risultati di un'indagine in maniera da renderli estendibili a contesti differenti da quello che ha specificamente coinvolto la ricerca
E. A descrivere sinteticamente una ricerca qualitativa

21) Cos'è un asserto impersonale?
A. L'assunzione di una metodologia ibrida nell'approcciare alla ricerca sociale
B. Un particolare tipo di affermazione sottoponibile a controllo empirico
C. Una frase in cui viene utilizzata sempre la terza persona singolare
D. Un asserto universalmente valido
E. La principale legge dell'insieme non standard

22) Quale tra questi elementi non è adeguato alla descrizione dell'insieme non standard?
A. La necessità di costruire una matrice dati

B. La predilezione per la comprensione globale delle situazioni specifiche
C. L'orientamento a ridurre al minimo la separazione tra vita quotidiana e scienza
D. La dipendenza dal contesto, dalla situazione specifica che si studia
E. La mancata strutturazione dell'insieme

23) A chi si deve l'invenzione della matrice dei dati?
A. Gottfried Achenwall
B. Aaron Victor Cicourel
C. Galileo Galilei
D. Sigmund Freud
E. Harold Garfinkel

24) Chi ha introdotto la distinzione tra scienze nomotetiche e idiografiche?
A. Gottfried Achenwall
B. Wilhelm Windelband
C. Max Weber
D. Burrhus Skinner
E. Herbert Blumer

25) Che cos'è un'unità di analisi?
A. Lo strumento di conteggio dei casi
B. Ognuna delle singole fasi che costituiscono il processo della ricerca
C. Un possibile oggetto di una ricerca
D. L'unità di misura comunemente utilizzata nella ricerca sociologica
E. Il contenitore finale in cui far convergere tutti i casi studiati in una singola ricerca al fine di rendere un'immagine del fenomeno, dell'evento o del soggetto studiato, quanto più omogenea possibile

26) Che cos'è un campione?
A. Un sottoinsieme di una popolazione
B. Il migliore e più rappresentativo dei membri di una data popolazione su cui si vuole indagare attraverso gli strumenti di una ricerca sociologica
C. L'unità di misura minima della ricerca sociale
D. L'insieme di variabili rilevate su ciascuna unità della popolazione
E. Un esempio singolare che racchiude in sé tutte le caratteristiche di un insieme plurale

27) Che cos'è una distribuzione di frequenza?
A. Una tabella o un grafico in cui sono presentate le frequenze delle modalità delle variabili
B. Una tabella sintetica in cui sono raccolti i valori di un solo caso considerato tipico
C. Il numero delle unità che costituiscono il campione

D. Una tabella in cui il team di ricerca definisce i tempi in cui ogni suo elemento è impegnato nella rilevazione dei dati
E. Il risultato finale di ogni ricerca

28) Per quale tipo di relazione tra variabili è valida la seguente descrizione: «quando la proprietà A influenza la proprietà B più di quanto ne è influenzata (ad esempio: l'atteggiamento nei confronti degli immigrati può influenzare la scelta del partito da votare, ma a lungo andare il partito di appartenenza può influenzare l'atteggiamento nei confronti degli immigrati)»?
A. Bidirezionale simmetrica
B. Unidirezionale simmetrica
C. Per nessuna di quelle elencate
D. Unidirezionale asimmetrica
E. Bidirezionale asimmetrica

29) In un diagramma di dispersione che cosa viene solitamente presentato sull'asse delle ascisse?
A. Le variabili
B. I casi
C. La variabile dipendente
D. La variabile indipendente
E. La variabile qualitativa

30) Che cos'è un indice?
A. La distribuzione di frequenze del campione più rappresentativo
B. Un elenco degli argomenti trattati in una ricerca
C. Il caso medio, ovvero il più indicativo della popolazione, presente in una distribuzione di frequenza
D. Una proprietà che indica in un soggetto la presenza massiccia di un dato valore di una determinata variabile
E. Una variabile che sintetizza le informazioni ottenute da più variabili usate per operativizzare concetti complessi

31) Quali sono gli oggetti dell'osservazione documentale?
A. Gli atteggiamenti e i comportamenti
B. I testi e i manufatti
C. I dati statistici e le tabelle
D. Le rappresentazioni e le cognizioni
E. Le persone e gli oggetti

32) Chi ha sistematizzato per la prima volta le tecniche dell'osservazione partecipante senza aver parlato propriamente di osservazione partecipante?

A. Bronislaw Malinowski
B. Harold Garfinkel
C. Laud Humphreys
D. Max Weber
E. Jerome Bruner

33) In quale occasione è utile adottare l'osservazione partecipante?
A. Quando il processo da osservare avviene di frequente
B. Quando il contesto è familiare al ricercatore
C. Quando il contesto prevede la presenza di numerosi soggetti
D. Quando l'interazione all'interno del contesto coinvolge pochissimi soggetti
E. Quando il contesto è poco conosciuto e difficilmente accessibile

34) È vero che l'osservazione nascosta deve essere utilizzata quando: 1) all'interno del contesto osservato si adottano comportamenti illegali; 2) all'interno del contesto osservato si adottano comportamenti che deviano dalla norma morale?
A. No, per nessuno dei due punti
B. Solo in alcuni casi, per il punto 1
C. Sì, ma solo per il punto 2
D. Sì, per entrambi i punti
E. Sì, ma solo per il punto 1

35) Quali sono i due strumenti principali di cui si avvale il ricercatore impegnato nell'osservazione partecipante?
A. La videocamera e il microfono
B. Il computer e la penna
C. Il taccuino e la penna
D. La fotocamera e il registratore
E. Il registratore e il computer

36) Come deve comportarsi il ricercatore nella raccolta dei dati durante l'osservazione?
A. Deve sottolineare, facendo trasparire il proprio giudizio, ciò che crede sia giusto e ciò che crede sia sbagliato all'interno di un dato contesto
B. Deve condizionare i soggetti del contesto ad assumere determinati comportamenti
C. Deve dimostrarsi propositivo e collaborativo
D. Deve dimostrarsi indifferente
E. Non deve lasciar trasparire quale sia il suo personale giudizio su quanto avviene nel contesto

37) Una variabile continua è:
A. una variabile che può assumere solo determinati valori

B. la variabile controllata dallo sperimentatore
C. un elemento di disturbo
D. la variabile di cui si vogliono misurare gli effetti
E. una variabile che può assumere qualsiasi valore in un insieme continuo

38) Popper afferma che secondo il principio di falsificazione una teoria è scientifica se:
A. si fonda su assiomi
B. si fonda su ipotesi ben collaudate
C. sa evidenziare ciò che è falso da ciò che è assolutamente vero
D. si presta a controlli che possano smentirla
E. sa combinare procedimenti induttivi e ipotetico-deduttivi

39) Il modello che considera la comunicazione come un processo di trasmissione di informazioni è stato ideato da:
A. Newell e Simon
B. Austin
C. Tulving
D. Grice
E. Shannon e Weaver

40) Quale fra queste variabili può essere misurata su scala ordinale?
A. Tempi di reazione
B. Tutte quelle elencate
C. Nazionalità
D. Temperatura
E. Titolo di studio

41) La ricerca trasversale prevede:
A. un gruppo di controllo
B. osservazioni ripetute nel tempo
C. osservazioni dello stesso gruppo
D. osservazioni di gruppi differenti
E. osservazioni di gruppi con caratteristiche comuni

42) L'euristica della rappresentatività è:
A. un tipo di algoritmo
B. un insieme di prove fornite per confutare una teoria
C. uno schema di verifica delle ipotesi
D. una strategia d'azione programmata nei dettagli
E. una strategia cognitiva per affrontare situazioni problematiche

43) Cos'è la docimologia?
A. La disciplina che indica la sequenza dei sotto-obiettivi didattici
B. La corrente di pensiero che sostiene la trasversalità tra le discipline
C. La fase di definizione degli obiettivi educativi
D. La branca della pedagogia che si occupa dei metodi relativi all'educazione dei soggetti disabili
E. La scienza che si occupa della valutazione

44) La docimastica è:
A. un tipo di curricolo
B. un sinonimo di docimologia
C. l'aspetto tecnico della valutazione
D. l'ambito della valutazione relativo all'insegnamento dell'informatica
E. l'aspetto teorico della valutazione

45) Se un soggetto si accorge di essere osservato tende a riproporre il comportamento oggetto d'attenzione. Per attenuare tale effetto di solito si ricorre a un accorgimento. Si fa in modo che:
A. l'osservatore utilizzi una modalità non partecipante
B. il soggetto instauri un dialogo costruttivo con l'osservatore
C. l'osservatore utilizzi una modalità reattiva
D. il soggetto assuma il punto di vista dell'osservatore
E. il soggetto si abitui alla presenza dell'osservatore

46) L'osservazione sistematica è uno strumento utile alla professionalità dell'insegnante perché gli permette di raccogliere informazioni specifiche:
A. sui comportamenti degli allievi valutati in riferimento alla propria esperienza didattica
B. sul livello di preparazione raggiunto dagli allievi dopo un certo periodo di tempo
C. sulla condotta degli allievi rispetto a canoni precedentemente stabiliti
D. sulla personalità scolastica degli allievi per una valutazione complessiva del loro profilo
E. sui comportamenti degli allievi, mediante precisi schemi di riferimento

47) L'osservazione occasionale:
A. si applica in situazioni specifiche ai fini di una diagnosi funzionale
B. si attiene a vincoli procedurali rigorosamente formalizzati
C. si applica saltuariamente
D. trova fondamento nelle situazioni di esplorazione in un contesto di apprendimento
E. si applica in situazioni in cui è dichiarato in modo definito l'obiettivo dell'osservazione stessa

48) L'osservazione sistematica:
A. si applica solo a modelli teorici
B. segue un percorso metodologico rigorosamente articolato
C. si applica in situazioni specifiche con finalità diagnostiche
D. ha valore scientifico inconsistente
E. trova riscontro nelle situazioni di esplorazione in un contesto di apprendimento

49) Le categorie osservative possono avere dimensioni diverse. La categoria interazione studente-insegnante si riferisce a una tipologia:
A. metodologica
B. molecolare
C. casuale
D. razionale
E. molare

50) "Analizzate con attenzione lo strumento che segue:
Luogo .... Data ....
Osservatore .... Soggetto Osservato ....
1. Ripone lo zainetto nel proprio attaccapanni
2. Alza la mano per chiedere la parola
3. Ringrazia quando riceve un oggetto
4. Chiede permesso per passare
5. Si avvicina ai compagni se chiamato
Lo strumento presentato è:"
A. un diario di bordo
B. una tabella di contingenza
C. una lista di controllo
D. un sistema di categorie
E. un test sociometrico

51) La check-list è uno strumento osservativo più adatto per osservare:
A. le abilità linguistiche
B. le macrocategorie
C. l'interazione
D. le descrizioni
E. i comportamenti molecolari

52) Per progettare una check-list è necessario formulare descrittori che evidenzino in modo operativo:
A. le conseguenze di un comportamento
B. la motivazione di un comportamento
C. la causa di un comportamento

D. la presenza di un comportamento
E. l'assenza di un comportamento

53) Se consideriamo gli allievi reali e non quelli presunti è necessario tenere conto di come pregiudizi, convinzioni, desideri possono influire sulla rappresentazione della realtà. Con il ricorso all'osservazione sistematica e a procedure scientificamente corrette è possibile:
A. considerare la conoscenza del soggetto come risorsa da utilizzare nel lavoro didattico al fine di conseguire ulteriori apprendimenti
B. nessuna delle risposte è corretta
C. raccogliere dati e informazioni su ciò che il soggetto conosce o sa fare, piuttosto che fermarci a considerare estemporaneamente i deficit
D. evitare gli errori nell'uso di ipotesi e di strumenti osservativi
E. tutte le risposte sono corrette

54) Uno dei tratti che caratterizzano le procedure osservative è il linguaggio operativo che:
A. esplicita il quadro teorico e il sistema di rappresentazione che questo suppone
B. stabilisce in modo inequivocabile le deduzioni logiche da effettuare per verificare l'ipotesi
C. stabilisce in modo inequivocabile le operazioni da svolgere per identificare i dati
D. esplicita il sistema di categorie che facilita l'interpretazione dei dati
E. consente di comprendere più facilmente i meccanismi sottostanti

55) Si ipotizzi che un gruppo di insegnanti desideri rilevare, mediante un'osservazione, la capacità dei propri studenti di lavorare in gruppo. Al fine di poter procedere all'organizzazione del piano osservativo sarà necessario:
A. assumere dei criteri di identificazione dei comportamenti
B. precisare il significato di lavoro di gruppo e condividere gli indicatori di riferimento
C. creare un clima di classe favorevole alla produzione di atteggiamenti collaborativi
D. elencare gli indicatori che contraddistinguono la capacità di essere produttivi
E. tutte le precedenti

56) Tra le alternative proposte qui di seguito, contrassegnate quella che corrisponde a un'osservazione di tipo sistematico:
A. tutte le alternative contengono un'osservazione di tipo sistematico
B. Eugenia è molto aggressiva: infatti risente dei notevoli problemi che vive in famiglia
C. Luigi oggi si è alzato e ha prestato i suoi libri a Maria che ha detto: "grazie!"
D. Carlo è deficitario nell'area dell'autonomia: a tavola si comporta in modo indegno
E. gli studenti erano impalliditi a causa del caldo: nell'atrio della palestra l'aria era irrespirabile

57) L'osservazione partecipante si compone di alcuni elementi procedurali che prevedono:
A. il coinvolgimento intenzionale nell'analisi e nell'interpretazione dei dati
B. il coinvolgimento intenzionale e contemporaneo di più osservatori per verificare l'attendibilità dell'osservazione
C. il parziale coinvolgimento di più osservatori nelle varie fasi della situazione osservativa
D. il coinvolgimento intenzionale dell'osservatore come oggetto stesso di osservazione per l'autovalutazione
E. il coinvolgimento intenzionale nella situazione osservativa

58) Per raccogliere in modo sistematico i dati relativi a un gruppo di allievi, occorre:
A. pianificare attentamente l'attività di osservazione, così da poter utilizzare lo strumento realizzato in un'ampia gamma di diverse situazioni
B. saper cogliere il maggior numero possibile di particolari durante l'attività di osservazione
C. considerare le interazioni esistenti per rappresentare mediante sociogrammi le dinamiche e formare gruppi omogenei
D. utilizzare le informazioni in un dato contesto per estenderle a tutti gli altri in modo tale che sia possibile una generalizzazione dell'intervento
E. annotare tutti i comportamenti che intercorrono nel gruppo utilizzando strumenti di diversa natura e struttura

59) Nelle procedure osservative, strutturate o non strutturate, in ambiente naturale (sul campo) o in ambiente artificiale (in laboratorio), l'interpretazione dei dati è il momento in cui:
A. si utilizzano formule descrittive sintetiche
B. si opera a prescindere da riferimenti teorici
C. si traggono le conclusioni generali
D. si procede alla verifica delle ipotesi
E. si intuiscono le soluzioni al problema

60) Quale, tra i seguenti enunciati, non descrive una delle finalità del *Parent Training*?
A. Ha lo scopo di formare ed informare la famiglia al fine di stimolare cambiamenti nella funzione educativa
B. È un'attività di formazione di gruppo diretta da conduttori esperti
C. Ha lo scopo di ridurre lo stress e il disagio che le situazioni di disabilità creano all'interno di una famiglia
D. È un intervento di tipo educativo rivolto alla famiglia

E. Ha lo scopo di rendere possibili per le famiglie dei periodi di interruzione dai compiti di assistenza e cura dell'individuo disabile al fine di ridurre i livelli di stress, di burnout e di fatica nei soggetti che prestano cura quotidiana

61) Cosa distingue i disegni di ricerca longitudinali da quelli trasversali?
A. Nei primi, lo stesso gruppo di individui viene osservato e valutato per un periodo più o meno lungo di tempo, nei secondi, gruppi eterogenei per età vengono confrontati nello stesso momento temporale
B. Nei primi, uno stesso gruppo di soggetti viene valutato in almeno due momenti evolutivi, nei secondi, uno stesso gruppo di soggetti viene valutato per almeno tre anni, con un minimo di tre osservazioni ripetute nel tempo
C. Nessuna delle risposte è corretta
D. Nei primi, uno stesso gruppo di individui viene valutato in diversi momenti lungo un arco di tempo più o meno lungo, nei secondi, vengono confrontati tra loro due o più gruppi a più riprese, in diversi momenti dello sviluppo
E. Nei primi, vengono confrontati gruppi eterogenei per età in diversi momenti dello sviluppo, nei secondi, viene valutato uno stesso gruppo per un periodo più o meno lungo di tempo

62) Riguardo un disegno sperimentale, quale tra le seguenti affermazioni è corretta?
A. Le variabili indipendenti sono variabili assegnate che il ricercatore lascia libere di variare a seconda dei cambiamenti apportati nell'ambiente (variabile dipendente)
B. Nessuna delle risposte è corretta
C. Le variabili indipendenti non sono osservabili, mentre quelle dipendenti sono manipolate dal ricercatore
D. Le variabili indipendenti sono quelle su cui il ricercatore studia gli effetti della manipolazione delle variabili dipendenti
E. Le variabili indipendenti sono manipolate dal ricercatore per valutare eventuali effetti che si producono sulle variabili dipendenti come conseguenza di tale manipolazione

63) Affinché un'osservazione possa considerarsi sistematica, deve presentare alcune caratteristiche necessarie, una di queste è la trasferibilità, che riguarda:
A. la relazione tra le variabili considerate nell'esperimento e quelle considerate nell'ambiente oggetto d'esame
B. la significatività della ricerca per la società
C. nessuna delle risposte è corretta
D. l'utilità della ricerca per il campione esaminato e per tutti i soggetti con le medesime caratteristiche del campione
E. la possibilità di trasferire i risultati della ricerca al di fuori del campione rappresentativo scelto dal ricercatore

64) I format sono:
A. un concetto elaborato da Bruner
B. sequenze che si ripetono con ritmi regolari
C. tutte le risposte sono corrette
D. sequenze ordinate secondo regole
E. strutture di sequenze interattive

65) Per lo sviluppo della sua teoria, Jean Piaget ha utilizzato il metodo:
A. clinico
B. dell'osservazione naturalistica
C. comparativo
D. sperimentale
E. analitico

66) La psicologia dello sviluppo utilizza per lo svolgimento delle sue ricerche:
A. soprattutto l'ambiente del laboratorio
B. il metodo di analisi qualitativa
C. il metodo sperimentale
D. prevalentemente i metodi osservativi
E. i metodi osservativi e sperimentali

67) Nella psicologia dello sviluppo si usa il metodo longitudinale per stimare le variazioni di una variabile o di un fenomeno. Il metodo prevede di valutare:
A. un gruppo sperimentale e un gruppo di controllo
B. gli stessi soggetti a più riprese nel corso del tempo
C. il comportamento di diversi soggetti della stessa età
D. nello stesso momento più gruppi di soggetti di età diversa
E. un soggetto nel corso del tempo

68) Quale tra i seguenti è il metodo di investigazione più congeniale alla ricerca nell'ambito della didattica?
A. Ricerca sperimentale
B. Ricerca-azione
C. Ricerca empirica
D. Ricerca clinica
E. Ricerca epistemologica

69) Le osservazioni di carattere biografico o autobiografico possono essere condotte facendo uso di:
A. rating scale
B. registrazioni a campione
C. interviste

D. diari
E. questionari

70) Quando un insegnante o un genitore operano, spesso, ma non sempre inconsapevolmente, una distorsione della valutazione di un alunno/studente o di un figlio applicando su tutta la personalità di questi un aspetto che li ha particolarmente colpiti, siamo in presenza di un'azione psicologica riconducibile:
A. all'Effetto Alone
B. all'Effetto Howthorne
C. alla Doppia equazione personale
D. all'Effetto Primacy
E. all'Effetto Recency

71) Scegliete i tre indicatori di comportamento più adeguati per effettuare l'osservazione sistematica di un allievo genericamente definito disattento:
A. è fuori posto, volge la testa verso un compagno, ricerca gli oggetti dentro lo zaino
B. alza la mano per chiedere chiarimenti, guarda la lavagna, segue le indicazioni
C. guarda fuori dalla finestra, sfoglia il quaderno, tempera i colori
D. parla con la compagna di banco, gioca con le figurine, alza la mano per uscire
E. apre e chiude lo zaino, disegna su un foglio, batte la penna sul banco

72) I dati anamnestici, i livelli di competenza raggiunti nelle aree fondamentali dello sviluppo e rispetto agli obiettivi della classe, gli aspetti psicologici, affettivo-emotivi, relazionali e comportamentali sono tutti indicatori riguardanti:
A. i nuclei portanti della inclusione scolastica e socio-culturale
B. le aree del Profilo Dinamico Funzionale
C. i nuclei essenziali per una corretta prognosi psicopedagogica
D. le aree fondamentali della Diagnosi Funzionale
E. gli aspetti essenziali di una corretta diagnosi psicoanalitica

73) Se si afferma che Alfredo nel termine di sei mesi dall'inizio dell'anno scolastico sarà perfettamente integrato nel gruppo classe in termini didattici si sta:
A. esponendo una strategia
B. formulando un'ipotesi
C. formulando una finalità
D. descrivendo un obiettivo
E. prevedendo un esito

Risposte commentate

1) B. In campo educativo per metodo si intende un insieme strutturato di procedure che definiscono il modo di operare in classe e che trovano la loro giustificazione teorica in specifiche teorie dell'apprendimento.

2) C. Una variabile è una caratteristica che può differenziarsi nel tempo e nello spazio da un soggetto a un altro o da un contesto a un altro.

3) E. La metodologia consiste in un insieme di regole circa il modo di procedere nella ricerca, le tecniche utilizzate, la raccolta dei dati e l'interpretazione dei risultati.

4) C. Una correlazione indica l'intensità della relazione tra due variabili ed è espressa da un numero detto coefficiente di correlazione.

5) C. Un fenomeno non è quasi mai determinato solo da un fattore, ma è il prodotto di un insieme di concause, che devono essere valutate dunque in un'analisi multivariata, ovvero un tipo di analisi che prende in considerazioni più variabili e le correlazioni che vi intercorrono.

6) A. La definizione di un oggetto di ricerca consiste nella scelta di un fenomeno o evento da poter esaminare.

7) D. Un universo è un insieme di individui che hanno in comune almeno una caratteristica. Esso rappresenta l'oggetto complessivo di analisi.

8) A. In uno studio di panel le inchieste ripetute vengono realizzate sempre sullo stesso campione costituito dai medesimi soggetti.

9) D. Il focus group, dovendo rappresentare una determinata parte della società, è un gruppo di individui simili per quanto riguarda particolari caratteristiche sociali, che discute intorno a questioni stabilite dal ricercatore.

10) E. Le storie di vita scritte o documentarie sono biografie che lo stesso studioso raccoglie.

11) D. Nell'osservazione naturalistica il ricercatore osserva, senza partecipare e dunque senza influenzare, un gruppo di individui che non sanno di essere oggetto di indagine.

12) B. I documenti scientifici sono il frutto di ricerche precedenti.

13) A. L'adattamento realizzato a livello del pensiero fornisce conoscenze, modelli e immagini mentali senza i quali le facoltà intellettuali non si dispiegherebbero.

14) B. Il concetto di falsificabilità viene teorizzato da Karl Popper nel 1943. Per «falsificabilità» s'intende l'accettazione di un'ipotesi, dopo la dimostrazione della sua validità, solo fino a prova contraria.

15) E. Il paradigma interpretativista, che pone estrema attenzione alla dimensione soggettiva dell'essere umano, si contrappone fortemente al positivismo in quanto: 1) sul piano ontologico, non definisce alcuna realtà indipendente dall'uomo in maniera acritica; 2) sul piano epistemologico, teorizza una stretta connessione delle modalità della conoscenza con il sistema di valori e con le percezioni del ricercatore che, di conseguenza, non è in grado di accedere con certezza alla realtà, se anche questa esiste; 3) sul piano metodologico, propone una forte insistenza sulla dimensione qualitativa della ricerca.

16) A. Nel suo importantissimo libro *Essere e tempo* (uno dei più studiati di tutta la filosofia del Novecento), Martin Heidegger offre una delle maggiori interpretazioni filosofiche della fenomenologia. La dedica del libro, scritta in epigrafe, è a Edmund Husserl, il vero padre della fenomenologia filosofica.

17) E. L'operativizzazione è quel processo che, traducendo i concetti in variabili, permette un controllo empirico della teoria.

18) D. Data la rigidità della ricerca quantitativa, il suo disegno della ricerca deve essere stabilito in maniera preventiva rispetto all'inizio della fase di rilevazione. Per quel che riguarda la ricerca qualitativa è invece possibile sostenere il contrario: non è necessario definire preventivamente tutte le fasi del disegno della ricerca.

19) E. Le variabili indipendenti sono quelle che influenzano le variabili dipendenti. Spesso, nella ricerca sociale, assumono il ruolo di variabili indipendenti il sesso, l'età, il grado di istruzione, etc., cioè quelle variabili che vengono chiamate «socio-anagrafiche».

20) B. Le famiglie standard, contrapposte all'insieme non standard, si possono suddividere in famiglia dell'esperimento e famiglia dell'associazione. Esse puntano a ricercare relazioni tra variabili.

21) B. Un asserto è un'affermazione sottoponibile a controllo empirico, che viene costruita combinando concetti in modo semanticamente adeguato. L'aggettivo «impersonale» attribuito agli asserti (e ai nessi tra asserti) designa la loro proprietà di essere sottoponibili a controllo senza alcun ricorso alla conoscenza personale e alle valutazioni del ricercatore.

22) A. La matrice dei dati si costruisce solitamente nelle famiglie standard; è costituita da righe che riportano i casi e da colonne che riportano le variabili.

23) A. Gottfried Achenwall, statistico dell'Università di Göttingen, introduce la matrice dei dati nel corso del XVIII secolo.

24) B. Con queste espressioni Wilhelm Windelband intendeva distinguere tra le scienze che si propongono di ricostruire o descrivere gli eventi nella loro singolarità e nella loro particolarità (scienze idiografiche) e le scienze che, invece, mirano a elaborare leggi che abbiano una validità, non legata all'evento singolo, fuori dallo spazio e dal tempo (scienze nomotetiche).

25) C. Alla base di qualsiasi ricerca di tipo sociologico c'è l'individuazione di un'unità di analisi. Questa rappresenta il tipo di oggetto su cui si vogliono raccogliere informazioni in una determinata ricerca. Per studiare la scuola italiana, per esempio, unità di analisi possono essere lo studente, la classe, il singolo istituto, il circolo didattico, etc.

26) A. Non potendo studiare un'intera popolazione, quando questa è particolarmente numerosa, il ricercatore sociale ricorre alla definizione di un campione, ovvero un sottoinsieme della popolazione.

27) A. La distribuzione di frequenza di una variabile è una rappresentazione nella quale a ogni modalità della variabile viene associata la frequenza con la quale essa si presenta nei dati analizzati. Nel rapporto di ricerca, tale rappresentazione può essere data in forma tabellare o in forma grafica.

28) E. Una relazione è: «unidirezionale» quando la proprietà A influenza la proprietà B ma non ne è influenzata (il sesso può influenzare qualsiasi altra variabile delle scienze sociali ma non ne può essere influenzato); «bidirezionale simmetrica», quando la proprietà A e la proprietà B si influenzano a vicenda con la stessa intensità (le ore dedicate al lavoro influenzano le ore dedicate al tempo libero così come le ore dedicate al tempo libero condizionano le ore dedicate al lavoro).

29) D. In un diagramma di dispersione, sull'asse delle ascisse (x), generalmente, viene presentata la variabile indipendente. La variabile dipendente, invece, viene presentata sull'asse delle ordinate (y).

30) E. I concetti complessi non sono definibili operativamente in maniera diretta. Per rilevarli si sceglie una molteplicità di indicatori, destinati a diventare variabili nella matrice dei dati. In fase di analisi è possibile ricomporre queste variabili, ritornare al concetto generale, attraverso la costruzione di un indice. L'indice è allora una variabile che sintetizza le informazioni contenute nelle singole variabili usate per operativizzare un concetto complesso.

31) B. I testi possono essere libri, diari, epistolari, appunti, siti internet, note, etc.; i manufatti possono essere i mobili di una casa, i macchinari di una fabbrica, i vestiti di una famiglia, etc.

32) A. Bronislaw Malinowski sistematizza per la prima volta la tecnica dell'osservazione partecipante nell'introduzione al suo fondamentale testo intitolato *Gli argonauti del Pacifico occidentale*, pubblicato nel 1924. In esso Malinowski rende pubblica la sua ricerca condotta nelle isole Trobriand, un arcipelago situato nel Pacifico i cui abitanti praticavano una sorta di scambio rituale di perline e conchiglie funzionale alla creazione di un sentimento di fiducia su cui instaurare scambi di tipo commerciale.

33) E. Adottare l'osservazione partecipante può rivelarsi particolarmente utile nei casi in cui il contesto è poco conosciuto e difficilmente accessibile, poiché pone direttamente in contatto con la realtà che si osserva, consentendone una comprensione senza mediazioni, più profonda e ricca di dettagli.

34) D. L'osservazione nascosta è generalmente adatta nei contesti in cui si svolgono comportamenti illegali o che deviano dalla norma morale. In tali contesti, infatti, la presenza dichiarata di un ricercatore che potrebbe rendere pubbliche le eventuali condotte devianti osservate sarebbe difficilmente accettata.

35) C. Il taccuino e la penna sono i principali strumenti materiali che il ricercatore può utilizzare nell'osservazione partecipante. Nel caso in cui non renda palese il suo ruolo, entrambi gli strumenti devono essere tenuti nascosti e la registrazione dei dati attraverso gli appunti deve avvenire fuori dal campo di osservazione. Nei casi in cui sia necessario appuntare dettagli importanti, il ricercatore deve trovare quindi il modo per allontanarsi in maniera naturale, cioè adottando un comportamento che agli occhi degli altri passi inosservato.

36) E. È importantissimo che il ricercatore non lasci trasparire alcunché dalle sue espressioni in grado di palesare il suo personale giudizio su quanto avviene in un dato contesto, altrimenti influenzerebbe, attraverso le sue categorie interpretative di soggetto osservante, i comportamenti che i soggetti osservati assumono nel contesto di osservazione.

37) E. La variabile continua è una variabile di tipo quantitativo, cioè di quelle che variano in grandezza, e non in genere come avviene invece alle variabili qualitative. Tali variabili sono dette continue perché possono assumere qualsiasi valore in un insieme continuo, non sono limitate a valori definiti, come i numeri interi, o le categorie separate.

38) D. Karl Raimund Popper ha introdotto il concetto di falsificabilità, al posto di quello di verificazione, come criterio per distinguere tra scienza e non-scienza. Il principio di falsificazione sostiene che una legge scientifica può dirsi veramente valida solo se è possibile falsificarla sperimentalmente. Secondo Popper, quindi, la peculiarità di una legge scientifica non è tanto racchiusa nella sua verificabilità logica, quanto nella possibilità di renderla disponibile alla falsificazione empirica e sperimentale.

39) E. Nel Modello Emittente-Messaggio-Ricevente di Shannon e Weaver del 1949 viene considerato soprattutto l'aspetto formale della comunicazione, ricondotta ad un trasferimento quantificabile di informazioni. L'emittente, in funzione del risultato che desidera raggiungere, elabora un messaggio rivolto ad un ricevente; il messaggio si muove attraverso un canale ed è ricevuto dal destinatario su cui ha un effetto più o meno percepibile, in funzione della comprensione del messaggio e della rappresentazione dello scopo ricercato dall'emittente.

40) E. Il titolo di studio è una variabile che può essere misurata su scala ordinale. Le variabili misurate con questa scala, dette ordinali, sono discrete e qualitative. Questa scala permette di disporre gli oggetti o eventi a seconda della loro grandezza, per cui i soggetti ai quali viene assegnato il numero 1 (laurea) presentano una quantità superiore della caratteristica oggetto di misura rispetto ai soggetti ai quali viene assegnato il numero 2 (diploma di scuola superiore). Tutti i soggetti ai quali viene assegnato lo stesso numero presentano la stessa quantità della caratteristica in esame.

41) D. La ricerca trasversale, detta anche sincronica, è caratterizzata dalla raccolta di dati relativi alla variazione di un fattore nello stesso momento in individui, in luoghi e in contesti diversi.

42) E. Le euristiche sono strategie cognitive che consentono di effettuare stime di probabilità in modo economico. In molti casi portano a una soluzione rapida dei problemi, ma in molti altri conducono a false conclusioni. L'euristica della rappresentatività è la probabilità di un evento valutata in base al grado in cui esso è rappresentativo di una certa classe. L'applicazione di questa euristica porta sovente a trascurare altri elementi di valutazione, quali ad esempio la considerazione della probabilità a priori, la dimensione del campione da cui è tratto l'evento, l'indipendenza di ogni evento dal precedente e dal successivo in una serie casuale.

43) E. La docimologia (dal greco *dokimázo*, che significa esaminare, più il suffisso *logos*, discorso) è un ramo della pedagogia che si occupa dello studio dei sistemi di valutazione delle prove di verifica, dove la valutazione rappresenta un processo cruciale, in quanto ha lo scopo di raccogliere e analizzare le informazioni utili a gestire nel modo più efficace l'intero percorso formativo. La valutazione deve infatti, come specificato nelle *Indicazioni Nazionali* del 2012, *precedere*, *accompagnare* e *seguire* i percorsi curriculari ed è quindi una parte fondamentale della programmazione.

44) C. La docimastica costituisce l'aspetto tecnico della valutazione, è la raccolta di domande e risposte e si interessa della preparazione di scale di valori. La docimastica è, quindi, lo studio di una tecnica che dovrebbe preparare gli esaminatori ad esprimere valutazioni il più possibile imparziali.

45) E. Quando si intende condurre un'osservazione in un determinato contesto è necessario che l'osservatore tenga conto della influenza che la sua presenza può avere nell'emissione del comportamento degli osservati. Per tale motivo, una prima importantissima fase che precede l'osservazione è quella dell'acclimatazione, periodo durante il quale i soggetti hanno modo di abituarsi alla presenza dell'osservatore ed evitare, quindi, il manifestarsi di comportamenti innaturali.

46) E. L'osservazione sistematica è uno strumento assai prezioso per l'insegnante, poiché permette di rilevare i comportamenti degli allievi. L'osservazione sistematica è finalizzata a rilevare e analizzare i comportamenti effettivamente messi in atto in situazioni specifiche, per poi collocare le informazioni raccolte all'interno di un preciso sistema di classificazione pianificato preventivamente e organizzato in categorie e sottocategorie, il quale può, quindi, essere utilizzato anche da osservatori diversi senza che ciò condizioni i risultati.

47) D. L'osservazione occasionale consente di porre le basi per la costruzione delle unità osservative, per lo sviluppo di ipotesi e il loro esame in via preliminare. Trova fondamento, quindi, nelle situazioni esplorative dei contesti di apprendimento (per approfondimenti si veda: D. Olmetti Peja, *Teorie e tecniche dell'osservazione in classe. Osservare nella scuola dell'infanzia*, Giunti, Firenze, 1998).

48) B. L'osservazione sistematica segue un percorso metodologico articolato rigorosamente, che parte dall'individuazione a priori di un obiettivo ben preciso da osservare in soggetti di studio identificati preliminarmente sulla base di specifiche caratteristiche, con il fine di raccogliere altrettanto specifiche informazioni all'interno di un sistema di classificazione stabilito a priori secondo dei criteri pertinenti all'obiettivo individuato e ai soggetti osservati. Presuppone, dunque, una metodologia di svolgimento articolata e rigorosa che, se conosciuta e adeguatamente seguita, può essere condotta da osservatori differenti senza che ciò ne condizioni i risultati.

49) E. Tra le molteplici categorie di osservazione che possono essere individuate dal ricercatore e usate nelle griglie utili all'annotazione delle informazioni, esiste una fondamentale differenza in base alla loro *dimensione*: 1) le categorie di osservazione che hanno una dimensione più ampia e riguardano quindi aspetti più globali, sono definite "molari"; 2) le categorie di osservazione che, al contrario, hanno una dimensione più ristretta e prediligono quindi degli aspetti analitici sono definite "molecolari". In questo quadro di riferimento, dunque, l'interazione studente-insegnante è da considerarsi come categoria molare, in quanto è finalizzata a cogliere l'integrità della relazione e non alcuni suoi aspetti specifici.

50) C. Lo strumento presentato è una lista di controllo (check-list) organizzata in categorie, che consente di rilevare la presenza e le frequenze di emissione di alcuni comportamenti ed è corredata di elementi quali il luogo d'osservazione, la data, il nome dell'osservatore e del soggetto osservato. Non può essere un diario di bordo, in quanto non si presenta in modo narrativo; non può essere un test sociometrico poiché non risponde ai criteri strutturali classici di un questionario-intervista; non è un sistema di categorie perché non prevede per ogni comportamento osservato delle sottocategorie che servono a descrivere non solo la presenza e la frequenza di quel comportamento ma anche il modo in cui avviene nella sua globalità e dinamicità; non può essere una tabella di contingenza perché non analizza le relazioni tra due o più variabili.

51) E. La check-list si compone di una serie di categorie riguardanti alcuni comportamenti ed ha la funzione di guidare l'osservatore nell'organizzazione sistematica della raccolta dei dati. Tali comportamenti sono di tipo molecolare, in quanto la check-list consente di focalizzare l'attenzione su aspetti specifici di essi. Permette, inoltre, una definizione delle abilità presenti e facilita la comunicazione tra i diversi operatori.

52) D. La check-list permette di registrare comportamenti che si verificano e che sono realmente osservabili. Non è possibile, quindi, osservare le motivazioni o le cause scatenanti, bensì la presenza di tali comportamenti. Si ricorda, in proposito, che nelle liste di controllo l'osservatore registrerà non solo la comparsa del comportamento/abilità, ma anche il numero di volte in cui tale comportamento si presenta (frequenza).

53) E. Quando si considerano gli allievi reali e non quelli presunti, si cominciano già a delineare alcuni dati pedagogici a partire dalle loro:
– condizioni iniziali;
– caratteristiche affettivo/motivazionali;
– abilità e conoscenze che già esistono e che dovranno essere perfezionate nel corso dell'intero processo formativo.
Ricorrere all'osservazione sistematica e a procedure scientifiche non solo consente di ridurre notevolmente il rischio di errore nella formulazione di ipotesi, ma anche di tener conto

delle conoscenze del soggetto come risorsa e come punto di partenza per il raggiungimento di nuovi obiettivi di apprendimento.

54) C. Il linguaggio operativo che caratterizza le procedure osservative funge da binario sul quale le operazioni da svolgere devono scorrere. Ci consente di identificare i dati in modo chiaro riducendo il rischio di errore nell'individuazione dei compiti da eseguire. Il linguaggio operativo fa sì che:
- sia possibile distinguere il livello di conoscenza dei dati;
- ci si possa orientare per identificare i dati osservabili;
- sia esplicitato il modo con il quale misurarli.

55) B. La capacità di lavorare in gruppo non corrisponde ad una descrizione operativa del comportamento da osservare. Per tale motivo, gli insegnanti dovranno anzitutto esplicitare il significato di lavoro di gruppo per poi condividere gli indicatori di riferimento.

56) C. Procedendo per esclusione, individuiamo l'unica osservazione di tipo sistematico: la risposta E non contiene termini operativi e si limita alla descrizione di una reazione fisiologica degli studenti, attribuendo una causa soggettiva e non ricavata da un'indagine scientifica; le risposte B e D mettono in risalto solamente gli aspetti deficitari del soggetto, utilizzando terminologie non adeguate e, soprattutto, generiche (è molto aggressiva, si comporta in modo indegno). Nell'alternativa B, inoltre, c'è un'interpretazione soggettiva dell'osservatore che attribuisce il comportamento a presunti problemi familiari non dimostrati. L'unica opzione che riporta un'osservazione sistematica è la C, in quanto produce la descrizione dei comportamenti, senza interpretazioni personali da parte di chi osserva.

57) E. L'osservazione partecipante prevede che l'osservatore/ricercatore permanga per un tempo prolungato e partecipi alle attività del gruppo studiato. Egli viene, dunque, coinvolto intenzionalmente nella situazione osservativa.

58) A. Una procedura osservativa sistematica prevede che l'attività sia pianificata e programmata con attenzione, al fine di ottenere uno strumento standardizzato che sia possibile riutilizzare in altre situazioni.

59) D. L'interpretazione è il momento centrale del processo di osservazione, nel quale i risultati raggiunti vengono confrontati con l'ipotesi di partenza per verificarne la validità, la pertinenza o la plausibilità. L'interpretazione ha carattere scientifico e non può essere quindi affidata all'intuizione, avulsa dal riferimento ad una teoria, né può essere estemporanea (in proposito: F. Bocci, S. Cellamare, *Ricerca, Formazione, Scuola. Percorsi sperimentali e osservativi*, Monolite, Roma, 2003).

60) E. Ad occuparsi di inserire per brevi periodi bambini o adulti con disabilità all'interno di strutture residenziali, al fine di rendere possibile per la famiglia un periodo di pausa dall'assistenza quotidiana, è l'intervento *Respite Care*. Il *Parent Training*, invece, ha l'obiettivo di avvicinare la famiglia ad una cultura educativa che le consenta di affrontare e migliorare eventuali situazioni problematiche.

61) A. La ricerca longitudinale si occupa di osservare e valutare uno stesso gruppo di individui, a intervalli di tempo stabiliti dal ricercatore, per un periodo più o meno lungo, di solito alcuni anni, così da studiarne i cambiamenti individuali in diacronia. La ricerca traversale, invece, confronta gruppi di individui di età diversa in uno stesso momento temporale identificando le differenze tra le età.

62) E. Nell'ambito di una ricerca psicologica, il ricercatore manipola una serie di variabili (indipendenti) e rileva se la modificazione influenza in qualche modo l'elemento oggetto d'indagine (variabile dipendente). Il punto di forza dei disegni sperimentali è proprio la loro capacità di stabilire relazioni di causa-effetto tra variabili indipendenti e dipendenti.

63) E. Un'osservazione che possa definirsi sistematica deve presentare alcune caratteristiche necessarie: 1) la *pertinenza*, che si verifica quando ciò che si sceglie di osservare è appunto pertinente all'obiettivo prefissato della ricerca; 2) la *validità*, che si verifica quando la variabile studiata è ben rappresentata dagli indicatori scelti come riferimento; 3) l'*affidabilità*, che si verifica quando c'è un buon grado di accordo tra i risultati ottenuti da osservatori diversi della stessa situazione; 4) la *trasferibilità*, che si verifica quando i risultati possono essere trasferiti dal campione al gruppo più esteso di popolazione di cui il ricercatore l'ha ritenuto rappresentativo.

64) C. È stato Jerome Bruner a sottolineare l'importanza dei vissuti che madre e bambino condividono e che hanno un carattere ripetitivo. Infatti, è all'interno di strutture di sequenze interattive – che Bruner chiama format e che si ripetono con ritmi regolari e ruoli e funzioni ben definiti – che il bambino sviluppa le proprie capacità psichiche. L'autore distingue due tipi di format: quello elencativo relativo a un evento che si ripete in modo simile e permette al bambino di acquisire delle modalità comportamentali; quello narrativo, costituito da una storia, cioè da una successione di situazioni che permette di fare previsioni circa i possibili eventi futuri, in vista di un evento finale. I format, tuttavia, permettono al bambino non solo di fare previsioni sul comportamento dell'altro ma anche di negoziare l'intenzione e il significato degli eventi.

65) A. Per le sue osservazioni, Jean Piaget ha utilizzato il metodo clinico, strutturato in una successione di domande e risposte tra ricercatore e bambino, che parte da una prima domanda elaborata dall'adulto e tara le seguenti sulle risposte del bambino con lo scopo di seguire la sua linea di ragionamento.

66) D. L'osservazione del comportamento è molto importante per gli psicologi dell'età evolutiva perché i bambini non riferiscono le proprie esperienze e non collaborano, nel corso degli esperimenti, come gli adulti. Per osservare con accuratezza il loro comportamento ci si avvale dell'osservazione controllata o sistematica, finalizzata a rilevare e analizzare i comportamenti effettivamente messi in atto in situazioni specifiche.

67) B. La ricerca longitudinale, detta anche diacronica, prevede la raccolta di dati relativi alla variazione di uno o più fattori in tempi diversi nella vita di uno stesso individuo. Nella psicologia dello sviluppo questo tipo di ricerca prevede l'osservazione di uno stesso gruppo ad età differenti, al fine di studiare la natura di un cambiamento comportamentale.

68) B. Tra i diversi metodi di investigazione, la ricerca-azione rappresenta quello più congeniale alla ricerca nel campo della didattica. Si fonda sul metodo euristico, che si caratterizza per la circolarità del processo osservazione-valutazione-azione, in cui le tre attività si avvicendano in una ciclicità continua e sempre arricchita di nuovi elementi. La sua denominazione, deriva dall'espressione inglese *Action research* che identifica un orientamento, nell'ambito delle scienze sociali, avviatosi in America a partire dagli anni '40 e '50. Il modello della ricerca-azione punta a realizzare un rapporto circolare tra apprendimento e azione, attraverso un potenziamento, allo stesso tempo, tanto dell'apprendimento dall'esperienza quanto della sperimentazione in azione di ciò che si è appreso; in altri termini esso costituisce una modalità di promozione del cambiamento basato sulla nozione dell'imparare facendo, secondo il modello anglosassone dell'*Action learning*.

69) D. I diari fanno parte dei sistemi di registrazione a carattere aperto; permettono di raccogliere dati prettamente qualitativi rispetto ad eventi che si svolgono nel tempo e che vengono annotati giornalmente, settimanalmente o mensilmente. Permettono quindi di evidenziare l'evoluzione dinamica del soggetto.

70) A. Come afferma Maurizio Mazzotta: "*L'effetto alone, così definito in psicologia, è un effetto che agisce su chi valuta e opera una distorsione valutativa. Estremamente importante è precisare che tutto questo è in funzione del bene ma, ahimè, anche del male. Basti pensare che a scuola alcuni insegnanti, colpiti negativamente da un aspetto della personalità di un alunno, hanno la tendenza a sottovalutare, se non addirittura a svalutare, tutto l'operato di quell'alunno. E come per molti aspetti del comportamento umano anche chi ne è consapevole può cadere vittima, a volte con un tonfo*".

71) B. Procedendo per esclusione, quasi tutte le opzioni non fanno riferimento a degli indicatori di comportamento utili ad effettuare un'osservazione sistematica rispetto al parametro dell'attenzione, poiché si limitano a prendere in esame dei particolari aspetti del comportamento tenuto in classe normalmente interpretati come non adeguati e implicano dunque una connotazione negativa. L'opzione "alza la mano per chiedere chiarimenti, guarda la lavagna, segue le indicazioni", invece, riporta alcuni indicatori di un comportamento attento: se la frequenza di tali indicatori sarà bassa, allora si potrà dedurre di essere di fronte a uno studente tendenzialmente poco attento.

72) D. La Diagnosi Funzionale descrive le compromissioni derivanti dal deficit dell'alunno ed è il punto di partenza per il processo inclusivo. Essa mette in risalto: dati anamnestici, clinico-medici, familiari e sociali; dati sui livelli raggiunti nelle diverse aree generali dello sviluppo (ad esempio linguaggio, motricità, abilità cognitive, ecc.); dati sui livelli raggiunti dall'alunno rispetto agli obiettivi della programmazione della sua classe; dati sulle dinamiche psicologiche, affettive, emotive, relazionali e comportamentali (per approfondimenti si veda: L. Cottini, *Didattica speciale e integrazione scolastica*, Carocci, Roma, 2004). Il Profilo Dinamico Funzionale, invece, come descritto nella Legge n. 104 del 1992, "*indica le caratteristiche fisiche, psichiche e sociali ed affettive dell'alunno e pone in rilievo sia le difficoltà di apprendimento conseguenti alla situazione di handicap e le possibilità di recupero, sia le capacità possedute che devono essere sostenute, sollecitate e progressivamente rafforzate e sviluppate nel rispetto delle scelte culturali della persona handicappata*". Pone, dunque, l'accento anche sulla valorizzazione delle capacità e delle potenzialità dell'alunno. La Diagnosi Funzionale e il Profilo Dinamico Funzionale, insieme al Piano Educativo Individualizzato, costituiscono i tre principali strumenti per il processo di inclusione indicati dalla legge n. 104.

73) **C.** L'integrazione delle diversità è una delle priorità educativo-formative sottolineate dai documenti di riforma scolastica, sia in rapporto alla disabilità sia in relazione alle peculiarità culturali, religiose, etniche di una persona. La formulazione presentata nel quesito rispecchia questo intento generale sotto forma di finalità. La successiva articolazione di una finalità in obiettivi prevede l'individuazione, secondo criteri univoci e verificabili, dei molteplici e specifici apprendimenti necessari per il raggiungimento di tale finalità.

Questionario 2
Pedagogia generale e speciale

1) Quale pensatore romantico valorizzò, nel poema pedagogico *Levana*, l'educazione in rapporto al problema della storia?
A. Richter
B. Schiller
C. Goethe
D. Hegel
E. Fröbel

2) In quale anno è stata pubblicata la celebre *Lettera a una professoressa* di Don Lorenzo Milani?
A. 1959
B. 1961
C. 1963
D. 1967
E. 1969

3) La *Lettera a una professoressa* scritta da Don Lorenzo Milani con il contributo attivo dei suoi studenti è una esplicita condanna:
A. alla scuola borghese e classista
B. alla scuola popolare e democratica
C. alla scuola laboratoriale
D. alla scuola dell'autonomia
E. alla scuola sperimentale

4) Le *life skills* sono:
A. abilità cognitive
B. abilità emotive
C. abilità relazionali
D. abilità cognitive, emotive e relazionali
E. abilità informatiche

5) Chi, tra i seguenti autori, nell'ambito dell'approccio positivista alla pedagogia, si è soffermato sul ruolo delle abitudini?
A. Auguste Comte
B. Herbert Spencer

C. Roberto Ardigò
D. Carlo Cattaneo
E. John Stuart Mill

6) Chi è il pedagogista sul cui pensiero si fonda il concetto di *cooperazione educativa*?
A. Freinet
B. Gentile
C. Dewey
D. Claparède
E. Cousinet

7) Cosa sono le competenze chiave per l'apprendimento permanente?
A. Le competenze che un alunno deve acquisire perché il suo apprendimento possa considerarsi definitivo
B. Le competenze che ciascuna scuola deve stabilire nel suo PTOF
C. Le competenze stabilite dal Parlamento europeo e dal Consiglio dell'Unione europea che ciascuno deve acquisire per la propria realizzazione e lo sviluppo personali
D. Le competenze esclusivamente personali che una persona deve possedere per inserirsi nel mondo del lavoro
E. Le competenze che bisogna possedere per eseguire processi e ottenere risultati

8) In quale delle seguenti opere Maritain affronta il problema dell'educazione?
A. *L'educazione al bivio*
B. *Distinguere per unire. I gradi del sapere*
C. *Il primato dello spirituale*
D. *La persona e il bene comune*
E. *Breve trattato dell'esistenza e dell'esistente*

9) Qual è il settore della pedagogia che guarda agli aspetti oggettivi e misurabili dell'esperienza educativa?
A. La pedagogia sperimentale
B. La filosofia dell'educazione
C. La didattica della matematica
D. La pedagogia sociale
E. La pedagogia interculturale

10) Di quale, tra i seguenti titoli, è autore Lamberto Borghi?
A. *Pedagogia e scienze dell'educazione*
B. *L'assoluto pedagogico*
C. *Educazione alla ragione*

D. Educazione e scuola nell'Italia d'oggi
E. Lettera a una professoressa

11) B. Bloom, R.M. Gagné e J.P. Guilford sono autori che hanno stilato le più conosciute tassonomie:
A. degli obiettivi
B. psicologiche
C. dei feedback
D. sociali
E. biologiche

12) Chi fu tra i primi in Italia, nel 1955, a parlare di misurazione e valutazione dei processi educativi attraverso tecniche di accertamenti oggettivi che consentissero di compiere ricerche a larghissimo raggio e comparazioni attendibili, mai prima di allora provate?
A. Raffaele Laporta
B. Giovanni Gentile
C. Aldo Capitini
D. Ernesto Codignola
E. Aldo Visalberghi

13) Tra questi settori della pedagogia indicare quello che si occupa dei problemi e dei metodi che rientrano nel quadro del *Lifelong Learning*:
A. la pedagogia sperimentale
B. l'educazione degli adulti
C. la pedagogia speciale
D. l'ortopedagogia
E. la docimologia

14) Cosa si intende per *nuove emergenze educative*?
A. La ribellione delle masse
B. La formazione dell'*élite*
C. La diffusione dell'informatica nelle popolazioni in via di sviluppo
D. Il femminismo, l'ecologia, l'intercultura
E. La distribuzione della formazione universitaria

15) Dewey, nel 1916, in *Educazione e democrazia*, cosa proponeva per la scuola pubblica?
A. Una maggiore centratura sul ruolo del docente
B. Un'istruzione ispirata ad una didattica di tipo trasmissivo
C. Una maggiore conoscenza ed uso di strumenti e prodotti multimediali

D. Una funzione di educazione alla democrazia da attuare attraverso un insegnamento teso a formare giovani capaci di inserirsi da protagonisti nella società
E. Un uso integrato dei media per sviluppare e rafforzare le conoscenze di giovani capaci di inserirsi nel mondo del lavoro

16) Nell'ambito del *sistema formativo integrato* il sistema non formale:
A. comprende le agenzie scolastiche ed extrascolastiche
B. è sinonimo di sistema formativo integrato
C. comprende le agenzie extrascolastiche intenzionalmente educative
D. è sinonimo di sistema informale
E. comprende solo le agenzie scolastiche

17) Il modello della Ricerca Azione Partecipativa (R.A.P.) in pedagogia mira a realizzare un rapporto circolare tra apprendimento e azione; la R.A.P. si connota per i seguenti aspetti:
A. carattere attivo della creazione dei saperi: il soggetto elabora saperi e non si limita a subirli quando si trova o è messo in situazione dinamica di protagonista
B. carattere partecipativo della creazione dei saperi: il soggetto produce saperi originali non stereotipati quando è in situazione di autoapprendimento, cioè è chiamato a rispondere a suoi bisogni
C. carattere investigativo della creazione dei saperi: il soggetto matura nuovi saperi e non riproduce saperi in forma ripetitiva quando è di fronte a questioni da risolvere
D. carattere rappresentativo della realtà nella creazione dei saperi: il soggetto perviene a saperi inediti quando lavora attorno alla sua (individuale e/o di gruppo) rappresentazione della realtà e non con saperi da essa disgiunti
E. tutte le risposte precedenti

18) L'*approccio pedagogico* alla valutazione analizza:
A. la sperimentazione dei fatti educativi
B. le *performance* ossia i "risultati di profitto"
C. il processo d'insegnamento
D. il processo formativo del soggetto
E. le strategie cognitive

19) Cousinet, convinto seguace dell'Attivismo, nell'opera *Un metodo di lavoro libero per gruppi* (1925) espone la sua idea di un metodo incentrato:
A. sulla professione docente
B. sull'autonomia del discente
C. sulla pedagogia critica
D. sulla tradizione classica
E. sull'educazione interculturale

20) L'istruzione può essere definita come:
A. un processo formale e graduale di trasmissione di contenuti disciplinari e non, che mira alla costruzione del sapere ed è strumento di crescita personale
B. un processo non formale finalizzato a modificazioni comportamentali più o meno stabili, strettamente collegato alla situazione spazio-tempo
C. un processo istintuale, genetico che consente al soggetto l'adattamento costante alle situazioni che mutano e sulle quali l'apprendimento stesso ha azione di modifica
D. un processo complesso a più dimensioni che studia il soggetto nel suo *prendere forma* lungo tutto il corso della vita
E. tutte le risposte precedenti

21) Secondo la classificazione di Diana Baumrind quanti sono gli stili educativi genitoriali?
A. Sei
B. Quattro
C. Due
D. Cinque
E. Tre

22) J.L. Moreno diede vita a:
A. T-group
B. Teatro degli Oppressi
C. Teatro della Spontaneità
D. Gruppi di incontro
E. Teatro sperimentale

23) Indicare il titolo esatto di un importante volume che Aldo Visalberghi pubblicò nel 1978:
A. *Le dimensioni dell'educare*
B. *La scienza pedagogica*
C. *La fine dell'educazione*
D. *L'assoluto pedagogico*
E. *Pedagogia e scienze dell'educazione*

24) Secondo Rousseau, proporre un'educazione "negativa" significa:
A. eliminare dal contesto educativo tutto ciò che ostacola il processo di naturale maturazione del bambino
B. eliminare dal contesto educativo gli incoraggiamenti
C. danneggiare lo sviluppo dell'educando
D. impedire che l'educando contragga abitudini negative
E. insegnare all'educando a difendersi dall'aggressività altrui

25) La *Bildung* è:
A. un modello di formazione a matrice neoumanistica che si afferma in Germania nell'Ottocento
B. un modello formativo ideato da Luhmann
C. una metodologia d'indagine della filosofia di Locke
D. una corrente illuministica della pedagogia settecentesca
E. un modello cognitivo comportamentale

26) Quale delle seguenti opere non è di John Dewey?
A. *Il mio credo pedagogico*
B. *Educazione per una civiltà in cammino*
C. *Democrazia ed educazione*
D. *Esperienza ed educazione*
E. *Scuola e società*

27) A quale modello teorico è legato il pensiero di John Dewey?
A. All'irrazionalismo
B. Al problematicismo
C. Al pragmatismo
D. Allo strutturalismo
E. Al neocomportamentismo

28) Chi teorizzò la Scuola su misura?
A. Dewey
B. Pestalozzi
C. Piaget
D. Binet
E. Claparède

29) Chi promosse il *Dalton laboratory plan*?
A. Dewey
B. Parkhurst
C. Ebbinghaus
D. Washburne
E. Petersen

30) La pedagogia sociale studia:
A. la formazione etica dell'anima
B. l'educazione come fattore determinante per il pieno inserimento dell'individuo nella società
C. l'insegnante come membro della comunità scolastica
D. l'educazione borghese fondata sul self-government

E. l'educazione in quanto fatto sociale, nelle sue origini, nelle sue condizioni, nei suoi processi e nei suoi esiti

31) Comenio sosteneva che l'insegnamento doveva essere:
A. riservato esclusivamente a pochi alunni
B. individuale
C. rivolto a tutti
D. riservato alle classe sociali più elevate
E. diverso per uomini e donne

32) La proposta di A. Visalberghi stimola gli studi di epistemologia pedagogica di tutti gli anni Ottanta e Novanta. I termini chiave di tale dibattito sono quelli di:
A. mente e corpo
B. creatività e cognitività
C. criticità e formazione
D. emozione e percezione
E. formazione, educazione ed istruzione

33) Qual è il secolo della laicizzazione educativa e del razionalismo pedagogico?
A. Il Novecento
B. Il Seicento
C. L'Ottocento
D. Il Cinquecento
E. Il Settecento

34) Oggetto di studio della pedagogia generale sono:
A. gli individui in età scolare
B. gli individui fino all'età adulta
C. l'uomo e la donna per l'intero corso della vita
D. l'uomo e la donna dalla nascita all'età adulta
E. l'uomo e la donna a partire dall'età scolare

35) Indicare il titolo di un importante volume di Raffaele Laporta:
A. *Educazione e scuola nell'Italia di oggi*
B. *Controllo e libertà nell'educazione*
C. *Educazione alla ragione*
D. *Pedagogia e scienze dell'educazione*
E. *L'assoluto pedagogico*

36) Lo sviluppo cognitivo secondo Piaget:
A. risente esclusivamente del contesto di apprendimento
B. si estende a tutto l'arco della vita

C. è sottoposto ad un incremento prettamente quantitativo
D. è sottoposto ad un incremento qualitativo
E. avviene solo nei primi tre anni di vita

37) L'apprendistato cognitivo descritto da Allan Collins, John Seely Brown e Susan Newman si differenzia dall'apprendimento tradizionale per la maggiore attenzione:
A. alla dimensione metacognitiva
B. alla dimensione antropologica
C. all'apprendimento per imitazione
D. alla cognizione e alla memoria
E. alla dimensione psicologica

38) Chi ha scritto *Libertà nell'apprendimento*?
A. K. Marx
B. M. Lewis
C. J. Dewey
D. Don Milani
E. C. Rogers

39) Come è definito lo studioso delle scienze dell'educazione?
A. Pedagogo
B. Precettore
C. Pedagogista
D. Istitutore
E. Educatore

40) La scuola deve ispirarsi, secondo Claparède, ad una concezione funzionale dell'educazione e dell'insegnamento, perché:
A. deve riempire le menti di cognizioni
B. deve sviluppare soprattutto le funzioni morali
C. è in funzione dell'allievo ed il più possibile individualizzata
D. deve contribuire al progresso civile
E. è in funzione dei castighi e delle ricompense

41) Nella letteratura degli anni '60 e '70, l'educazione permanente è indicata come:
A. una ideologia
B. un sogno
C. una paideia
D. una pratica
E. un principio organizzatore

42) Quando nasce la scuola moderna?
A. Nel corso del Quattrocento
B. Nel corso del Settecento
C. Nel corso del Cinquecento
D. Nella prima metà dell'Ottocento
E. Nel corso del Seicento

43) A quale modello teorico è legato il pensiero di Giovanni Maria Bertin?
A. All'epistemologia pedagogica
B. Al pragmatismo
C. Al problematicismo
D. Al realismo
E. All'irrazionalismo

44) Nel progetto emblematico di riforma scolastica della Rivoluzione francese, presentato da Condorcet, all'Assemblea Legislativa nel 1792, la scuola:
A. deve dare a tutti la possibilità di ricevere un insegnamento completo
B. deve essere affidata al clero
C. deve avere il carattere di un collegio militare
D. deve essere riservata a pochi privilegiati
E. deve basarsi sulla meritocrazia

45) Auguste Comte, John Stuart Mill, Herbert Spencer e gli italiani Roberto Ardigò, Aristide Gabelli e Andrea Angiulli appartenevano ad un grande movimento di riforma del pensiero scientifico che tra l'altro ipotizzava una riforma della Pedagogia e della Didattica. Qual era tale movimento?
A. Idealismo
B. Positivismo
C. Naturalismo
D. Pragmatismo
E. Marxismo

46) Un grande scrittore russo è ricordato anche per aver istituito, in una sua tenuta, una scuola libertaria per i figli dei contadini. Chi era?
A. Gogol
B. Tolstoj
C. Čechov
D. Makarenko
E. Dostoevskij

47) Quale pensatore individuò nel Collettivo lo strumento principale dell'educazione?
A. Rousseau

B. Pestalozzi
C. Don Milani
D. Makarenko
E. Locke

48) Pestalozzi definisce l'arte dell'educazione:
A. come l'arte del giardiniere, che promuove la crescita e la fioritura di mille alberi
B. come l'arte del vasaio, capace di modellare la creta e di renderla plasmabile e adattabile
C. come una creazione divina e perfettibile nel corso della vita
D. come sviluppo di facoltà operative necessarie a immettersi nel mondo del lavoro
E. come superamento dei compiti di sviluppo

49) Carleton W. Washburne (1889-1968) fu l'organizzatore delle celebri scuole di Winnetka, vicino Chicago, nelle quali:
A. sviluppò un metodo basato sulla logica dei problemi
B. cercò di sviluppare un insegnamento individualizzato secondo il sistema di un libero raggruppamento degli alunni
C. elaborò il modello del mutuo insegnamento
D. sviluppò un metodo basato sulla cooperazione
E. sviluppò il metodo dei progetti

50) L'educazione è:
A. un processo intenzionale finalizzato a modificazioni comportamentali più o meno stabili
B. un addestramento delle giovani generazioni
C. apprendere a comportarsi bene
D. l'azione di inculturazione degli adulti nei confronti dei giovani
E. tutte le precedenti

51) Quale studioso, tra quelli elencati di seguito, ha sostenuto più di ogni altro il valore dell'educazione estetica?
A. Schiller
B. Schelling
C. Froebel
D. Herbart
E. Pestalozzi

52) L'autore di una teoria del curricolo è:
A. Piaget
B. Freud
C. Chomsky
D. Rogers
E. Stenhouse

53) L'educazione interculturale persegue:
A. la conoscenza di altre culture
B. la conoscenza di più discipline
C. la coesistenza tra popoli diversi
D. l'accoglienza degli extracomunitari
E. il progetto di formazione umana per l'integrazione tra gruppi etnici portatori di diverse identità culturali

54) Nel corso della seconda metà del Novecento si è compiuta una radicale trasformazione della pedagogia che ha portato alla definizione:
A. delle scienze dell'educazione
B. della scienza antropologica
C. delle scienze storico-sociali
D. della filosofia
E. della scienza etica-filosofica

55) John Locke pone al centro della propria riflessione educativa:
A. la figura del gentleman
B. la figura del principe
C. la figura del cortigiano
D. la figura del bambino
E. la figura della madre

56) Nella tassonomia degli Obiettivi Educativi (*Taxonomy of Educational Objectives*) di Bloom quale dei seguenti obiettivi non compare nel dominio cognitivo?
A. Conoscenza
B. Comprensione
C. Analisi
D. Ricezione
E. Valutazione

57) La generalizzazione è un processo di apprendimento associato a procedure che sviluppano il riconoscimento di modelli. Il risultato della generalizzazione è:
A. una procedura che si applica a qualsiasi tipologia di gruppo sociale
B. una procedura che si applica ad una classe più ristretta
C. un pensiero alimentato dall'immaginazione fantastica
D. una procedura in grado di fornire risposte diverse ad uno stesso problema
E. una procedura che si applica a una classe più ampia

58) Tra le fonti più dirette su cui si basa una scienza dell'educazione Dewey include:
A. sociometria, politica, economia

B. linguistica, storia, sociologia
C. storia, filosofia, economia
D. docimologia, statistica
E. filosofia, psicologia, sociologia

59) Chi ha scritto, nel 1918, *Il metodo dei progetti*?
A. Bruner
B. Mounier
C. Dewey
D. Kilpatrick
E. Parkhurst

60) L'educazione permanente è un costrutto concettuale e pedagogico che nasce dalla elaborazione/ricerca nel campo:
A. dell'educazione degli adulti
B. dell'educazione interculturale
C. della filosofia dell'educazione
D. della bio-pedagogia
E. della didattica

61) Gramsci, nei *Quaderni dal carcere*, teorizza il cambiamento sociale attraverso:
A. una formazione omnilaterale (unità di lavoro e studio)
B. una formazione unilaterale basata solo sul lavoro
C. una formazione unilaterale basata solo sullo studio
D. una formazione basata sull'integrazione tra le diverse culture
E. una formazione locale

62) L'attualismo pedagogico è stato teorizzato da:
A. Jacques Maritain
B. Jerome S. Bruner
C. Giovanni Gentile
D. Alfred Binet
E. John Dewey

63) Uno dei rappresentanti più significativi delle Scuole Nuove è:
A. Hans Georg Gadamer
B. Henri Bergson
C. Edouard Claparède
D. Roberto Ardigò
E. Maurice Blondel

64) L'espressione *intenzionalità educativa* designa l'intenzione di:
A. educare
B. promuovere cultura
C. programmare
D. promuovere istruzione
E. promuovere apprendimento

65) Per metodo zetetico nell'insegnamento-apprendimento della filosofia si intende:
A. approccio sistematico secondo la definizione di Hegel
B. approccio indagatorio secondo la definizione di Kant
C. approccio collaborativo secondo la definizione di Don Milani
D. approccio storico-genetico secondo la definizione di Gentile
E. approccio basato sul senso comune

66) Dewey fu ispiratore:
A. dell'attivismo pedagogico
B. della pedagogia esperienziale
C. della pedagogia dell'individuo
D. della pedagogia ambientale
E. della pedagogia pragmatica

67) *La Pedagogia degli oppressi* è l'opera di:
A. Maria Montessori
B. Paulo Freire
C. Don Milani
D. Antonio Gramsci
E. Giovanni Gentile

68) Quale pedagogia assolve le funzioni proprie dell'ambito pedagogico operando su di sé e sulle dinamiche che la riguardano un controllo scientifico?
A. La pedagogia speciale
B. La pedagogia comparata
C. Non esiste questo tipo di pedagogia
D. La pedagogia sperimentale
E. La pedagogia clinica

69) Il modello educativo in vigore nell'Atene classica era:
A. l'*ethos*
B. l'*humanitas*
C. la *pietas*
D. la *Bildung*
E. la *paideia*

70) Uno dei teorici del curricolo è:
A. Pestalozzi
B. Montessori
C. Vygotskij
D. Nicholls
E. Piaget

71) Nella didattica metacognitiva, l'insegnante mira a promuovere:
A. l'acquisizione dei contenuti culturali, in vista di un sempre maggiore sviluppo delle capacità cognitive
B. lo sviluppo delle capacità relazionali come mezzo per sviluppare sempre più le capacità cognitive
C. lo sviluppo di strategie mentali superiori di autoregolazione, che vanno al di là dei semplici processi cognitivi primari quali leggere, scrivere, calcolare
D. lo sviluppo di strategie comunicative per migliorare le relazioni in ambiente scolastico
E. l'acquisizione degli automatismi di base, quali leggere, scrivere, calcolare, in vista dello sviluppo della capacità di autoregolazione

72) La comunicazione del risultato ad una prova di esame può costituire una forma di rinforzatore:
A. tangibile
B. verificabile
C. informativo
D. esplicativo
E. dinamico

73) In merito ai concetti di "irreversibilità" e di "incurabilità", secondo la prospettiva riconducibile a Maria Montessori:
A. irreversibilità non significa incurabilità
B. irreversibilità è sinonimo di incurabilità
C. Maria Montessori non si interessa dei concetti di irreversibilità e incurabilità
D. la società deve intervenire solo nelle situazioni di reversibilità
E. nessuna delle risposte è corretta

74) L'autobiografia, intesa come pratica educativa, formativa e terapeutica (come cura del sé), ha in Italia uno dei suoi massimi esponenti in:
A. Alberto Fortis
B. Simonetta Ulivieri
C. Elio Damiano
D. Roberto Zavalloni
E. Duccio Demetrio

75) Paul Robin, Francisco Ferrer, Sébastien Faure sono tutti esponenti:
A. della pedagogia libertaria
B. del problematicismo pedagogico
C. della pedagogia attiva
D. della pedagogia interculturale
E. della pedagogia critica

76) Gli obiettivi specifici di apprendimento (OSA) indicano:
A. i requisiti minimi posseduti dall'allievo prima di intraprendere un'attività
B. gli intenti propri dell'istituzione formativa a livello nazionale e locale
C. le pratiche integrative proposte nel PTOF
D. le conoscenze (saperi) e le abilità (saper fare) che tutte le scuole devono organizzare in attività educative e didattiche
E. le conoscenze acquisite al termine del periodo di formazione

77) Le caratteristiche salienti degli obiettivi didattici sono:
A. la verificabilità, la parzialità e l'interpretabilità
B. la soggettività, l'assolutezza, la standardizzazione
C. la verificabilità, la personalizzazione, l'interpretabilità
D. l'espressività, l'unilateralità, la parzialità
E. la misurabilità, la significatività, la comunicabilità

78) Gli obiettivi dovrebbero essere formulati con una terminologia:
A. moderna e computabile
B. scrupolosa e ricca di particolari
C. operativa e oggettiva
D. attuale e precisa
E. sintetica e mirata

79) Indicare quale tra quelli indicati nelle seguenti alternative è un verbo operativo:
A. interiorizzare
B. identificare
C. apprezzare
D. credere
E. pensare

80) Il progetto di vita è:
A. un ideale facilmente perseguibile con una grande forza di volontà
B. una forma di autorealizzazione propria di ciascun essere umano
C. un percorso esistenziale disseminato di difficoltà spesso insormontabili
D. un'astrazione che racchiude in sé una serie di aspettative magiche
E. un ideale difficilmente raggiungibile dalle persone con disabilità

81) Negli strumenti narrativi rientrano i diari di bordo in cui sono annotati dati dettagliati di natura diversificata allo scopo di:
A. inserire nelle categorie i comportamenti di apprendimento, di insegnamento, di organizzazione e di relazione
B. valutare i comportamenti messi in atto dai singoli allievi
C. riflettere l'andamento delle attività di classe, autovalutare la qualità dell'azione didattica, descrivere i comportamenti
D. realizzare un resoconto degli episodi critici per creare una base comune di confronto al fine di attivare una diversificazione degli interventi didattici
E. scoprire casi problematici all'interno della classe per una diagnosi delle difficoltà emerse e la pianificazione dell'intervento

82) A chi appartiene l'affermazione "Io credo che ogni educazione deriva dalla partecipazione dell'individuo alla coscienza sociale della specie"?
A. Mialaret
B. Don Milani
C. Pestalozzi
D. Bruner
E. Dewey

83) La pedagogia generale mette in rilievo:
A. l'aspetto filosofico della formazione
B. i fini della formazione e le strategie educative
C. gli strumenti metodologici utili all'insegnante
D. la teoria e la pratica dell'insegnare
E. il rapporto tra insegnante e allievo

84) L'"effetto Pigmalione" si caratterizza sul piano pedagogico perché:
A. consente un'anticipazione del rinforzamento
B. alimenta aspettative magiche nell'allievo
C. sviluppa nell'allievo un atteggiamento incoerente
D. regola i tempi di apprendimento dell'allievo
E. blocca i comportamenti negativi dell'allievo

85) Chi è uno dei maggiori teorici del modello di programmazione per principi procedurali?
A. Dewey
B. Stenhouse
C. Bloom
D. Peters
E. Bruner

86) La prima tappa della programmazione per concetti è:
A. il livello di interesse
B. la valutazione della motivazione
C. l'analisi dei fabbisogni
D. l'analisi del contesto socio-culturale di appartenenza
E. la conversazione clinica

87) Con l'espressione "insegnante di sostegno" si designa il docente:
A. specializzato assegnato alla classe dell'alunno con disabilità per favorirne il processo di integrazione
B. specializzato per l'integrazione scolastica di alunni provenienti da diverse etnie
C. specializzato in un ambito disciplinare
D. specializzato come operatore psico-pedagogico
E. specializzato nella lingua straniera

88) La Pedagogia speciale:
A. ha esaurito il proprio mandato scientifico con la chiusura delle scuole e delle classi speciali
B. coincide con l'insegnamento speciale e con le tecniche specialistiche nella scuola comune
C. si occupa dell'analisi dei metodi di valutazione
D. contribuisce, con il proprio specifico campo d'azione e di riflessione, allo studio dell'educazione
E. si identifica con l'insegnamento speciale e con le tecniche specialistiche nei contesti speciali

89) Il concetto di diversità, nella prospettiva della Scienza dell'educazione:
A. è un settore specifico di studio affidato alla Pedagogia speciale
B. è un settore di ricerca e di studio pedagogico-didattico
C. è un presupposto ineludibile dell'interrelazione educativa
D. è un quid aggiuntivo al costrutto teorico dell'educazione
E. è un settore specifico di studio della Psicologia educativa

90) Il concetto di "istituzione totale" è riconducibile a:
A. Michel Foucault
B. Jaques Lacan
C. Jean Paul Sartre
D. Erving Goffman
E. Albert Camus

91) La prima scuola per sordomuti in Italia, istituita a Roma nel 1784, è stata fondata da:
A. Tommaso Silvestri
B. Tommaso Pendola
C. Antonio Provolo
D. Corrado Amman
E. Giorgio Moretti

92) La Scuola Magistrale Ortofrenica, fondata nel 1900 a Roma per opera di Clodomiro Bonfigli, è stata a lungo diretta da:
A. Giuseppe Ferruccio Montesano
B. Augusto Tamburrini
C. Sante De Sanctis
D. Maria Montessori
E. Albertina Necker de Saussure

93) Il concetto di "frenastenia" è stato introdotto nel lessico scientifico da:
A. Andrea Verga
B. Vito Piazza
C. Maria Montessori
D. Giuseppe Ferruccio Montesano
E. Ugo Pizzoli

94) L'autore del volume *Traitement moral, hygiène et éducation des idiots et des autres enfants arriérés*, è:
A. Eugen Bleuler
B. Jean Marc Gaspard Itard
C. Denis Diderot
D. Edouard Séguin
E. Jean Jacques Rousseau

95) Ugo Pizzoli è noto per:
A. essere stato il fondatore della Pedologia, movimento scientifico che voleva unire la pedagogia, la psicologia e la sociologia in un'unica prospettiva
B. aver fondato il primo istituto per le ricerche psicopedagogiche
C. aver coniato il termine frenastenia introducendolo nel lessico scientifico italiano con l'intento di rinnovare la psichiatria
D. essere stato il maestro di Sante De Sanctis e aver aperto la strada allo studio della psicologia in Italia
E. aver aperto un gabinetto di pedagogia sperimentale e dato vita ad un corso di formazione per insegnanti presso Crevalcore

96) Con il termine tiflologia si fa riferimento al settore scientifico che si occupa:
A. delle persone affette da tifo e per questo soggette a ritardo cognitivo
B. delle persone affette dallo specifico disturbo dell'apprendimento denominato disprassia
C. delle persone cieche
D. delle persone sorde
E. delle persone sordomute

97) Il fondatore del linguaggio mimico-gestuale o metodo dei segni metodici è:
A. Marcel Ballù
B. Sante De Sanctis
C. Roche-Amboise Sicard
D. Alexander Lowen
E. Charles De l'Épée

98) Lo sviluppo dell'educazione dei ciechi in Italia è stato favorito in modo particolare dall'impegno scientifico e culturale del seguente studioso:
A. Augusto Romagnoli
B. Enrico Montobbio
C. Giovanni Battista Assarotti
D. Enrico Morselli
E. Cataldo Baglio

99) La definizione di persona disabile adottata a livello internazionale è:
A. persona portatrice di handicap
B. persona in situazione di handicap
C. persona inabile
D. persona con disabilità
E. persona diversabile

100) Adriano Milani Comparetti è una figura importante in Italia per il suo contributo allo studio:
A. delle paralisi cerebrali infantili e della riabilitazione medica
B. della Pedagogia speciale
C. della robotica applicata allo sviluppo di ausili per le disabilità
D. degli strumenti valutativi nei Disturbi Specifici di Apprendimento
E. delle sindromi dello spettro autistico e del ritardo mentale grave

101) La Lega nazionale per la protezione dei fanciulli deficienti, fondamentale organizzazione per lo sviluppo dei futuri istituti medico pedagogici, sorge a:
A. Trezzano, nel 1948, ad opera di Giovanni Bollea e Adriano Ossicini
B. Milano, nel 1923, ad opera di Giovanni Gentile
C. Verona, nel 1936, ad opera di Piero Gabrielli

D. Bologna, nel 1898, ad opera di Augusto Tamburini
E. Roma, nel 1898, ad opera di Clodomiro Bonfigli

102) L'insegnante di sostegno è un insegnante specializzato che viene assegnato alla classe in cui è inserito il soggetto certificato per:
A. progettare in autonomia percorsi personalizzati per il singolo studente
B. contribuire a rispondere alle maggiori esigenze educative che la presenza di una persona con disabilità può creare in classe
C. l'assistenza delle persone con disabilità
D. realizzare interventi individualizzati in relazione alle esigenze dei singoli alunni
E. gestire la comunicazione e la relazione con le famiglie degli studenti con disabilità

103) Giovanni Bollea, Adriano Milani Comparetti, Giorgio Moretti, Enrico Montobbio sono:
A. sociologi dell'educazione
B. psicologi, specialisti nella riabilitazione dell'handicap
C. medici, specialisti in neuropsichiatria
D. psicologi dell'infanzia
E. pedagogisti speciali

104) Il gruppo teatrale che ha maturato in questi anni una longeva esperienza di Teatro Integrato, includendo nelle rappresentazioni persone con disabilità è denominato:
A. Carlo Soneri
B. nessuna risposta è corretta
C. Piero Gabrielli
D. Gill Rossellini
E. Loriano Machiavelli

105) L'organizzazione internazionale dedicata allo sport delle persone disabili, fondata da Eunice Kennedy nel 1968, si chiama:
A. Paralympic Association of Sports
B. American Mental Retardation Sport Association
C. Special Needs Games
D. Special Olympics
E. Paralympic Games

106) I giochi paralimpici sono stati ideati da:
A. Ludwig Guttman, neurologo e neurochirurgo inglese
B. Dario Ianes, fondatore del Centro Studi Erickson
C. Bruno Oberhammer, sportivo disabile italiano
D. Pierre de Frédy, barone di Coubertin, pedagogista e storico francese
E. Karl Ludwig Muller, riabilitatore e fisioterapista tedesco

107) Il movimento conosciuto come "pedagogia istituzionale" si è sviluppato:
A. negli Stati Uniti, intorno agli anni '30 del Novecento
B. in Francia, tra gli anni '60 e '70 del Novecento
C. in Italia, a partire dal 1992
D. in Germania, nel 1887
E. in Inghilterra, nella seconda metà dell'Ottocento

108) *L'altra verità. Diario di una diversa* è un libro autobiografico di:
A. Ileana Argentin
B. Dacia Maraini
C. Ada Gobetti
D. Sibilla Aleramo
E. Alda Merini

109) Secondo Dario Ianes, fondatore del Centro Studi Erickson, direttore di *Difficoltà di apprendimento* e autore di numerosissimi volumi e saggi sull'integrazione, una integrazione di qualità è direttamente proporzionale:
A. all'attivazione di una didattica di qualità nelle situazioni di normalità
B. all'opportunità di creare ambienti speciali funzionali all'insegnamento speciale
C. al ricorso a figure di super esperti che possano incrementare la qualità delle risposte
D. all'attivazione di misure straordinarie e solo per i soggetti disabili
E. all'opportunità di creare situazioni stimolanti per gli allievi

110) Secondo l'Organizzazione Mondiale della Sanità, per *disabilità* si intende:
A. assenza di una abilità specifica che limita la persona a svolgere attività generali in tutti i campi dell'esistenza
B. compromissione di particolari caratteristiche fisiche che non facilitano il modo d'interagire nell'ambiente sociale di appartenenza
C. assenza di capacità motorie
D. limitazione o perdita (conseguente a menomazione) della capacità di compiere una attività nel modo o nell'ampiezza considerati normali per un essere umano
E. condizione stabile e immodificabile derivante da fattori contestuali e ambientali che condizionano e limitano la partecipazione sociale della persona

111) Secondo l'Organizzazione Mondiale della Sanità, per *handicap* si intende:
A. uno svantaggio socio-culturale che compromette la partecipazione attiva e costruttiva di una persona alla sua comunità di appartenenza
B. una condizione di svantaggio conseguente ad una menomazione o ad una disabilità che limita o impedisce l'adempimento del ruolo normale per una persona
C. una limitazione irreversibile che impedisce ogni intervento di recupero delle abilità compromesse

D. una condizione che limita per sempre una persona impedendole di coinvolgersi con partecipazione affettiva in determinati avvenimenti socio-familiari
E. assenza di facoltà intellettive

112) **Nell'ottica della Pedagogia speciale, la persona in difficoltà o con bisogni speciali è da considerarsi secondo una prospettiva:**
A. assoluta (ciascuno è norma di se stesso)
B. nessuna delle alternative è corretta
C. relativa (l'anormalità è in funzione del deficit)
D. soggettiva (l'anomalia è definita diversamente da un soggetto all'altro)
E. parziale (l'anomalia è una conseguenza del contesto di riferimento)

113) **Il DSM (*Diagnostic and Statistical Manual of Mental Disorders*) nelle sue diverse edizioni è una classificazione redatta:**
A. dall'OMS
B. dalla FIFA
C. dall'APS
D. dall'APA
E. dalla FAO

114) **L'integrazione si fonda:**
A. sul rispetto di normative emanate per proteggere l'essere umano
B. sul rispetto dell'uguaglianza di ciascun essere umano
C. sul rispetto dell'originalità di ciascun essere umano
D. sul rispetto della cultura e delle tradizioni di ogni popolo
E. sul rispetto di valori assoluti insiti indelebilmente nell'animo umano

115) **Uno degli assunti basilari della prospettiva educativo-speciale di Edouard Séguin richiama l'attenzione dei pedagogisti sulla opportunità di:**
A. partire dai punti di forza della persona disabile
B. partire dal deficit per costruire gli apprendimenti
C. analizzare i punti di debolezza della persona disabile
D. considerare solo i pre-requisiti sensoriali
E. considerare esclusivamente i deficit cognitivi

116) **La prospettiva dell'integrazione scolastica e sociale della persona con disabilità favorisce:**
A. il ricorso sistematico all'emarginazione e alla separatezza
B. la conoscenza di culture diverse da quella di appartenenza
C. la logica dell'assimilazione e dell'accomodamento
D. la visione dialettica della dissonanza cognitiva
E. la cultura dell'accoglienza e della solidarietà

117) **Secondo la prospettiva cognitivo-comportamentale gli allievi tendono con maggiore probabilità a manifestare un comportamento aggressivo nel caso in cui:**
A. l'ambiente classe presta attenzione ai loro comportamenti
B. la loro aggressività è un tratto tipico naturale
C. i compagni li scherniscono o fanno loro dispetti di frequente
D. risentono di problemi legati alla loro deprivazione socioculturale
E. l'ambiente classe li ignora

118) **Scegliete i tre indicatori di comportamento più adeguati per effettuare l'osservazione sistematica di un allievo genericamente riconosciuto come ansioso:**
A. agitazione, iperattività, disattenzione
B. emotività, demotivazione, reattività secondaria
C. scarsa attenzione e rilassatezza
D. difficoltà di eloquio, sudorazione, instabilità motoria
E. deficit d'orientamento, evitamento, paura

119) **Il ricorso all'osservazione sistematica in ambito educativo speciale è giustificato dall'esigenza di raccogliere dati e informazioni:**
A. sulla quantità delle difficoltà presenti nello studente
B. sugli ostacoli ambientali e cognitivi
C. sulle conoscenze, abilità e competenze dello studente
D. sugli effetti dei deficit diagnosticati
E. sulle cause dei deficit diagnosticati

120) **Sono definite difficoltà di apprendimento:**
A. le difficoltà ad apprendere i concetti più complessi
B. qualsiasi difficoltà riscontrata nella carriera scolastica
C. solo i disturbi cognitivi che non costituiscono patologia
D. esclusivamente i disturbi specifici di apprendimento
E. tutte le difficoltà riferibili alla dimensione psichica

121) **Le *Learning Disabilities* fanno riferimento:**
A. ai disturbi dell'apprendimento
B. alle classi differenziali
C. ai disturbi lacunari
D. ai disturbi d'ansia
E. alle difficoltà di socializzazione

122) **I disturbi specifici dell'apprendimento comprendono:**
A. il disturbo autistico e del linguaggio
B. il disturbo della lettura, del calcolo e del linguaggio
C. il disturbo bipolare e il disturbo da deficit di attenzione

D. il disturbo depressivo e il disturbo distimico
E. il disturbo della lettura, dell'espressione scritta e del calcolo

123) Qual è l'errore tipico che si incontra nel disturbo della lettura?
A. Leggere ANEC al posto di CANE
B. Non riuscire a leggere la parola CANE
C. Leggere CANE al posto di GATTO
D. Leggere CANE al posto di PANE
E. Non riuscire a leggere alcuna parola

124) Nell'intervento sull'autismo l'attuale tendenza della ricerca ha messo in evidenza che:
A. i trattamenti comportamentali ed evolutivi sono efficaci
B. nessun trattamento ha una chiara evidenza scientifica
C. tutti i trattamenti sono risultati inefficaci
D. i trattamenti comportamentali sono totalmente inefficaci
E. tutti i trattamenti adottati hanno una loro efficacia

125) I soggetti che anche in assenza di deficit, disturbo o difficoltà di apprendimento certificate presentano un *decalage* nelle prestazioni scolastiche (ossia scarsi risultati rispetto a quelli previsti e rispetto ai loro pari non-clinici) sono definiti in letteratura scientifica:
A. DSA
B. *underachiever*
C. *young learners*
D. *low skilled*
E. DDAI

126) Cosa si intende con il termine clinico sindrome?
A. Una malattia organica
B. Uno stato confusionale provvisorio
C. Uno stato morboso
D. Un complesso di sintomi
E. Un disturbo psichiatrico dello sviluppo

127) Chi ha coniato il termine *autismo*?
A. Leo Kanner
B. Melanie Klein
C. Eugen Bleuler
D. Bruno Bettelheim
E. Leon Eisenberg

128) In che modo si manifesta il Disturbo o Sindrome di Tourette?
A. Tramite tic sia motori che vocali
B. Con frequenti crisi epilettiche
C. Con un eccesso di sonnolenza non giustificata dall'insonnia
D. Con un'eccessiva sonnolenza giustificata dall'insonnia
E. Tramite tic motori

129) Quale tra le seguenti affermazioni in merito alle differenze maggiormente significative tra le nevrosi e le psicosi è errata?
A. La nevrosi ha un'origine esclusivamente psicogena, la funzione del reale risulta conservata e l'adattamento sociale è spesso accettabile
B. Il nevrotico, a differenza dello psicotico, si rende conto dell'insensatezza di certe sue fantasie o ansie
C. Le psicosi hanno sempre delle manifestazioni più gravi rispetto alle nevrosi
D. Nelle psicosi l'esame di realtà è gravemente danneggiato mentre nelle nevrosi risulta conservato
E. Le psicosi causano la compromissione del rapporto con la realtà, mentre le nevrosi non alterano il contatto dell'individuo con la realtà

130) Quale tra le seguenti affermazioni sull'autismo è errata?
A. Tutte le persone con autismo non amano il contatto fisico con le altre persone
B. Nei bambini con autismo si possono riscontrare spesso anomalie sensoriali
C. Rientra nella categoria clinica dei disturbi pervasivi dello sviluppo
D. Circa l'80% dei soggetti con autismo ha un ritardo mentale associato
E. Circa il 35% degli individui con autismo soffre di epilessia

131) Gli individui portatori della sindrome dell'X-fragile manifestano:
A. ritardo mentale, volto allungato, insufficienza cardiaca, ritardo della motricità fine, debolezza della percezione visiva
B. ritardo mentale, volto allungato, orecchie grandi, macrorchidismo, basso tono muscolare, movimenti stereotipati, sviluppo sociale atipico, limitato contatto oculare
C. ritardo mentale, problemi cardiaci, del tratto digestivo e problemi sensoriali
D. disturbi audiovisivi e incapacità motoria
E. ritardo mentale, volto allungato, collo corto, testa piccola, occhi a mandorla

132) L'affermazione «l'ADHD ha una frequente comorbidità con il Disturbo della Condotta» equivale a dire che:
A. frequentemente si effettua una doppia diagnosi di ADHD e Disturbo della Condotta in uno stesso soggetto
B. la diagnosi di ADHD viene spesso confusa con quella di Disturbo della Condotta
C. nessuna delle risposte è corretta
D. la diagnosi di ADHD segue quella di Disturbo della Condotta
E. la diagnosi di ADHD precede quella di Disturbo della Condotta

133) I livelli di gravità del Ritardo Mentale sono:
A. due
B. quattro
C. cinque
D. tre
E. sei

134) Nel complesso l'efficacia con cui i soggetti fanno fronte alle esigenze comuni della vita e al grado di adeguamento degli standard di autonomia previsti per la loro particolare fascia di età, retroterra socioculturale e contesto ambientale, è definibile come:
A. capacità di autonomia
B. funzionamento adattivo
C. funzionamento sociale
D. adattamento ambientale
E. adattamento sociale

135) I fattori eziologici legati al Ritardo Mentale possono essere:
A. solo biologici
B. primariamente psicosociali e affettivo-relazionali
C. primariamente biologici e in minima parte ambientali
D. primariamente biologici o primariamente psicosociali
E. biologici o psicosociali o una combinazione di entrambi

136) Tra i fattori predisponenti il Ritardo Mentale rientrano:
A. problemi durante la gravidanza e obesità del bambino
B. nessuno dei fattori menzionati
C. tutti i fattori menzionati
D. ereditarietà e alterazioni precoci dello sviluppo embrionale
E. diabete del bambino

137) Tra i fattori che possono manifestarsi in associazione ai Disturbi dell'Apprendimento rientrano:
A. deficit nell'adattamento sociale e scarsa autostima
B. deficit nell'adattamento sociale, scarsa autostima, disturbo della condotta e deficit di attenzione/iperattività
C. nessuna delle alternative è corretta
D. disturbo della condotta e deficit di attenzione/iperattività
E. schizofrenia

138) Il Disturbo del Calcolo è solitamente diagnosticato:
A. non prima che il soggetto compia 8 anni
B. nei primi mesi della prima classe della scuola primaria

C. intorno ai 10 anni
D. nell'ultimo anno della scuola dell'infanzia
E. non prima della fine della prima classe della scuola primaria

139) Il Disturbo del Calcolo può non essere evidente o manifesto fino:
A. al termine della scuola media
B. alla prima media e oltre
C. alla seconda classe della scuola primaria
D. alla quinta classe della scuola primaria e oltre
E. alla terza classe della scuola primaria

140) Nel Disturbo di Sviluppo della Coordinazione le difficoltà presentate dai soggetti:
A. sono dovute a una condizione medica generale
B. fanno parte del normale processo di sviluppo del bambino
C. non sono dovute a una condizione medica generale
D. sono dovute ad alterazioni dello sviluppo embrionale
E. soddisfano i criteri del Disturbo Pervasivo dello Sviluppo

141) Le difficoltà legate al Disturbo dell'Espressione del Linguaggio possono insorgere nella comunicazione che implica il:
A. linguaggio verbale e gestuale
B. linguaggio gestuale e paraverbale
C. linguaggio paraverbale
D. linguaggio verbale e paralinguistico
E. linguaggio paraverbale e paralinguistico

142) Nei Disturbi della Comunicazione rientra, tra gli altri:
A. la Sindrome di Tourette
B. il Disturbo della Fonazione
C. la Sindrome di Asperger
D. il Disturbo della Condotta
E. la Sindrome di Gilbert

143) Il Disturbo della Espressione del Linguaggio può essere:
A. genetico o ambientale
B. acquisito o di sviluppo
C. primario o secondario
D. pervasivo o transitorio
E. sociale o genetico

144) L'esordio della balbuzie avviene solitamente:
A. nessuna delle risposte è corretta

B. dopo i 12 anni di età
C. dopo i 15 anni di età
D. prima dei 10 anni di età
E. prima dei 6 anni di età

145) La balbuzie può essere aggravata da condizioni quali:
A. ansia e sonno
B. stanchezza fisica
C. diabete mellito
D. perdita di peso
E. stress e ansia

146) In passato si riteneva che i soggetti con Disturbi Pervasivi dello Sviluppo fossero affetti da:
A. psicosi o demenza
B. povertà intellettiva
C. ritardo cognitivo
D. psicosi o schizofrenia
E. disturbo borderline

147) La presenza contemporanea nella stessa persona di più patologie che tra loro non presentano alcun nesso causale è definita:
A. antagonismo
B. coesistenza morbosa
C. comorbidità
D. concorrenza
E. compresenza

148) L'incapacità a elaborare numeri e ad eseguire calcoli è detta:
A. afasia
B. disgrafia
C. discalculia
D. acalculia
E. dislessia

149) La schizofrenia generalmente insorge:
A. durante l'infanzia
B. durante la fanciullezza
C. durante l'adolescenza
D. in vecchiaia
E. nella prima età adulta

150) La possibilità per un allievo con iperattività di potersi alzare dal proprio posto per 5 minuti dopo una specifica attività portata a termine, può rappresentare in un contratto educativo una forma di rinforzatore:
A. simbolico
B. sociale
C. dinamico
D. informativo
E. generalizzato

151) L'espressione "difficoltà di apprendimento" si riferisce ad alunni che:
A. incontrano un ostacolo o un rallentamento negli apprendimenti scolastici
B. padroneggiano solo competenze semplici
C. hanno un quoziente intellettivo significativamente inferiore alla media
D. per il loro comportamento rappresentano un problema per la classe
E. presentano ritardo negli apprendimenti a causa di una lesione organica

152) Quanti tipi di incapacità/inabilità sono stati riscontrati dagli studi di settore per quel che concerne le abilità sociali di soggetti con difficoltà di apprendimento?
A. Quattro
B. Due
C. Nessuno
D. Tre
E. Sei

153) Con l'espressione Bisogni Educativi Speciali (BES), si intendono:
A. alunni con svantaggio linguistico e culturale
B. alunni con svantaggio socio-economico
C. alunni con disabilità
D. tutte le risposte sono corrette
E. alunni con DSA

154) Quando il trasgressore considera le proprie azioni devianti poco rilevanti si parla di:
A. devianza primaria
B. devianza primaria
C. delinquenza
D. anomia
E. devianza secondaria

155) L'agire razionale rispetto allo scopo, per Max Weber, è:
A. influenzato dall'indole individuale
B. condizionato dal rispetto della tradizione

C. condizionato dal sentimento
D. determinato dai valori etici
E. orientato al conseguimento di un fine

156) Nel modello del sistema sociale di Parsons l'imperativo funzionale di adattamento:
A. controlla ed eventualmente sanziona le spinte che minacciano l'unità del sistema
B. è proprio delle istituzioni politiche
C. seleziona gli scopi da raggiungere tra i tanti possibili
D. ricava dall'ambiente risorse utili alla sopravvivenza per produrre beni e attività da scambiare
E. è strettamente correlato all'indole individuale

157) Secondo quale studioso il sistema educativo mira all'integrazione sociale dell'individuo?
A. Karl Popper
B. Edmund Husserl
C. Max Weber
D. Émile Durkheim
E. Auguste Comte

158) Quale paradigma predilige un approccio qualitativo alla ricerca?
A. Costruzionista
B. Positivista
C. Neopositivista
D. Postpositivista
E. Interpretativista

159) A quale studioso si deve l'introduzione del concetto di tipo ideale?
A. Émile Durkheim
B. Max Weber
C. Piergiorgio Corbetta
D. Auguste Comte
E. Michel Foucault

160) Tra le diverse relazioni interpersonali come si chiama quel peculiare tipo di legame che si instaura tra educatore ed educando nei diversi contesti formativi?
A. La relazione sociale
B. La relazione interculturale
C. La relazione educativa
D. La relazione d'aiuto
E. La relazione amicale

161) Giuseppe Sergi ha legato il proprio nome al seguente ambito scientifico:
A. la filosofia
B. l'antropologia
C. la psicologia
D. la sociologia
E. la pedagogia

162) Con il termine sensismo si fa riferimento a:
A. uno degli stadi dello sviluppo studiati da Piaget
B. una teoria filosofica riconducibile a Condillac
C. una branca del cognitivismo
D. un movimento riconducibile alla Pedagogia Libertaria
E. una corrente interna alla scuola psicologica della Gestalt

163) Il francese G. Mialaret, nel testo del 1976 intitolato *Le scienze dell'educazione*, propone un loro sistema di classificazione che comprende:
A. le scienze della riflessione generale sull'educazione, le scienze che studiano la situazione educativa e le scienze che studiano le condizioni generali e locali dell'educazione
B. le scienze della riflessione generale sull'educazione e le scienze che studiano le condizioni locali dell'educazione
C. le scienze che studiano le condizioni generali dell'educazione e le scienze che studiano la situazione educativa
D. le scienze che studiano la situazione educativa e le scienze che studiano le condizioni locali dell'educazione
E. le scienze che studiano le condizioni generali e le scienze che studiano le riflessioni sull'educazione

164) Un tipo di comunicazione unidirezionale:
A. è democratica
B. è interattiva
C. è verticale
D. è orizzontale
E. è fondata sulla parità dei soggetti coinvolti

165) La socializzazione primaria indica:
A. il processo attraverso il quale un soggetto viene ammesso nel mondo del lavoro
B. la fase iniziale di un processo mediante il quale il bambino diventa un membro della collettività
C. l'unico processo di socializzazione che abbia importanza
D. il processo di socializzazione del bambino durante il primo anno della scuola dell'infanzia
E. E. il processo di socializzazione durante gli anni della scuola primaria

Risposte commentate

1) **A.** Una posizione particolare e rilevante nella riflessione pedagogica viene occupata dal poeta e letterato Jean Paul Richter (1763-1825), le cui osservazioni ed intuizioni espresse nel poema pedagogico *Levana* (il nome è quello della dea protettrice delle madri e dell'infanzia) esercitarono ampie influenze. In particolare valorizzò l'educazione in rapporto al problema della storia: solo questa, infatti, per Richter è in grado di preparare individui che, facendosi carico della storia universale, progetteranno e realizzeranno la società futura.

2) **D.** Don Lorenzo Milani (1923-1967) è stato un presbitero, scrittore, docente ed educatore cattolico, la cui figura è legata all'esperienza didattica rivolta ai bambini poveri nella disagiata e isolata scuola di Barbiana, in cui avviò il primo tentativo di istruzione a tempo pieno, espressamente rivolto a quegli studenti che, per mancanza di mezzi, rischiavano di rimanere vittime di subordinazione sociale e culturale. Gli ideali della scuola di Barbiana consistevano nel costruire un'istituzione inclusiva e democratica, che avesse il fine di far arrivare tutti gli alunni a un livello minimo d'istruzione, tramite un insegnamento personalizzato e la rimozione di quelle differenze che derivano da censo e condizione sociale e creano disuguaglianza. In questo contesto, Don Milani iniziò a sperimentare il metodo della scrittura collettiva, di cui il testo pubblicato nel 1967 e divenuto celebre con il titolo di *Lettera a una professoressa* è piena espressione, poiché si tratta di un lavoro realizzato con la partecipazione attiva degli studenti.

3) **A.** La *Lettera a una professoressa* costituisce una netta condanna alla scuola borghese, classista, discriminatoria, incapace di superare il divorzio tra cultura e lavoro. La scuola di Barbiana, in cui Don Lorenzo Milani ha svolto la sua attività pedagogica e didattica, lavorava per promuovere una cultura non formalistica, in grado di riappropriarsi della parola e, al tempo stesso, dell'autonomia di pensiero, ponendosi come strumento di emancipazione e crescita sociale.

4) **D.** Le *life skills* sono la gamma di abilità cognitive, emotive e relazionali di base che consentono alle persone di operare con competenza sia sul piano individuale che sociale. Queste abilità consentono di trattare efficacemente le richieste e le sfide della vita quotidiana; possono essere considerate le abilità di vita che si pongono alla radice di ogni processo adattivo umano.

5) **C.** Roberto Ardigò (1828-1920) è considerato uno dei maggiori rappresentanti del positivismo italiano, per aver promosso una concezione scientifica della psicologia e della pedagogia, fondata sul materialismo e lo sperimentalismo, e dunque su aspetti concreti e osservabili. Convinto che la dimensione fisica e quella psichica siano due aspetti di un'unica realtà oggettiva che si costruisce attraverso un movimento continuo in cui il noto (distinto) si genera dall'ignoto (o indistinto), Ardigò sostiene che l'*educazione* costituisce il momento finale di un processo fatto da un'intensa *attività* prodotta da ripetute stimolazioni provenienti dal contesto (scolastico, sociale e familiare) e consolidata, attraverso l'*esercizio*, in *abitudini* che si esplicano in particolari *abilità*. Le abitudini svolgono, quindi, per Ardigò un ruolo centrale e, proprio per questo, a suo avviso va innanzitutto considerato che non tutte sono educative e che per individuare quelle significative sul piano pedagogico non si può prescindere da una costante osservazione della realtà individuale del soggetto che si educa, poiché non sono solo le stimolazioni provenienti dal contesto scolastico ad essere rilevanti nella definizione delle abitudini che compiranno la sua formazione naturale, ma anche quelle provenienti dal contesto sociale e familiare. Sul piano didattico, il suo approccio concreto, sperimentale e scientifico si traduce in un insegnamento che privilegia l'intuizione e l'insegnamento di poche cose presentate singolarmente e approfondite attraverso l'esercizio e la ripetizione.

6) **A.** Célestin Freinet pubblicò nel 1949 *Nascita di una pedagogia popolare,* una sintesi organica del suo pensiero pedagogico, dei suoi interessi didattico-educativi e del suo forte impegno politico, orientato verso posizioni socialiste. Il metodo sviluppato da Freinet si basa sulla *cooperazione educativa* e sulla concezione dell'esperienza infantile come *tâtonnement* (andare a tentoni) mossa dai bisogni stessi del fanciullo, anche se alimentata dalle varie tecniche conoscitive che la comunità umana ha elaborato nel tempo.

7) **C.** Come si legge nella *Raccomandazione del Consiglio europeo del 22 maggio 2018*: "*Le competenze chiave sono quelle di cui tutti hanno bisogno per la realizzazione e lo sviluppo personali, l'occupabilità, l'inclusione sociale, uno stile di vita sostenibile, una vita fruttuosa in società pacifiche, una gestione della vita attenta alla salute e la cittadinanza attiva. Esse si sviluppano in una prospettiva di apprendimento permanente, dalla prima infanzia a tutta la vita adulta, mediante l'apprendimento formale, non formale e informale in tutti i contesti, compresi la famiglia, la scuola, il luogo di lavoro, il vicinato e altre comunità*". Vanno intese come la combinazione di "conoscenze, abilità e atteggiamenti, in cui: 1) la *conoscenza* si compone di fatti e cifre, concetti, idee e teorie che sono già stabiliti e che forniscono le basi per comprendere un certo settore o argomento; 2) per *abilità* si intende sapere ed essere capaci di eseguire processi ed applicare le conoscenze esistenti al fine di ottenere risultati; 3) gli *atteggiamenti* descrivono la disposizione e la mentalità per agire o reagire a idee, persone o situazioni. Le competenze chiave così intese sono otto e, precisamente: 1) la *competenza alfabetica funzionale*; 2) la *competenza multilinguistica*; 3) la *competenza matematica e competenza in scienze, tecnologie e ingegneria*; 4) la *competenza digitale*; 5) la *competenza personale, sociale e capacità di imparare a imparare*; 6) la *competenza in materia di cittadinanza*; 7) la *competenza imprenditoriale*; 8) la *competenza in materia di consapevolezza ed espressione culturali*. Come specificato nella stessa *Raccomandazione* europea, sono tutte ugualmente importanti perché ciascuna contribuisce sia singolarmente sia in interconnessione con le altre a una vita fruttuosa nella società e si fonda su alcune caratteristiche e abilità personali quali ad esempio il *pensiero critico*, la *risoluzione di problemi*, il *lavoro di squadra*, le *abilità comunicative e negoziali*, le *abilità analitiche*, la *creatività* e le *abilità interculturali*, che sono fondamentali nella vita relazionale, civile e lavorativa della persona per la loro *trasversalità*, cioè per la loro capacità di adattarsi a diversi e complessi contesti e bisogni del mondo contemporaneo.

8) B. *Educazione al bivio* è uno scritto di Jacques Maritain, in cui il filosofo espone la sua idea di educazione, descrivendola come una saggezza pratica che forma l'individuo attraverso tre aspetti: quello pedagogico, quello dell'arte e quello della politica. La formazione integrale della persona umana è, dunque, un processo d'insieme al quale concorrono i valori umanistici e scientifici e quelli di libertà e partecipazione democratica alla vita sociale.

9) A. La pedagogia sperimentale assolve le funzioni proprie dell'ambito pedagogico operando un controllo scientifico su di sé e sulle dinamiche che la riguardano. Tale *"controllo scientifico dei fatti pedagogici"*, per dirla con Emile Planchard, uno dei più illustri interpreti, insieme a Robert Dottrens, dello sperimentalismo in educazione, si serve di strumenti utilizzati anche nell'ambito di altre discipline, quali l'osservazione, la somministrazione di test e di questionari, la pratica dell'intervista, per monitorare e verificare gli effetti e la congruenza dell'azione educativa nella sua dimensione operativa.

10) D. Lamberto Borghi, una delle figure più significative della pedagogia non solo italiana, nel 1958, pubblica *Educazione e scuola nell'Italia d'oggi* con cui, per primo in quegli anni, coglie ed evidenzia nella storiografia dell'educazione e della scuola, indirizzata in senso cattolico, le contraddizioni della ideologia marxista e socialista, sia nella sua versione rivoluzionaria che riformista.

11) A. In ambito educativo, con il termine *tassonomia*, riferito agli obiettivi educativi, si fa riferimento a una classificazione strutturata secondo una gerarchia che va da abilità più elementari ad abilità più complesse. Le più conosciute e rilevanti tassonomie degli obiettivi educativi e di apprendimento sono state definite da Benjamin S. Bloom, Robert Mills Gagné e Joy Paul Guilford. La tassonomia degli obiettivi di Bloom (il cui nome è legato anche al metodo del *Mastery learning* di cui è stato ideatore) è stata elaborata e pubblicata dall'autore, insieme ad altri colleghi tra gli anni '50 e '60 del Novecento e classifica gli obiettivi educativi in tre *domini*: *cognitivo*; *affettivo* e *psicomotorio*. La tassonomia di Gagné risale agli anni '60 del Novecento e, andando ad approfondire alcuni aspetti del *dominio cognitivo* di Bloom, prevede otto livelli di apprendimento che poggiano l'uno sull'altro e che, quindi, rendono possibile al soggetto di acquisire, prima, delle unità semplici come i *segnali*, per poi arrivare, attraverso dei passaggi intermedi, all'acquisizione di capacità più complesse, come quella che permette di risolvere problemi combinando insieme sistemi di regole ben strutturati e articolati. La tassonomia di Joy Paul Guilford, nota come *Structure of intellect* (SI) e anch'essa elaborata negli anni '50 del Novecento, diversamente da quella di Gagné, si distacca dal modello di Bloom e assume che nella mente adulta possano affiorare differenti tipi di intelligenza. In tal senso l'intelligenza umana è intesa come un sistema multidimensionale i cui obiettivi cognitivi non si collocano in ordine gerarchico, come nelle tassonomie di Bloom e di Gagné, bensì in un sistema in cui le tre dimensioni interagiscono costantemente generando abilità distinte e autonome. Quella di Guilford, dunque, non è propriamente una tassonomia, bensì un vero e proprio modello dell'intelletto umano.

12) E. Aldo Visalberghi fu tra i primi in Italia, precisamente nel 1955, a parlare di misurazione e valutazione dei processi educativi attraverso tecniche di accertamenti oggettivi che consentissero di compiere ricerche a larghissimo raggio e comparazioni attendibili, mai prima di allora provate. La misurazione del profitto degli alunni, tuttavia, per Visalberghi non era da identificare con la valutazione educativa, la quale doveva tenere in debita considerazione la prima, ma distinguersene per lo sguardo rivolto a una dimensione molto più ampia, quella rappresentata dalla formazione globale della persona.

13) B. L'educazione degli adulti è l'insieme dei processi educativi organizzati, formali e non formali, riferiti a qualsiasi contenuto, argomento, livello e metodo, realizzati come prolungamento o sostituzione dell'educazione iniziale (scolastica/accademica/professionale), ed attraverso i quali le persone considerate adulte, secondo i parametri delle società di appartenenza, arricchiscono i propri patrimoni di conoscenze, di qualificazioni tecniche e professionali, ovvero li riconvertono in direzioni diverse, operando cambiamenti nei propri comportamenti nella duplice prospettiva di un completo sviluppo personale e di una partecipazione consapevole allo sviluppo culturale, economico e sociale.

14) D. A partire dagli anni Ottanta fino ad oggi la pedagogia è stata attraversata da un fascio di nuove emergenze, di nuove esigenze e di nuove formule educative. Tre in particolare sono state, secondo Franco Cambi, rilevanti e tutte e tre introdotte dalle profonde trasformazioni sociali e culturali intervenute già nei decenni precedenti: il femminismo, l'ecologia, l'intercultura.

15) D. Dewey, nel 1916, in *Educazione e democrazia,* proponeva per la scuola pubblica una funzione di educazione alla democrazia da attuare attraverso un insegnamento teso a formare giovani capaci di inserirsi da protagonisti nella società, con una mentalità aperta al dialogo e alla collaborazione con gli altri. Allo stesso tempo, la scuola doveva svolgere una funzione di formazione culturale mediante una metodologia centrata sull'alunno, *protagonista* del proprio percorso di conoscenza.

16) C. Con l'espressione *sistema educativo integrato* si fa riferimento a quella rete che nasce dalla connessione dei diversi soggetti coinvolti nell'educazione, i quali si integrano l'un l'altro con i diversi ruoli che rivestono e le specifiche competenze di cui dispongono, per favorire uno sviluppo della persona in crescita che sia il più completo possibile e che coinvolga tutti i contesti della vita, sempre più numerosi, in cui si apprende al di fuori dell'ambiente scolastico. Scuola, famiglia, comunità sociale e religiosa sono tutte attivamente coinvolte nella sfera educativa dei più giovani e costituiscono, dunque, proprio quei soggetti che interagiscono nel sistema educativo integrato, all'interno del quale, accanto al *sistema formale* e strutturato della scuola, svolge un ruolo fondamentale il *sistema non formale* costituito dalle agenzie extrascolastiche intenzionalmente educative, quali le associazioni culturali e sportive, le chiese con i loro oratori, le biblioteche, gli enti pubblici e tutte quelle realtà organizzate che propongono attività formative al di fuori del contesto scolastico formalmente designato all'educazione.

17) E. La Ricerca Azione Partecipativa si connota per i seguenti aspetti, tra loro connessi:
a) *carattere attivo* della creazione dei saperi: il soggetto elabora saperi e non si limita a subirli quando si trova o è messo in situazione dinamica di protagonista;

b) *carattere partecipativo* della creazione dei saperi: il soggetto produce saperi originali non stereotipati quando è in situazione di autoapprendimento, cioè è chiamato a rispondere a suoi bisogni;
c) *carattere investigativo* della creazione dei saperi: il soggetto matura nuovi saperi e non riproduce saperi in forma ripetitiva quando è di fronte a questioni da risolvere;
d) *carattere rappresentativo* della realtà nella creazione dei saperi: il soggetto perviene a saperi inediti quando lavora attorno alla sua (individuale e/o di gruppo) rappresentazione della realtà e non con saperi da essa disgiunti;
e) *carattere trasformativo* della creazione dei saperi: il soggetto che modifica, arricchendola, la sua rappresentazione della realtà è portato ad introdurre cambiamenti nella realtà stessa, quella personale e quella dell'ambiente in cui vive, anziché chiudersi nella sua semplice conservazione.

18) D. L'*approccio pedagogico* alla valutazione analizza il *processo formativo del soggetto*, andando oltre quelli che potremmo definire i *risultati di profitto* o di *performance*, indagando piuttosto in che misura l'azione formativa riesce veramente a generare una nuova *acquisizione di forma*, un nuovo processo di *bildung*, che prende origine dalla de-costruzione di saperi pregressi e che conduce alla metabolizzazione di saperi nuovi tale da attivare un processo di *trasformazione personale*. In questo senso l'atto valutativo, più che concentrarsi sulla parcellizzazione delle conoscenze e delle *performance* dominate dal soggetto, punta alla maturazione potremmo dire di *macro-competenze* (autonomia, autodeterminazione, collaborazione, gestione di relazioni, superamento di conflitti, ecc.).

19) B. Roger Cousinet (1882-1973) è stato docente di psicologia pedagogica alla Sorbona e direttore di numerose riviste, nonché fondatore di associazioni incentrate sull'educazione nuova. Convinto sostenitore dell'attivismo pedagogico, nell'opera del 1925 dal titolo *Un metodo di lavoro libero per gruppi*, espone la sua idea di un metodo incentrato sull'*autonomia del discente*, intesa come libero sviluppo del fanciullo. Per Cousinet, l'insegnamento tradizionale del suo tempo ha il doppio limite di impedire l'individualizzazione e di non favorire la socialità ed è, quindi, in netto contrasto con le caratteristiche che a suo avviso deve avere il lavoro scolastico, ovvero essere compiuto in un ambiente stimolante per la mente e finalizzato a favorire i processi di socializzazione tra gli allievi. Da questa prospettiva, in cui le componenti relazionali e sociali rivestono un ruolo rilevante, Cousinet individua nel *gruppo* la condizione ideale perché lo studente possa sviluppare la sua autonomia e al tempo stesso le relazioni interpersonali che sono fondamentali per il suo sviluppo.

20) A. L'istruzione può essere definita come un processo formale e graduale di trasmissione di contenuti disciplinari e non, che mira alla costruzione del sapere ed è strumento di crescita personale. L'educazione è, invece, un processo intenzionale finalizzato a modificazioni comportamentali più o meno stabili, strettamente collegato alla situazione spazio-tempo.

21) B. Lo schema di classificazione degli stili genitoriali più largamente utilizzato emerge dai lavori di Diana Baumrind. Per mezzo di interviste e osservazioni, la Baumrind ha individuato quattro stili genitoriali: la funzione genitoriale autoritaria, permissiva, autorevole e, infine, trascurante e di rifiuto.

22) C. Nel 1921 J.L. Moreno creò il Teatro della Spontaneità, predecessore del teatro terapeutico, cioè dello Psicodramma. Non vi erano testi scritti, né scenografie e gli attori dilettanti mettevano in scena il cosiddetto giornale vivente, ossia recitavano i diversi fatti del giorno. Con questa forma di teatro introdusse quei concetti di azione, di catarsi e di spontaneità e creatività che caratterizzano il suo metodo.

23) E. Nel 1978, Aldo Visalberghi pubblica *Pedagogia e scienze dell'educazione*, un testo in cui indica i quattro settori intorno ai quali, a suo avviso, si sono sviluppate le scienze dell'educazione: il *settore psicologico*, che riguarda la conoscenza dell'allievo e dei processi di apprendimento e fa riferimento, tra le altre, a discipline come la psicologia dell'educazione, la psicologia evolutiva e la psicologia sociale; il *settore sociologico*, che riguarda lo studio del rapporto scuola-società e fa riferimento a discipline come la sociologia generale, la sociologia dell'educazione e la sociologia della conoscenza; il *settore metodologico-didattico*, che riguarda lo studio dei mezzi, metodi e strumenti dell'educazione e fa riferimento alle discipline che si occupano di tecnologie educative o di teorie sulla programmazione e sulla valutazione scolastica; il *settore dei contenuti*, che riguarda invece l'analisi delle discipline di insegnamento e della conoscenza in generale, tra cui, ad esempio, la storia della materia specifica o l'epistemologia generale e genetica.

24) A. Jean Jaques Rousseau (1712-1778) è stato colui che, in ambito pedagogico, ha dato un contributo originalissimo sostenendo una prospettiva naturalista, secondo cui le predisposizioni "naturali" minimizzano gli effetti dell'educazione e dell'esperienza. Orientato verso una teoria naturale dello sviluppo umano, Rousseau ritiene che i bambini siano per natura "buoni" e che, dunque, per compiere il loro sviluppo non hanno bisogno né di una particolare guida morale né di imposizioni, ma solo di crescere secondo il "disegno della natura". Partendo da questa prospettiva, nell'*Emilio*, la sua opera del 1762 che rappresenta un punto di riferimento essenziale nella storia della pedagogia, Rousseau chiarisce il concetto di "educazione naturale", evidenziando la contrapposizione tra stato naturale dell'uomo e civiltà. A suo avviso, l'educazione non deve tenere conto di quanto la società stabilisce o dichiara, ma deve essere orientata verso il soggetto che è il protagonista dell'apprendimento, risvegliando in lui quelle attitudini e quelle facoltà che già gli appartengono nello stato naturale e che la società col tempo corrompe. In quest'ottica, Rousseau sostiene la necessità di mettere in atto un'*educazione negativa*, che vede l'educatore come uno strumento di rimozione degli elementi potenzialmente dannosi alla maturazione naturale del bambino e che, quindi, non deve progettare minuziosamente lezioni o interventi formativi, ma cercare di rispettare le tappe dello sviluppo del discente e accompagnarlo nella sua crescita. Per riuscire in questo intento, il precettore può e deve mettere il fanciullo nelle condizioni di compiere esperienze, piuttosto che intervenire direttamente nella sua formazione proponendo la propria esperienza e conoscenza.

25) A. La *Bildung* è un modello di formazione a matrice neoumanistica che si afferma in Germania nell'Ottocento. Si tratta di un concetto che si riferisce alla formazione, intesa come processo di sviluppo interiore. In tal senso, proprio in virtù della sua stretta connessione con la natura umana – oltre che con la conoscenza – la formazione è sempre autoformazione e si traduce nella possibilità dell'essere umano di divenire se stesso.

26) B. *Educazione per una civiltà in cammino* (1926) è l'unica opera a non essere stata scritta da John Dewey, ma da William Heard Kilpatrick, pedagogista statunitense, noto particolarmente per aver ideato, realizzato e diffuso il metodo dei progetti.

27) C. Il pensiero di John Dewey è legato al pragmatismo, l'indirizzo filosofico contemporaneo, affermatosi a cavallo tra il XIX e il XX secolo negli Stati Uniti, per il quale la funzione fondamentale dell'intelletto di consentire una conoscenza obiettiva della realtà non è separabile dalla funzione di consentire un'efficace azione sulla realtà stessa. Un pragmatista, in altre parole, sarà interessato a questioni di metodo o di fine nella misura in cui la loro risoluzione porta ad agire con profitto ed efficacia, attraverso un continuo rimando a premesse e circostanze concrete, tralasciando le sottigliezze meramente verbali.

28) E. Eduard Claparède, nel 1920, scrisse *Scuola su misura*, in cui affermava che la scuola dovesse organizzarsi su misura del fanciullo, in quanto doveva soddisfare le sue esigenze, attraverso processi apprenditivi talvolta anche individualizzati. Mentre nella scuola tradizionale gli studenti erano obbligati a seguire le stesse lezioni, gli stessi programmi delle materie e lo stesso metodo d'insegnamento, nella scuola ideale o su misura che proponeva Claparède, l'alunno poteva liberamente scegliere una serie di attività, già predisposte dall'insegnante, in grado di stimolare il suo sviluppo intellettuale, sociale, morale, promuovendo appieno la sua personalità.

29) B. Helen Parkhurst, pedagogista statunitense, ispirandosi a Maria Montessori, ideò e mise in atto nel 1919, a Dalton nel Massachusetts, un metodo didattico attivo (*Dalton laboratory plan*, *Piano Dalton*). Tra le sue opere, *Education on the Dalton plan* (*L'educazione secondo il piano Dalton*,1922) ed *Exploring the child's world* (*Esplorando il mondo del bambino*, 1951). Nel testo *L'educazione secondo il Piano Dalton*, sostiene che il soggetto deve essere portato ad educarsi, infatti afferma: "*Assegnandogli il compito sotto forma di un contratto per la cui esecuzione egli si senta responsabile, noi diamo dignità al lavoro ed a lui chiara coscienza di un obiettivo ben definito*".

30) E. La pedagogia sociale studia l'educazione in quanto fatto sociale, nelle sue origini, nelle sue condizioni, nei suoi processi e nei suoi esiti. L'oggetto della pedagogia sociale sono le interazioni tra il tema dell'educabilità dell'individuo e le dimensioni che caratterizzano il sociale.

31) C. Jan Amos Komensky, in italiano Comenio, vissuto tra il 1592 e il 1670, è considerato tra i maggiori pedagogisti dell'età moderna ed è autore di opere che continuano ad avere grande influenza ancora oggi. Naturalmente influenzato dall'atmosfera culturale e scientifica della sua epoca, dominata dal metodo di Galileo alla base delle scienze sperimentali e dal metodo matematico di Cartesio, Comenio propone a sua volta un *metodo*, dedicato all'insegnamento, che contempli anche la costruzione degli obiettivi da perseguire con l'educazione. Alla base di tutta la sua riflessione c'è l'idea di *pansofia*, che può essere intesa come una sintesi unitaria delle diverse forme di sapere, le quali hanno, secondo Comenio, una radice comune identificabile in Dio quale creatore dell'intero universo. Proprio in virtù di tale radice comune, i saperi possono essere appresi più facilmente ed efficacemente adottando un *metodo comune* di insegnamento. Nell'ideale pansofico trova, quindi, spazio la *pampaedia*, cioè l'idea, rivoluzionaria per l'epoca in cui Comenio la concepisce, di un'educazione universale, che riguardi qualsiasi ambito del sapere e che possa essere rivolta a tutti. Questa visione così moderna e innovativa dell'insegnamento è accuratamente descritta da Comenio nell'opera dal titolo *Didactica magna* (1633-1638), in cui l'autore riassume il suo pensiero nell'assioma *omnia omnibus omnino*, "*a tutti si può insegnare tutto in modo completo e interconnesso*" e in cui definisce un metodo di insegnamento che avvicini gli studenti all'apprendimento senza creare in loro avversione o demotivazione, ma anzi rendendoli protagonisti del proprio sviluppo.

32) C. La proposta di A. Visalberghi stimola gli studi di epistemologia pedagogica di tutti gli anni Ottanta e Novanta. I termini chiave di tale dibattito sono quelli di criticità e formazione. Il primo propone la pedagogia come riflessione critica sulla formazione, ovvero come disciplina che aiuta a capire gli aspetti impliciti e latenti di ogni atto educativo; il secondo riconosce che la pedagogia non si limita allo studio dell'istruzione scolastica per soggetti in età evolutiva, ma si occupa di un processo, la formazione appunto, che riguarda l'intero arco della vita.

33) E. Il Settecento porta a compimento il processo di laicizzazione che è stato tipico del mondo moderno e inaugura un nuovo clima in cui gli intellettuali e i loro modelli culturali si distaccano sempre più dall'influenza della religione e della Chiesa, con importanti ricadute sul potenziamento dei processi e delle finalità educative, che portano anche l'educazione a trasformarsi in senso laico e contribuiscono a definire una nuova immagine, estremamente razionale, della pedagogia. Nel Settecento si sviluppa una nuova immagine della pedagogia moderna; si tratta di una pedagogia critica razionalistica.

34) C. La pedagogia generale è la scienza che si occupa della formazione dell'uomo e della donna per l'intero corso della vita e nella pluralità dei tempi di vita e di esperienza. Si tratta, dunque, di un oggetto assai complesso, l'uomo, immerso in un campo di indagine caratterizzato da una vasta pluralità di aspetti, la vita, per il quale si rende necessaria una ricerca che sappia essere interdisciplinare e che, pur restando globale e unitaria, sappia cogliere e indagare i diversi ambiti in cui la formazione e lo sviluppo dell'individuo si dipanano. È per questo che la scienza pedagogica generale ha la necessità di specializzarsi in varie articolazioni a seconda dell'oggetto di indagine peculiare che decide di approfondire. Per rispondere a questa esigenza, si sono definite, negli anni, diverse branche, tra cui alcune in particolare hanno raggiunto degli alti livelli di specializzazione e approfondimento, come ad esempio la *pedagogia sociale*, che opera, appunto, all'interno dei problemi sociali, la *pedagogia speciale*, che si occupa dei soggetti con bisogni educativi speciali, come le persone con disabilità, favorendo la loro inclusione, così come pure la *pedagogia interculturale*, che si occupa di approfondire e favorire lo scambio interattivo tra individui appartenenti a culture diverse con l'obiettivo di superare il monoculturalismo che ancora oggi costituisce un limite della nostra società, o, infine ma non ultima, la *pedagogia per adulti*, detta anche "educazione degli adulti" o "andragogia", che si occupa degli aspetti della rieducazione e della formazione continua, strettamente connessi al concetto, molto attuale, del *lifelong Learning*.

35) E. Raffaele Laporta (1916-2000) ha pubblicato nel 1996 *L'assoluto pedagogico. Saggio sulla libertà in educazione*. È stato un "maestro" di pedagogia per più generazioni di insegnanti e di studiosi attraverso opere esemplari come *Educazione e libertà in una società in progresso* (1960) e *L'irriducibile laicità. La battaglia fra Stato e Chiesa per la scuola in Italia* (post-mortem).

36) D. Anche se Piaget considera che i cambiamenti sono di tipo quantitativo oltre che qualitativo, l'enfasi è da lui posta sui cambiamenti qualitativi che si verificano durante le modificazioni delle strutture cognitive complessive. Tali cambiamenti strutturali avvengono quando il bambino passa da un periodo ad un altro, da uno stadio ad un altro. Naturalmente i cambiamenti qualitativi e quantitativi si costruiscono uno sulla base dell'altro durante il corso dello sviluppo: i cambiamenti quantitativi, relativi all'ammontare di informazioni, preparano la via a ulteriori cambiamenti qualitativi nel momento in cui nuove informazioni mettono in discussione le strutture esistenti.

37) A. Alan Collins, scienziato cognitivo e docente presso la Northwestern University di Chigago, è conosciuto per i suoi contributi allo studio sull'apprendimento, che trovano espressione, in particolare, nei concetti di *apprendimento situato* e di *apprendistato cognitivo*, le cui ricadute in ambito didattico sono di notevole importanza. Collins assume come punto di partenza che la conoscenza dipende strettamente dal contesto culturale in cui si sviluppa, è cioè *situata* in quel contesto, che le dà senso e la rende comprensibile a chi la apprende. In questa prospettiva, anche l'apprendimento della conoscenza deve essere, secondo lo studioso, necessariamente situato nel contesto in cui avviene e strettamente legato all'attività che in quello stesso contesto si svolge: così come si impara a parlare parlando, qualsiasi processo di apprendimento è strettamente legato al fare. Sulla base di tale convinzione, Collins – insieme ai colleghi John Seely Brown e Susan Newman – elabora il concetto di *apprendistato cognitivo*, recuperando l'idea storica di apprendistato, e cioè di quel particolare tipo di apprendimento che avveniva nelle botteghe artigiane, in cui l'apprendista imparava un'arte o un mestiere attraverso la pratica, osservando il maestro all'opera e sfruttando il suo supporto quando necessario. Nell'idea di apprendistato cognitivo e dei diversi momenti in cui questo si sviluppa, infatti, Collins e colleghi fanno riferimento ad alcuni concetti fondamentali delle principali teorie sull'apprendimento, quali: il *modeling*, che consiste nell'osservazione del maestro da parte dell'allievo; il *coaching*, che si definisce nella presenza costante del maestro e nella sua disposizione a intervenire quando necessario per portare l'attenzione su alcuni aspetti, facilitare il lavoro o dare dei feedback; lo *scaffolding*, cioè il supporto, inteso anche come appoggio, che il maestro, più esperto, offre all'apprendista nell'acquisizione di conoscenze o capacità via via più complesse; per arrivare al *fading*, ovvero il momento in cui il maestro lascia maggior spazio per dare l'opportunità all'allievo di acquisire autonomia e di prendersi la responsabilità del proprio lavoro. In tal senso, quindi, l'apprendimento si situa non solo nel contesto e nella cultura in cui avviene, ma anche nel sistema di relazioni interpersonali che lo favoriscono. Tutto ciò, secondo Collins, deve tradursi in una pratica didattica (ancora poco diffusa nella scuola) che proponga allo studente, non tanto la rielaborazione astratta di conoscenze prodotte altrove, ma piuttosto delle esperienze autentiche, tali cioè da offrirgli la possibilità di *fare*, interagendo con altre persone e affrontando problemi reali, per costruire la propria conoscenza proprio come fanno scienziati ed esperti dei più vasti settori. In questo modo, ha l'occasione di confrontarsi con i suoi pari, di imparare ad autocorreggersi, di fare ipotesi ed esplorare diverse possibilità, di elaborare metodi propri, acquisendo così una sempre maggiore consapevolezza sul proprio apprendimento e sui processi cognitivi che lo contraddistinguono. Ed è in quest'ottica, dunque, che l'apprendistato teorizzato da Collins, Brown e Newman si definisce come "cognitivo", proprio perché pone attenzione non solo e non tanto sul contenuto di saperi e abilità, quanto sulla dimensione più propriamente metacognitiva dell'apprendimento, alla base di quella capacità di "imparare ad imparare" che costituisce una delle otto competenze chiave per l'apprendimento permanente indicate dal Parlamento europeo.

38) E. Carl Rogers, autore di *Libertà nell'apprendimento*, presenta in questo testo alcune valide esperienze di insegnamento; indica le strade che, a suo giudizio, possono condurre a creare un clima di libertà nell'apprendimento, illustra le sue convinzioni sull'insegnamento e sull'apprendimento stesso. Questo importante testo è, quindi, una testimonianza su ciò che l'autore ha sperimentato e su ciò che ritiene si possa fare.

39) C. Il pedagogista è lo studioso dei fatti e dei problemi dell'educazione e della formazione – processo e prodotto formativo – esaminati e discussi nei vari aspetti: teorici, metodologici e pratici, mentre il pedagogo (oggi scarsamente usato nel linguaggio comune e sostituito da termini come maestro, insegnante, precettore, docente, consigliere, orientatore) è colui che si occupa della formazione di un bambino o di un giovane.

40) C. Nell'opera del 1931, dal titolo *L'educazione funzionale*, Claparède spiega perché la scuola deve ispirarsi a una concezione funzionale dell'educazione, chiarendo che l'aggettivo "funzionale" si riferisce alla necessità di mettere in pratica un tipo di educazione che collochi il bambino al centro dei programmi e dei metodi scolastici, che sia quindi concepita e realizzata *in funzione del* bambino, il più possibile individualizzata, ma non individuale. Alla base dell'educazione deve esserci non il timore del castigo o il desiderio della ricompensa, ma l'interesse. L'educazione deve tendere a sviluppare le funzioni intellettive e morali, più che a riempire le menti di cognizioni che rimangono morte senza riferimento alla vita.

41) E. Nella letteratura degli anni '60 e '70, l'educazione permanente è indicata come un principio generatore o principio organizzatore di un nuovo sistema inglobante l'insieme delle istituzioni e delle pratiche di educazione e di formazione. Nel suo contributo alla raccolta *Education permanente* pubblicata nel 1970 dal Consiglio d'Europa, Jean Cappelle ricorda questa definizione proposta dal Consiglio della cooperazione culturale del Consiglio d'Europa: "*Il concetto di educazione permanente, concepito come un principio organizzatore di tutta l'educazione, implica un sistema completo, coerente e integrato*".

42) E. Nel corso del Seicento, incalzata dalla rivoluzione culturale ed educativa dell'Umanesimo, dalle tensioni della Riforma e della Controriforma e dalla crisi della tradizione scolastica, nonché dalla rivoluzione borghese e dall'ascesa dello stato burocratico moderno che chiedono la formazione di tecnici, con conoscenze e specifici requisiti, anche la scuola si rinnova profondamente ed inizia a prendere il volto della scuola moderna.

43) C. Il pensiero del pedagogista Giovanni Maria Bertin è legato alla problematicità dell'esperienza. Il primo tassello della teoria problematicista è costituito, infatti, dal concetto generale di esperienza inteso come rapporto di integrazione fra due polarità – io e mondo – che, qualunque identità assumano fra le innumerevoli possibili, sono distanti e contrassegnate da reciproci tassi di opacità, condizioni che rendono la loro integrazione sempre approssimativa e parziale.

44) A. Il progetto più completo e organico di riforma dell'educazione nella Francia rivoluzionaria fu presentato all'Assemblea legislativa nel 1792 da J.-A. Caritat, marchese di Condorcet (1743-1794). Il suo principio ispiratore è di matrice prettamente illuminista: l'istruzione rende liberi dai pregiudizi e, quindi, dalla miseria. È un dovere dello Stato dare a tutti, uomini e donne, la possibilità di ricevere un insegnamento completo.

45) B. Il Positivismo è un complesso e composito movimento di pensiero che ha animato la cultura europea nella seconda metà dell'800. Pur essendosi espresso con intensità e caratteristiche diverse nei vari Paesi, è possibile individuarne alcuni elementi cardine: fra questi, il principale è senz'altro l'idea di progresso, spesso accompagnata dal concetto di evoluzione ereditato da Darwin.

46) B. Il grande scrittore russo Lev Tolstoj (1828-1910), anarchico cristiano, come lui stesso si definisce, nel 1859 ha dato vita alla *Jàsnaja Poljàna* (che significa "prato, radura chiara e serena"), una scuola libertaria per i figli dei contadini, situata nella tenuta ereditata dalla madre in campagna. Le caratteristiche di questa scuola la fanno rientrare nella cosiddetta "pedagogia non direttiva", che rigetta la tradizionale educazione forzata e coercitiva, incentrata su ordine, terrore, sforzo mnemonico e attenzione.

47) D. Antón Semiónovic Makarenko (1888-1939), nell'opera dal titolo *Poema pedagogico*, racconta la sua esperienza di educatore chiamato a dirigere, a partire dal 1920, una colonia di lavoro destinata alla rieducazione di giovani abbandonati e disadattati. Davanti ai drammatici problemi che si trova ad affrontare, matura la convinzione di non potersi affidare a nessuna teoria pedagogica, ma di dover ricavare indicazioni dall'analisi dei fenomeni reali che si svolgono sotto i suoi occhi. Sulla base di queste premesse, individua nel Collettivo lo strumento principale dell'educazione; al suo interno deve infatti svolgersi la vita, il lavoro e tutta la formazione dell'individuo, che deve imparare – anche attraverso l'imposizione di una dura disciplina – a subordinare i propri individuali interessi alle superiori esigenze sociali.

48) A. Johann Heinrich Pestalozzi (1746-1827) è stato un pedagogista svizzero che ha ripreso l'idea dello stato naturale dell'uomo di Rousseau e l'ha proiettata in ambito prettamente romantico, definendo un metodo educativo originale e impegnandosi attivamente per favorire l'educazione delle classi sociali più deboli, con cui ha avuto modo di lavorare in prima persona grazie alle esperienze presso la scuola da lui stesso fondata nella tenuta agricola di Neuhof e nelle scuole di Burgdorf e Yverdon. Per Pestalozzi l'educazione deve basarsi su di un metodo, che lui stesso definisce "elementare", capace di favorire lo sviluppo delle tre forze presenti nell'essere umano, ovvero il *sentimento*, il *pensiero* e la *volontà*, rappresentate simbolicamente dal cuore, dalla mente e dalla mano. Compito dell'educazione è farle convergere in senso positivo, per risvegliare gli aspetti morali che sono propri della natura umana. L'uomo morale è, secondo il pedagogista, colui che si lascia guidare dall'amore e dalla fiducia, che riesce ad anteporre il prossimo a se stesso e che ha una profonda fede religiosa. Spesso, però, a questi aspetti si contrappone una natura egoistica, violenta e brutale che l'educazione deve saper sopire. Un fine complesso, raggiungibile tuttavia se l'educatore riesce a porsi come un esempio per il bambino e a prendersene cura con un'arte simile a quella di un giardiniere, che promuove la crescita e la fioritura di mille alberi.

49) B. Carleton W. Washburne (1889-1968) fu l'organizzatore delle celebri scuole di Winnetka, vicino Chicago, nelle quali cercò di sviluppare un insegnamento individualizzato secondo il sistema di un libero raggruppamento degli alunni (al posto delle classi e dei gruppi) e secondo un programma ugualmente libero, composto da una parte comune, che comprendeva conoscenze e tecniche di base, e una parte creativa e libera.

50) A. L'educazione è un processo intenzionale finalizzato a modificazioni comportamentali più o meno stabili, strettamente collegato alla situazione spazio-tempo. Ha pertanto una dimensione finalistica, valoriale, etica e morale.

51) A. Nelle sue *Lettere sull'educazione estetica* del 1795, il poeta e filosfo Friedrich Schiller descrive l'esigenza di mediare fra la moralità di Kant e la bellezza di Winckelmann, attraverso un'educazione imperniata sull'arte, di cui lui stesso è profondo conoscitore. Per Schiller la bellezza (dal termine latino *formosus* che significa appunto "bello") è la *forma* piena e perfetta, mentre brutto (dal latino *deformis* "brutto"), è ciò che solo in parte è la forma che dovrebbe essere.

52) E. Stenhouse, nel suo lavoro del 1977 intitolato *Dalla scuola del programma alla scuola del curricolo*, sottolinea che "*lo sviluppo del curricolo va inteso come un processo di ricerca continuo che vede gli insegnanti protagonisti principali*". Per Stenhouse, il curricolo è considerato come un processo fondamentalmente inerente alla risoluzione dei problemi della scuola e della classe, che trae senso e valore dall'essere realizzato per la scuola e per la classe da parte di coloro che operano nella scuola e nella classe.

53) E. L'educazione interculturale ha molteplici dimensioni e si prospetta come la risposta più avanzata rispetto alle modificazioni sociali nazionali, europee e mondiali ed alla conseguente domanda di istruzione e formazione di ogni persona e della collettività. L'accentuarsi delle situazioni di natura multiculturale e plurietnica può così tradursi in occasione di arricchimento e di maturazione in vista di una convivenza basata sulla cooperazione, sullo scambio, sull'accettazione produttiva delle diversità come valori e opportunità di crescita democratica.

54) A. Nella seconda metà del Novecento la pedagogia, sotto la spinta dei rapidi e complessi cambiamenti storici e sociali del secolo, si distacca progressivamente dalla riflessione filosofica e acquisisce i connotati di scienza autonoma associata ad altre discipline specializzate nello studio della complessità dei processi educativi. Il sapere pedagogico non scompare, ma diventa parte integrante del sistema delle *scienze dell'educazione*, associandosi ad altre discipline, come la psicologia, la sociologia, la didattica, le neuroscienze, in un sistema di relazioni fluide e interattive, nella riflessione intorno alla formazione e all'educazione dell'essere umano.

55) A. Nel testo *Pensieri sull'educazione* del 1693, John Locke fa una serie di proposte orientate alla formazione della nuova aristocrazia inglese e pone al centro della propria riflessione educativa la figura del gentleman, che, alla luce del radicale mutamento economico e politico verificatosi in Inghilterra nel corso del Seicento, è visto come il modello ideale per la nuova classe dirigente e per il quale egli traccia anche un rinnovato curriculum di studi.

56) D. Tra il 1956 e il 1972 Bloom pubblica, con altri studiosi, l'opera in tre parti *Taxonomy of educational objectives: The classification of educational goals*, in cui viene proposta una delle tassonomie degli obiettivi educativi più note e diffuse nell'ambito della riflessione pedagogica e didattica contemporanea, che si compone di tre aree: *dominio cognitivo*; *dominio affettivo*; *dominio psicomotorio*. La tassonomia degli obiettivi del dominio cognitivo rivolge l'attenzione agli aspetti legati alla conoscenza e allo sviluppo di attività e abilità intellettive e viene suddivisa nei seguenti obiettivi educativi, in un ordine che va dal più semplice al più complesso: *conoscenza, comprensione, applicazione, analisi, sintesi, valutazione*. La tassonomia degli obiettivi del dominio affettivo, con l'intento di integrare la precedente, allarga la riflessione ad aspetti come gli interessi, i desideri e le attitudini, gli stati motivazionali e i valori che accompagnano l'individuo nel suo percorso d'apprendimento, e viene suddivisa negli obiettivi di: *ricettività, risposta, valutazione, organizzazione, caratterizzazione*. La tassonomia del *dominio psicomotorio*, infine, che viene definita senza il contributo di Bloom ad opera dei suoi collaboratori, coinvolge gli aspetti relativi ad abilità di carattere fisico, alla manipolazione e all'uso di oggetti o strumenti e individua come obiettivi: i *movimenti riflessi* – risposte ad uno stimolo senza volontà cosciente; i *movimenti fondamentali di base* – strutture motorie innate; le *abilità percettive* – interpretazione degli stimoli e adattamento all'ambiente; le *qualità fisiche* – caratteristiche funzionali organiche; i *movimenti di padronanza e competenza*; la *comunicazione non-verbale*.

57) E. La generalizzazione è un processo di apprendimento associato a procedure che sviluppano il riconoscimento di modelli, la quale ha come risultato una procedura applicabile a una classe più ampia e può essere favorita dalla presentazione, vicina nel tempo, di esempi che differiscono notevolmente per proprietà non rilevanti.

58) E. Nel testo *Le fonti di una scienza dell'educazione* scritto nel 1929, ma pubblicato in Italia solo nel 1952, J. Dewey afferma che la pedagogia intrattiene rapporti significativi con la filosofia, con la psicologia e con la sociologia dell'educazione, che si presentano come fonti speciali per comprendere l'accadere educativo.

59) D. William H. Kilpatrick, pur essendo un teorico dell'educazione, si è occupato anche di didattica, mettendo a punto un metodo che ha incontrato larghi consensi in America e in Europa e che ha delineato nell'opera *Il metodo dei progetti*. Tale metodo si distacca da quello dei problemi, proprio di Dewey, in quanto pone l'accento sulla motivazione pratica del momento intellettuale.

60) A. L'educazione permanente è un costrutto concettuale e pedagogico che prende origine dalla elaborazione/ricerca nel campo dell'educazione degli adulti. Al di là delle molteplici e diversificate definizioni, l'educazione permanente sta ad indicare un processo di formazione/apprendimento permanente che avviene nell'individuo inteso nella sua integrità di persona in tutti i contesti e comprende situazioni di apprendimento istituzionale e formale, ma anche di tipo non formale ed esperienziale.

61) A. Gramsci, nei *Quaderni dal carcere*, teorizza il cambiamento sociale attraverso una formazione di tipo intellettuale, attuata mediante un modello formativo generale, globale e omnicomprensivo, utile al soggetto e alla comunità, ossia una formazione omnilaterale (unità di lavoro e studio).

62) C. L'attualismo pedagogico di Giovanni Gentile si esprime nella sua opposizione radicale e vigorosa a tutte le concezioni pedagogiche a base naturalistica che non riconoscono adeguatamente la natura spirituale propria dell'uomo e introducono opposizioni e dualismi all'interno del suo processo formativo.

63) C. Edouard Claparède, uno dei rappresentanti più significativi delle Scuole Nuove, svolse la sua opera pedagogica in relazione alle nozioni di educazione funzionale e di scuola su misura elaborate nei due libri omonimi del 1920 e del 1931. Claparède faceva parte della scuola di Ginevra, insieme a Ferrière e a Piaget.

64) A. L'espressione "intenzionalità educativa" designa l'intenzione di educare. L'intenzionalità educativa riflette la riflessione sulle motivazioni, sugli obiettivi, sui valori e le scelte, sugli investimenti di principio e sui modi più coerenti alla realizzazione delle idee educative, cioè la presa di coscienza e di responsabilità dell'atto di educare in funzione di una scelta, di un'idea, di un progetto.

65) B. Per Kant il metodo peculiare dell'insegnamento della filosofia è zetetico, come solevano definirlo alcuni pensatori antichi (da *zetein*), ossia indagativo. Il metodo di riflettere con la propria testa su questo o quell'argomento e di trarne autonomamente le debite conclusioni è ciò che lo studente propriamente ricerca come qualcosa di immediatamente disponibile, ed è anche il solo che può essergli davvero utile.

66) A. L'attivismo pedagogico europeo ha ricevuto dall'America l'importante contributo dell'opera di Dewey. Questo movimento pone al centro dell'attenzione il momento della socializzazione, interpretando l'attività educativa come iniziativa che tende alla progressiva partecipazione dell'individuo alla coscienza sociale della sua comunità. Dewey nella sua opera *Il mio credo pedagogico* del 1897 affermava: "*l'educazione è il metodo fondamentale del progresso e dell'azione sociale*".

67) B. Paulo Freire, pedagogista brasiliano e fondatore del *Movimento brasiliano di educazione popolare*, è l'autore della *Pedagogia degli oppressi* del 1968. Il suo interesse non è stato solo teso a definire una nuova tecnica di alfabetizzazione (fece esperienza della piaga dell'analfabetismo nel Nord-Est del Brasile), ma più generalmente è stato rivolto a suscitare una critica alla situazione sociale per la ricerca di un suo superamento secondo modalità non imposte, ma individuate dagli stessi oppressi.

68) D. Con il nome *pedagogia sperimentale* si fa riferimento, fin dagli inizi del Novecento, alla ricerca scientifica e sperimentale nel campo dei fenomeni educativi. Questa particolare branca della pedagogia opera un controllo scientifico sulle sue procedure e sui suoi esiti attraverso strumenti di monitoraggio e di verifica (test, questionari, metodi d'osservazione), ma è anche caratterizzata dall'uso costante di strumenti di ricerca e di pratiche di sperimentazione.

69) E. La *paideia*, termine che designava prima l'"educazione" per poi estendersi al più ampio concetto di "cultura", era il modello educativo in vigore nell'Atene classica e prevedeva che l'istruzione dei giovani si articolasse secondo due rami paralleli: la *paideia* fisica, comprendente la cura del corpo e il suo rafforzamento, e la *paideia* psichica, volta a garantire una socializzazione armonica dell'individuo nella *polis*, ossia all'interiorizzazione di quei valori universali che costituivano l'*ethos* del popolo.

70) D. H. Nicholls è uno dei teorici del curricolo, che nel libro *Guida pratica all'elaborazione di un curricolo* definisce i cinque passaggi della programmazione didattica per obiettivi: 1) l'analisi della situazione; 2) la definizione degli obiettivi; 3) la selezione dei contenuti; 4) l'organizzazione delle metodologie e delle strategie di intervento; 5) la verifica-valutazione.

71) C. La didattica metacognitiva si pone come obiettivo quello di far sì che l'alunno, attraverso processi di autoregolazione del pensiero e dell'attività, risolva dei problemi imparando a interpretare, organizzare e strutturare le informazioni e a riflettere sui processi per acquisire un livello di autonomia cognitiva migliore. In questa prospettiva, l'intenzione dell'insegnante sarà volta principalmente a formare quelle abilità mentali sovraordinate che permettono appunto di riflettere, organizzare e controllare le attività di pensiero e che vanno al di là dei processi cognitivi primari rappresentati dallo scrivere, dal leggere o dal calcolare. La sua azione, sarà allora mirata, nel concreto, non tanto a elaborare nuovi metodi o materiali perché l'alunno possa "imparare a fare", ma piuttosto a sviluppare in lui la consapevolezza di quello che sta facendo, delle ragioni per cui lo fa, di quando è più opportuno rifarlo e in quali condizioni, perché possa in tal modo "imparare a imparare".

72) C. La comunicazione del risultato ad una prova d'same può essere considerata una forma di rinforzatore *informativo*, un tipo di rinforzo sociale che veicola informazioni aggiuntive rispetto al comportamento che si intende gratificare. Un altro esempio di rinforzo informativo è la riformulazione, con aggiunta di dettagli, da parte dell'insegnante della risposta fornita dallo studente.

73) A. Secondo Vito Piazza, la prospettiva medica assimila irreversibilità a incurabilità, mentre la visione di Maria Montessori capovolge questa concezione in quanto *"irreversibilità non è incurabilità: quella attiene al campo medico e classificatorio, questa attiene alla società; è compito della società infatti curare, cioè circondare di cure chi viene stigmatizzato dalla natura o dalla sfortuna"* (V. Piazza, *Maria Montessori. La via italiana all'handicap*, Erickson, Trento, 1999, p. 17).

74) E. L'autobiografia, intesa come pratica educativa, formativa e terapeutica (come cura del sé), ha in Italia uno dei suoi massimi esponenti in Duccio Demetrio, Professore Ordinario di Pedagogia Generale presso l'Università di Milano. Si occupa di educazione degli adulti, di intercultura e, soprattutto, ha sviluppato una serie di ricerche sulla scrittura di sé, sia per lo sviluppo del pensiero interiore e autoanalitico sia come pratica filosofica e terapeutica. Ha fondato la Libera Università dell'autobiografia di Anghiari e tra le sue opere si segnalano: *Ascetismo metropolitano. L'inquieta religiosità dei non credenti* (Ponte alle grazie, 2009); *La scrittura clinica. Consulenza autobiografica e fragilità esistenziali* (Cortina Raffaello, 2008); *Autoanalisi per non pazienti. Inquietudine e scrittura di sé* (Cortina Raffaello, 2003); *Ricordare a scuola. Fare memoria e didattica autobiografica* (Laterza, 2003); *Scritture erranti. Dall'autobiografia all'autoanalisi* (EdUp, 2003); *Album di famiglia. Scrivere i ricordi di casa* (Meltemi Editore, 2002); *Raccontarsi. L'autobiografia come cura di sé* (Cortina Raffaello, 1996).

75) A. Paul Robin, Francisco Ferrer e Sébastien Faure, sono tutti esponenti della pedagogia libertaria, ovvero di quel particolare approccio che vede nella pedagogia uno strumento in grado di dare alle persone l'opportunità di sviluppare le proprie attitudini in libertà e senza l'imposizione di un'autorità. Il francese Paul Robin (1837-1912), amico di Karl Marx e poi di Bakunin, tra i massimi esponenti della concezione dell'educazione integrale, è stato il direttore dell'orfanotrofio di Cempuis (attivo dal 1880 al 1884), dove ha dato vita a una esperienza educativa tra le più innovative nel panorama della pedagogia moderna. A Cempuis i bambini e le bambine, i ragazzi e le ragazze (insieme, a differenza delle prassi educative dell'epoca) apprendevano le cose e i concetti all'interno di attività laboratoriali, dove era vivo lo stretto rapporto tra ragionamento e azione, tra teoria e prassi. I ragazzi costruivano loro stessi degli strumenti che poi utilizzavano nelle diverse esperienze di apprendimento. Cosa molto importante sul piano pedagogico speciale, a Cempuis erano ammessi bambini con difficoltà cognitive i quali erano integrati nelle attività con tutti gli altri. Lo spagnolo Francisco Ferrer (1859-1909) è l'ideatore delle scuole moderne, dove si attuava un progetto di educazione finalizzata a contrastare l'ingerenza del potere statale sui più poveri che nell'istituzione scolastica trovavano solo forme ulteriori di assoggettamento e addestramento (un pensiero sviluppato nella seconda metà del XX secolo anche da Ivan Illich). Il francese Sébastien Faure (1858-1942) è stato uno tra i più importanti teorici dell'educazione libertaria. Ispirandosi a Paul Robin, nel 1904 dà vita, alle porte di Parigi, a uno dei più noti laboratori di pedagogia libertaria che prenderà il nome di *La Ruche* (*L'alveare*) (per un approfondimento si vedano: F. Trasatti, *Lessico minimo di pedagogia libertaria*, Elèuthera, 2004 cit.; M.P. Smith, *Educare per la libertà*, Elèuthera, Milano, 1990).

76) D. Gli obiettivi specifici di apprendimento (OSA) indicano le conoscenze (cioè i saperi) e le abilità (cioè il saper fare) attesi e oggettivamente perseguibili da parte dell'allievo e valutabili dall'insegnante al termine delle attività didattiche e/o educative proposte.

77) E. Gli obiettivi didattici devono possedere le seguenti caratteristiche:
– misurabilità, ovvero devono poter essere valutati e verificati con strumenti standardizzati ed oggettivi;
– significatività, ossia devono rappresentare realmente un tassello nella promozione di competenze dell'alunno;
– comunicabilità, vale a dire che gli obiettivi devono essere esplicitati in modo chiaro affinché siano condivisi (per un approfondimento: R.F. Mager, *Gli obiettivi didattici*, Giunti & Lisciani, Teramo, 1987; G. Ballanti, L. Fontana, *Discorso e azione nella pedagogia scientifica*, Giunti & Lisciani, Teramo, 1981).

78) C. Affinché gli obiettivi specifici di apprendimento siano misurabili, significativi e comunicabili, è necessario che siano espressi con una terminologia che sia operativa e oggettiva, dove: con *operativa* si fa riferimento a una terminologia capace di indicare delle conoscenze e delle abilità ben circoscritte e da considerarsi nel breve termine rappresentato dai singoli passi che si compiono lungo il progredire degli apprendimenti, una terminologia fatta dunque di parole che descrivano azioni osservabili; con *oggettiva* si fa invece riferimento a una terminologia capace di indicare le conoscenze e le abilità in una maniera che siano identificabili all'interno del patrimonio cognitivo e operativo di un allievo in termini applicabili non solo alla sua situazione soggettiva, ma che possano essere efficacemente estesi alla dimensione intersoggettiva più ampia possibile.

79) B. Credere, pensare, apprezzare e interiorizzare non esprimono azioni operative, bensì introspettive. Identificare, per contro, rappresenta un'azione operativa di discernimento e discriminazione.

80) B. Come sostiene Dario Ianes, un buon piano educativo individualizzato deve sfociare in un progetto di vita, ossia deve estendersi a contesti diversi dalla scuola. Soprattutto deve contribuire a far in modo che l'allievo percepisca che può, nella sua disabilità, diventare adulto. È in questo contesto che il progetto di vita diviene una forma di autorealizzazione propria di ciascun essere umano (cfr. D. Ianes, F. Celi, S. Cramerotti, *Il Piano Educativo Individualizzato – Progetto di vita*, Ericskon, Trento, 2003).

81) C. I diari di bordo sono uno dei sistemi aperti d'osservazione più noti e utilizzati. In campo educativo, vengono adoperati per raccogliere dati rispetto agli effetti di un apprendimento, ai processi che sono stati utilizzati, tenendo sempre in considerazione la situazione di partenza. L'insegnante, ad esempio, attraverso la stesura e la lettura del diario, può confrontare la pianificazione inizialmente prevista e quella effettivamente realizzata. Questa procedura osservativa si utilizza soprattutto per effettuare un'analisi qualitativa dei dati raccolti. L'uso dei diari è particolarmente diffuso nei Nidi e nella Scuola dell'Infanzia.

82)   E. John Dewey, nel 1897, pubblica *Il mio credo pedagogico* in cui espone, nella forma di un atto di fede, i principi ai quali si ispira la sua educazione progressiva sperimentata, a partire dal 1896, con la fondazione di una scuola laboratorio presso l'Università di Chicago. Dewey è consapevole della prospettiva radicalmente nuova introdotta dalla sua concezione pedagogica e ne riassume il significato in cinque punti che costituiranno i principi ispiratori del movimento della scuola attiva. L'affermazione "*Io credo che ogni educazione deriva dalla partecipazione dell'individuo alla coscienza sociale della specie*" fa parte dell'articolo I: *Cos'è l'educazione*.

83)   B. La pedagogia generale mette in rilievo i fini della formazione e le strategie educative (intese nell'universo complessivo delle scienze dell'educazione); la pedagogia, rispetto ad altre scienze umane, ha uno statuto speciale (generale, trasversale, empirico), una funzione specifica (ermeneutica, ricostruttiva, riflessiva) e una logica definita (plurale, argomentativa, saggistica).

84)   A. In campo educativo l'effetto Pigmalione si traduce nella capacità dell'insegnante o dell'educatore di anticipare il rinforzamento creando all'interno della interrelazione pedagogico-didattica un clima affettivo di accettazione e di ascolto, di apertura e di fiducia che porta l'allievo a dare il meglio di sé (si vedano in proposito: R. Rosenthal, L. Jacobson, *Pigmalione in classe*, Franco Angeli, Milano, 1972; M. Mazzotta, *Come educare alla creatività*, Giunti e Lisciani, Teramo, 1990).

85)   B. Il maggiore teorico del modello di programmazione per principi procedurali è Lawrence Stenhouse, il quale muove da una critica al modello di curriculum centrato sugli obiettivi comportamentali. L'autore sostiene che tale modello, rispondente al criterio mezzi-fini, se appare di notevole impulso all'istruzione e mostra tutta la sua efficacia nell'apprendimento di abilità pratiche o strumentali, non è idoneo all'introduzione dell'alunno ai sistemi culturali di pensiero, i quali implicano la capacità di comprendere, di individuare relazioni e di formulare giudizi.

86)   E. La prima tappa della programmazione per concetti è la conversazione clinica, ovvero l'accertamento delle conoscenze che l'educando possiede; questa fase è molto importante perché i concetti della disciplina per poter essere assimilati devono agganciarsi a quelli già posseduti.

87)   A. Come specificato sul sito del Miur, alla pagina dedicata agli alunni con disabilità: "*L'insegnante per le attività di sostegno è un insegnante specializzato assegnato alla classe dell'alunno con disabilità per favorirne il processo di integrazione. Non è pertanto l'insegnante dell'alunno con disabilità, ma una risorsa professionale assegnata alla classe per rispondere alle maggiori necessità educative che la sua presenza comporta. Le modalità di impiego di questa importante (ma certamente non unica) risorsa per l'integrazione, vengo-*

no condivise tra tutti i soggetti coinvolti (scuola, servizi, famiglia) e definite nel Piano Educativo Individualizzato".

88) D. La Pedagogia speciale non si identifica, né coincide, con l'insegnamento speciale, ma opera in senso più ampio. Il suo ruolo non è solo quello di identificare i bisogni educativi speciali delle persone (di tutte le persone), di saperli comprendere attraverso una lettura attenta, mirata e contestuale con l'intento di individuare risposte adeguate in rapporto al bisogno espresso dalla persona ma anche, e forse soprattutto, di contribuire con la sua riflessione e con la sua azione alla precisazione e alla continua costruzione dell'oggetto proprio della Scienza dell'educazione (di cui è parte integrante), ossia l'educazione.

89) C. Come suggerisce Marescotti: *"l'assetto teoretico della scienza dell'educazione contempla la diversità come sua struttura intrinseca e costitutiva e, pertanto, ineliminabile pena il suo decadere come scienza. [Di conseguenza] la pedagogia speciale, studiando la diversità studia quello che è un modo di essere dell'educazione, concentrandosi, appunto, su una sua caratterizzazione che non le deriva dall'esterno ma che muove e che fa muovere quei suoi stessi ingranaggi che la costruiscono come tale"* (E. Marescotti, *Le parole chiave della pedagogia speciale*, Carocci, Roma, 2006, p. 19).

90) D. A introdurre il concetto di "istituzione totale" è stato il sociologo Erving Goffman, in riferimento a tutte le istituzioni di tipo coattivo, dove in genere non si entra per libera scelta, come per l'appunto le carceri e gli ospedali psichiatrici. Secondo le parole dell'autore: *"un'istituzione totale può essere definita come il luogo di residenza e di lavoro di gruppi di persone che, tagliate fuori dalla società per un considerevole periodo di tempo, si trovano a dividere una situazione comune, trascorrendo parte della loro vita in un regime chiuso e formalmente amministrato, [ed ancora] uno degli assetti sociali fondamentali nella società moderna è che l'uomo tende a dormire, a divertirsi e a lavorare in luoghi diversi, con compagni diversi, sotto diverse autorità. [...] Caratteristica principale delle istituzioni totali può essere appunto ritenuta la rottura delle barriere che abitualmente separano queste tre sfere di vita. Primo, tutti gli aspetti della vita si svolgono nello stesso luogo e sotto la stessa, unica autorità. Secondo, ogni fase delle attività giornaliere si svolge a stretto contatto di un enorme gruppo di persone, trattate tutte allo stesso modo e tutte obbligate a fare le medesime cose. Terzo, le diverse fasi delle attività giornaliere sono rigorosamente schedate secondo un ritmo prestabilito. [...] Per ultimo, le varie attività forzate sono organizzate secondo un unico piano razionale, appositamente designato al fine di adempiere allo scopo ufficiale dell'istituzione"* (E. Goffman, *Asylums. Le istituzioni totali: i meccanismi dell'esclusione e della violenza*, Edizioni di Comunità, Milano, 2001, p. 415).

91) A. La prima scuola per sordomuti in Italia, istituita a Roma nel 1784, è stata fondata da Tommaso Silvestri, studioso del metodo *De L'Épée* a Parigi e autore dell'opera *Maniera di far parlare e d'istruire speditamente i sordi e i muti di nascita*.

92) A. A dirigere per molti anni la Scuola Magistrale Ortofrenica fondata nel 1900 da Clodomiro Bonfigli è Giuseppe Ferruccio Montesano, il quale è anche il fondatore dell'*Opera della Scuola Magistrale Ortofrenica*. L'opera diverrà poi nel secondo dopoguerra la *So-*

cietà Italiana per l'Assistenza Medico-pedagogica ai Minorati fisici e psichici dell'Età Evolutiva (SIAME).

93) A. È Andrea Verga, direttore della prima rivista specialistica di Psichiatria, ossia l'*Archivio italiano per le malattie nervose e più particolarmente per le alienazioni mentali*, il primo ad introdurre il termine *frenastenia* nel vocabolario psichiatrico italiano di fine Ottocento in riferimento a quei soggetti che presentavano un difetto nell'intelligenza dovuto a un problema intervenuto nello sviluppo per cause pre o post natali di diversa natura. Successivamente, il termine è stato sostituito dall'espressione "ritardo mentale". Verga è anche il primo ad affrontare in Italia il delicato tema dei deboli mentali, pubblicando nel 1877 un articolo dal titolo *Frenastenici e Imbecilli* che rappresenterà, per oltre un ventennio, un punto di riferimento obbligato per la letteratura scientifica del tempo.

94) D. Edouard Séguin (1812-1880), educatore e medico, allievo di Jean Marc Gaspard Itard, già in giovane età, inizia ad occuparsi di idioti e sviluppa il "metodo fisiologico" che applica in diverse scuole, dando vita a una serie di idee e di attività ancora oggi validissime. Pubblica nel 1846 il *Traitement moral, hygiène et éducation des idiots et des autres enfants arriérés* (trad. it. *L'idiota*, Armando, Roma, 1970). Sul finire degli anni '40 dell'Ottocento, a seguito di una serie di contrasti di natura sia politica sia scientifica, si trasferisce negli Stati Uniti, dove continua la sua prestigiosa carriera e apre numerose scuole. È il primo presidente dell'*Association of Medical Officers of American Institutions for Idiotic and Feebleminded Persons*, che diverrà in seguito l'attuale *American Association on Mental Retardation*.

95) E. Ugo Pizzoli (1863-1934), medico, psicologo e pedagogista, nel 1892 viene nominato con regio decreto delegato scolastico del Mandamento di Crevalcore. Interessatosi ai problemi dell'educazione e approfondita la propria formazione frequentando, tra gli altri, i corsi di filosofia e di pedagogia a Bologna e a Pavia, l'Istituto di antropologia di Firenze diretto da Paolo Mantegazza, il Laboratorio di psicologia diretto da Augusto Tamburini, nel 1899 istituisce il Laboratorio di pedagogia scientifica o sperimentale e nel 1902 inaugura, sempre presso Crevalcore, il primo corso estivo di pedagogia scientifica o sperimentale per maestri, professori, direttori e ispettori scolastici (dove, nel 1903, insegna anche Maria Montessori).

96) C. Il termine tiflologia è composto dalle parole *tiflo* (dal greco *typhlós* "cieco") e *logia*. Utilizzato nella lingua italiana a partire dalla metà degli anni '40, può essere definito come l'ambito disciplinare che studia le condizioni e le problematiche delle persone con disabilità visiva, cieche o ipovedenti, al fine di indicare soluzioni per attuare la loro piena integrazione sociale e culturale. Fanno parte della tiflologia la tiflodidattica e la tiflotecnica.

97) E. Charles De l'Épée, noto anche come l'abate De l'Épée (1716-1789), è l'ideatore del metodo dei segni metodici, o metodo epeano, una metodologia didattica fondata sulla mimica. Egli sostiene che la convenzionalità tra pensiero e parola articolata possa investire anche il rapporto tra il pensiero stesso e qualsiasi codice espressivo, come quello mimico. Sulla base di questo assunto è giunto così ad elaborare un metodo che non serve solo al semplice insegnamento della lettura, ma che consente una reale comprensione delle parole. Partendo dai gesti spontanei utilizzati dai sordomuti nelle loro comunicazioni (centrate quasi esclusivamente su oggetti e situazioni concrete), De l'Épée ne aggiunge altri per designare parole e concetti astratti, flessione nominale, genere, persona e connettivi logici. In sintesi, egli perfeziona il linguaggio mimico spontaneo completandone la grammatica e la sintassi, affiancando all'uso dei gesti delle mani (dattilologia) quello delle braccia e delle espressioni del volto. Il suo successore è l'abate Sicard.

98) A. Augusto Romagnoli (1879-1946), dopo aver perso la vista per una congiuntivite neonatale nel 1884, entra nell'istituto per ciechi di Bologna, dove ha la possibilità di scolarizzarsi. Nonostante le innumerevoli difficoltà (i libri non erano ancora trascritti in Braille), grazie ad un impegno costante e a una straordinaria volontà, raggiunge la licenza liceale. Si iscrive poi all'Università di Bologna e consegue nel 1904 la Laurea presso la Facoltà di Lettere discutendo una tesi in Latino. Non ancora appagato continua gli studi universitari per laurearsi in Filosofia. La sua ambizione è quella di potersi inserire (ed essere accettato) dalla comunità dei vedenti. Partecipa a numerosi congressi dedicati al dibattito sull'educazione dei ciechi (es: a Napoli nel 1906 e a Roma nel 1907). Insegna a Bologna, Massa Carrara e Rieti e nel 1910 diviene il presidente della Società degli insegnanti ciechi. Nel 1911 è chiamato dalla Regina Margherita alla direzione didattica presso l'Ospizio Margherita di Savoia per i ciechi e gli esiti innovativi di questa avventura sperimentale sono pubblicati nel volume *Ragazzi ciechi* (Zanichelli, 1924). Dopo ulteriori numerose esperienze, nel 1924 è chiamato dal Ministero della Pubblica Istruzione per un duplice prestigioso incarico. Il primo consiste in un giro di ispezioni in tutta Italia per individuare gli istituti per ciechi (che, come si è detto, sono ancora caratterizzati come opere di beneficienza) ritenuti idonei per essere trasformati in enti di istruzione veri e propri. Il secondo concerne un lavoro delicatissimo finalizzato alla predisposizione dei dispositivi normativi concernenti l'istruzione obbligatoria per ciechi. Nel 1926, nel pieno della Riforma Gentile e in attesa del Regolamento Generale, Augusto Romagnoli organizza la Scuola di Metodo per gli educatori ciechi. Una scuola di metodo statale, unica nel suo genere in Italia, di cui ne assume immediatamente la direzione che mantiene fino alla sua morte, avvenuta nel marzo del 1946.

99) D. La definizione adottata nel 2003, Anno Europeo dedicato alle persone con disabilità, è "persona con disabilità". Tale scelta sta ad indicare che al centro c'è sempre la persona la quale può caratterizzarsi per una particolare condizione (la disabilità) ma non per questo perde la propria soggettività. Il termine diversabile è stato coniato in senso provocatorio da Claudio Imprudente, una persona con disabilità impegnata da anni sul fronte della cultura dell'integrazione delle persone che hanno bisogni speciali. Saggista, conferenziere, narratore, presidente del Centro di Documentazione Handicap di Bologna e direttore della rivista Accaparlante, ideatore del progetto Calamaio, Imprudente è autore di numerose pubblicazioni, tra le quali: *Il principe del lago. Una favola sulla paura del diverso e sul coraggio della solidarietà* (Erickson Trento, 2001); *Una vita imprudente* (Erickson, Trento, 2003); *Lettere imprudenti sulla diversità. Conversazioni con i lettori del "Messaggero" di sant'Antonio* (Effatà, Cantalupa, 2009).

100) A. Adriano Milani Comparetti è stato un pediatra e un neuropsichiatra infantile. Fratello di Don Lorenzo Milani, è meno noto di questi al grande pubblico, ma ha svolto un ruolo fondamentale nel campo medico, occupandosi per primo in Italia dell'educazione e della riabilitazione dei bambini con paralisi cerebrale. Milani Comparetti è una figura di studioso originale e rigoroso, e il suo merito non è solo quello di aver dato un significativo apporto alla conoscenza dello sviluppo normale e patologico del bambino ma di aver contribuito, con il suo sistematico e incessante impegno, allo sviluppo della cultura dell'integrazione che ha portato, sul piano normativo, il nostro Paese all'avanguardia nel mondo.

101) E. Clodomiro Bonfigli, medico e psichiatra, direttore del Manicomio romano e dell'Istituto psichiatrico e, prima ancora, per un ventennio, direttore del Manicomio di Ferrara, nel dicembre del 1898, promuove la nascita di un Comitato per la istituzione di una Lega Nazionale per la protezione dei fanciulli deficienti (di cui fanno parte anche il già affermato dott. Giuseppe Ferruccio Montesano e la giovane dottoressa Maria Montessori). La nascita della Lega viene formalizzata nel gennaio del 1899. Bonfigli, attraverso un pubblico appello, si rivolge a quanti condividono l'opinione che un'opera può dirsi benefica solo nella misura in cui all'utile del beneficato si fosse aggiunto quello della società intera, e indica tra le rare istituzioni capaci di raggiungere tale scopo quelle che si sono rivelate efficaci seguendo i dettami della scienza positiva. Le parole utilizzate nell'appello non sono affatto casuali, al contrario, l'intento di Bonfigli è quello di differenziare il suo progetto qualificandolo dal punto di vista scientifico, dal punto di vista ideologico e dal punto di vista dei rapporti con lo Stato e con la società.

102) D. L'insegnante di sostegno è contitolare con i docenti curriculari della classe cui è assegnato, all'interno della quale contribuisce sia all'integrazione sia alla realizzazione di una didattica individualizzata. Non è quindi una figura marginale nel sistema classe, ma piuttosto un elemento centrale per tutti gli studenti, al fine di offrire risposte alle maggiori necessità educative che la presenza di un alunno con disabilità comporta.

103) C. Giovanni Bollea, Adriano Milani Comparetti, Giorgio Moretti, Enrico Montobbio sono medici specialisti in neuropsichiatria. Giovanni Bollea (1913-2011), primo docente di Neuropsichiatria infantile in Italia, è stato anche il primo Presidente dell'omonima società e a lungo il Direttore dell'Istituto da lui stesso fondato presso l'Università degli Studi La Sapienza di Roma. A lui si deve un fondamentale saggio introduttivo all'opera di Edouard Séguin (*L'idiota*, edito in Italia da Armando nel 1970). Nel 2004, a Berlino, gli è stato conferito un prestigioso riconoscimento dal Congresso Mondiale di Psichiatria e Psicologia infantile. Adriano Milani Comparetti (1920-1986) è stato anche pediatra e fisiatra. Fratello del più noto al grande pubblico Lorenzo Milani, ha dedicato la propria vita allo studio della riabilitazione dei soggetti con Paralisi Cerebrale Infantile e ha profuso un incessante impegno nella formazione dei giovani specialisti. Anche Giorgio Moretti (1934-1999) si è occupato di minorazioni neurologiche gravi, intendendo la riabilitazione un fine e non soltanto un metodo (cfr. M. Pavone, op. cit.). Ha insegnato presso le scuole di Specializzazione di Genova e della Cattolica di Milano e in ultimo è stato direttore scientifico dell'istituto di ricerca Medea. Enrico Montobbio (1935) è riconosciuto come uno dei massimi esperti dei problemi della disabilità, in modo particolare delle persone con ritardo mentale. Si è occupato e si occupa dei problemi inerenti l'integrazione sociale e lavorativa delle persone con disabilità.

104) C. *"La parola ma anche il gesto e il ritmo e la mimica, nella magia dei suoni e delle luci del palcoscenico, per andare a ripescare lontano, nelle mortificate e misteriose residue possibilità, la maniera di esprimersi, per essere vivi, per partecipare ma, soprattutto, per fare luce nel buio, al di là delle barriere che da secoli, da sempre, sono simbolo di pregiudizi, di paure, di ignoranza"*. Con queste parole, nel 1981, Piero Gabrielli propose la sua "utopia" di integrazione attraverso il teatro. Con il coinvolgimento delle tre istituzioni (l'Assessorato alle politiche sociali del Comune di Roma, il Teatro di Roma e il Provveditorato agli Studi di Roma) nel 1982 l'utopia divenne un progetto di laboratorio teatrale aperto a ragazzi con e senza problemi di comunicazione. Vennero definiti gli obiettivi (integrare, informare, far emergere le potenzialità individuali attraverso il teatro), le professionalità necessarie al progetto (una componente teatrale, una pedagogica ed una specialistica), i destinatari (ragazzi della scuola media di cui la metà con handicap), le modalità (sette mesi di incontri settimanali e uno spettacolo finale). Il progetto fu portato avanti con continuità per tre stagioni teatrali (1982/1985) e permise il raggiungimento di risultati straordinari per l'integrazione del gruppo, le capacità emerse e la risonanza avuta con il successo degli spettacoli prodotti (*Gli uccelli di Aristofane* e *La Tempesta di Shakespeare*). La grande attenzione che il mondo della scuola riservò al progetto era spiegata anche dalle problematiche sollevate dalla legge 517 del 1977 sull'inserimento nella scuola dell'obbligo delle persone con disabilità. Dopo tre anni di attività continuativa e la realizzazione, nel 1986, dopo il primo laboratorio decentrato nella scuola media Rossini di Roma e una tournée de *La Tempesta* a Madrid nel 1987, il progetto si interruppe per essere ripreso nel 1994 dagli stessi organismi promotori: il Comune di Roma, Assessorato alle politiche Sociali (che istituì formalmente l'iniziativa per un periodo sperimentale di tre anni), il Teatro di Roma e il Provveditorato agli Studi di Roma. Ai primi incontri operativi partecipò, con l'entusiasmo e la ricchezza di contributi e proposte con cui affrontava sempre le avventure in cui credeva profondamente, anche Piero Gabrielli, poi scomparso nel dicembre del '94. Senza retorica, Gabrielli continua a far parte dei laboratori che, a partire dal 1995, portano il suo nome.

105) D. L'organizzazione internazionale dedicata allo sport delle persone disabili è la *Special Olympics*. Fondata da Eunice Kennedy Shriver negli Usa nel 1968, propone ed organizza allenamenti ed eventi per persone con disabilità intellettiva e per ogni livello di abilità. Nel mondo, più di 4 milioni di membri e oltre un milione di volontari contribuiscono alla realizzazione di oltre 81.000 grandi eventi nei vari continenti. *Special Olympics* Italia è riconosciuta dal CONI e ogni anno organizza Giochi Nazionali e Regionali in 10 discipline sportive. Sempre con cadenza annuale, una rappresentativa italiana partecipa ai Giochi Mondiali o Europei, invernali o estivi, ai quali viene regolarmente invitata. Il motto dei volontari di *Special Olympics* è: *"Se uno sogna da solo è solo un sogno, se molti sognano insieme è l'inizio di una nuova realtà"*; quello degli atleti è: *"Che io possa vincere ma se non riuscissi, che io possa tentare con tutte le mie forze"*.

106) A. L'ideatore dei giochi paralimpici è il neurologo e neurochirurgo inglese (ma di origine tedesca) Ludwig Guttman (1899-1980), che presso la clinica da lui diretta a Stoke Manderville utilizzava l'attività sportiva quale pratica riabilitativa dei reduci di guerra. "Dall'esperienza di Guttman nascono nel 1948 i primi giochi di Stoke Manderville in Inghilterra, antesignani delle attuali Paralimpiadi e degli Special Olympics Games. Nel 1952, accanto agli atleti disabili inglesi partecipano sportivi di altre nazioni (prevalentemente norvegesi). È la nascita del Movimento Paralimpico che trova nelle Olimpiadi di Roma del 1960 il proprio riconoscimento solenne. Per quel che concerne il termine Paralimpico o Paralimpiadi, questo è adottato ufficialmente a Seul nel 1988: inizialmente il suffisso "para" si riferisce alla voce *paraplegic*, ma con il coinvolgimento nei giochi di persone con altri tipi di disabilità e con la sempre più stretta collaborazione del Movimento Olimpico diviene sinonimo di *parallel*, a voler sottolineare la continuità e non la distinzione tra i giochi per normodotati e quelli per persone con disabilità. Inoltre, al pari delle Olimpiadi invernali per atleti normodotati, esistono anche i giochi Paralimpici invernali, la cui prima edizione si è svolta in Svezia nel 1976 e l'ultima in Italia nel 2006" (A.M. Favorini, F. Bocci, S. Zucca, *Sport e disabilità. Cosa pensano gli insegnanti di educazione motoria*, in "L'integrazione scolastica e sociale", 1, 2010, pp. 61-69.; per un ulteriore approfondimento si vedano, tra gli altri: M. Aiello, *Viaggio nello sport attraverso i secoli*, Le Monnier, Firenze, 2004; S. Ghirlanda, *Sport per tutti... spazio ai disabili*, Edizioni del Cerro, Tirrenia, 2006).

107) B. L'espressione "pedagogia istituzionale" è stata utilizzata originariamente da Jean Oury nel 1958 e si ispira all'opera di Célestin Freinet. Il movimento pedagogico che porta tale nome si è sviluppato in Francia tra il 1960 e il 1970 grazie all'opera di Aïda Vasquez e di Fernand Oury. Altri studiosi riconducibili, benché con alcune differenze, alla pedagogia istituzionale francese sono Georges Lapassade e René Lourau. La pedagogia istituzionale considera i soggetti in formazione come esseri psicosociali, con propri bisogni e desideri, che si definiscono nell'ambito del contesto di relazioni di un gruppo classe; inoltre, ritiene che l'attività educativa debba essere pensata in maniera tale da mettere i soggetti in formazione in grado di controllare se stessi nelle relazioni sociali e di collaborare con i compagni, nell'ambito del gruppo classe; per tale ragione, infine, l'attività educativa è favorita dall'introduzione di mediatori fra educatori e bambini e fra bambini e bambini. In Italia i temi della pedagogia istituzionale sono stati ripresi e ulteriormente sviluppati da Andrea Canevaro il quale l'ha interpretata come una pedagogia della complessità, indirizzando la ricerca verso il modello della ricerca-azione e interessandosi in modo particolare dell'integrazione scolastica. Un altro studioso riconducibile a tale approccio è Paolo Zanelli, il quale ha indirizzato il proprio interesse di ricerca sull'organizzazione dello sfondo educativo elaborando il concetto di sfondo integratore.

108) E. *L'altra verità. Diario di una diversa* è la prima opera in prosa, a carattere autobiografico, della poetessa e scrittrice italiana Alda Merini (1931- 2009). Originariamente pubblicata dall'editore Scheiwiller nel 1986, l'opera è stata edita nuovamente (in una versione accresciuta) da Rizzoli, nel 1997. Quest'autobiografia, che raccoglie un diario, delle lettere e dei versi, racconta con voce autentica e lucida la drammatica e tragica esperienza manicomiale vissuta dall'autrice.

109) A. Secondo Dario Ianes, un'integrazione di qualità è direttamente proporzionale all'attivazione di una didattica di qualità nelle situazioni di normalità, in quanto la Pedagogia e la

Didattica Speciale vivono ed operano nel quotidiano, contribuendo a rispondere in modo speciale ai bisogni che sono di tutti e di ciascuno.

110) D. Nel 1980, l'OMS ha pubblicato un primo documento dal titolo *International Classification of Impairments, Disabilities and Handicaps* (ICIDH) nel quale viene fornita una definizione di disabilità, intesa come *"limitazione o perdita (conseguente a menomazione) della capacità di compiere una attività nel modo o nell'ampiezza considerati normali per un essere umano"*. Si precisa, inoltre, che *"la disabilità rappresenta l'oggettivazione della menomazione e come tale riflette disturbi a livello della persona. La disabilità si riferisce a capacità funzionali estrinsecate attraverso atti e comportamenti che per generale consenso costituiscono aspetti essenziali della vita di ogni giorno"*.

111) B. Nel documento ICIDH, l'OMS precisa altresì la definizione di *handicap* come *"condizione di svantaggio vissuta da una determinata persona in conseguenza di una menomazione o di una disabilità che limita o impedisce la possibilità di ricoprire il ruolo normalmente proprio a quella persona (in base all'età, al sesso e ai fattori socio-culturali). Esso rappresenta la socializzazione di una menomazione o di una disabilità e come tale riflette le conseguenze – culturali, sociali, economiche e ambientali – che per l'individuo derivano dalla presenza della menomazione e della disabilità. Lo svantaggio deriva dalla diminuzione o dalla perdita delle capacità di conformarsi alle aspettative o alle norme proprie dell'universo che circonda l'individuo"*.

112) A. Secondo Roberto Zavalloni (cfr. R. Zavalloni, *Introduzione alla didattica differenziale*, La Scuola, Brescia, 1983), la persona in difficoltà o con bisogni speciali è da considerarsi secondo una prospettiva dalla quale ciascuno è norma di se stesso. Per questa ragione, i parametri osservativi e valutativi sono assoluti e non relativi (ogni bambino, ogni allievo, ogni studente dovrebbe essere valutato in rapporto a se stesso e non in misura del confronto con gli altri).

113) D. Il DSM (in italiano *Manuale Diagnostico e Statistico dei Disturbi Mentali*) è elaborato dall'*American Psychiatric Association* (APA).

114) C. L'integrazione si fonda sul rispetto dell'originalità di ogni essere umano. In educazione, infatti, non possono esistere pregiudizi o altre forme di chiusura. La *speciale normalità* proposta da Dario Ianes supera e contiene al tempo stesso il concetto di speciale e di normale. Alunni speciali con i bisogni della normalità e alunni normali con tratti di specialità: l'originalità e la specificità di ognuno risiedono proprio nell'unicità dell'essere umano (per approfondimenti si veda: D. Ianes, *La speciale normalità. Strategie di integrazione e inclusione per le disabilità e i Bisogni Educativi Speciali*, Erickson, Trento, 2006).

115) A. Edouard Séguin pone l'accento sulla necessità che, in campo educativo, si parta sempre dai punti di forza della persona con disabilità, poiché crede nella *"fondamentale convinzione della perfettibilità degli esseri, di tutti gli esseri"*. In questa prospettiva, *"l'insuccesso sarà sempre più interpretato come il riflesso della mancanza di abilità del maestro e sempre meno come il risultato di capacità d'apprendimento limitate del bambino"* (A. Canevaro, J. Goudreau, *L'educazione degli handicappati*, Carocci, 2002, cit., p. 54).

116) E. La prospettiva dell'integrazione apre all'accoglienza dell'altro come essere unico ed irripetibile e muove alla solidarietà intesa come sostegno, consenso e partecipazione nella costruzione del progetto di vita.

117) A. La prospettiva cognitivo-comportamentale sostiene che l'allievo tenderà ad aumentare la frequenza di un comportamento errato quanto più verrà prestata attenzione a tale comportamento da parte della classe (insegnanti e compagni). In tale ottica, si suggerisce, infatti, di ignorare l'emissione del comportamento errato come strategia per la cessazione di tali condotte.

118) D. Per l'osservazione sistematica di un allievo ansioso (ipotizziamo, quindi, che sia stata costruita una check-list per la rilevazione dei comportamenti e delle frequenze) è necessario individuare i segnali fisiologici di tale emozione: la difficoltà nel linguaggio, l'eccessiva sudorazione e l'instabilità motoria sono chiari indicatori di comportamenti ansiogeni.

119) C. Procedendo per esclusione, l'unica risposta corretta può essere solamente la C, in quanto le altre alternative proposte contrastano con l'idea di intervento speciale e con le procedure dell'osservazione sistematica. Infatti, le opzioni A, B, D ed E mettono in risalto unicamente i deficit e/o le difficoltà dell'alunno. L'intervento pedagogico e didattico speciale parte, per contro, dai punti di forza dell'allievo per consolidare e migliorare le capacità e le conoscenze.

120) B. Come sottolinea Cornoldi, "*le difficoltà scolastiche sono di tanti tipi diversi e spesso non sono conseguenza di una causa specifica ma sono dovute al concorso di molteplici fattori che riguardano sia lo studente sia i contesti in cui viene a trovarsi*" (C. Cornoldi, *Le difficoltà di apprendimento a scuola*, Il Mulino, Bologna, 1999, p. 8). La categoria *difficoltà di apprendimento* non comprende quindi solo difficoltà riconducibili a una patologia ma include anche fattori situazionali, contestuali, sociali, culturali, linguistici, personali.

121) A. Le *Learning Disabilities* (L.D.) fanno riferimento ai disturbi dell'apprendimento. Precisamente, si riferiscono ad un gruppo eterogeneo di disturbi relativi a difficoltà nell'acquisizione e nell'uso di abilità di ascolto, espressione orale, lettura, *problem solving*, logica e matematica. Si presume che tali disturbi siano dovuti ad anomalie del sistema nervoso centrale.

122) E. I disturbi specifici dell'apprendimento comprendono: dislessia (disturbo della lettura), disortografia e disgrafia (disturbi dell'espressione scritta), discalculia (disturbo del calcolo).

123) D. L'errore tipico del disturbo della lettura è quello dello scambio di grafemi. In questo caso è avvenuto uno scambio tra la lettera C e la lettera P.

124) A. Il documento di indirizzo *Integrazione degli alunni con disturbo dello spettro autistico*, elaborato dalla SIPeS (Società Italiana di Pedagogia Speciale) edito dalla Casa editrice Erickson nel 2008, facendo riferimento al volume di Laura Shreibman *The Science and Fic-*

tion of Autism, indica che i trattamenti comportamentali ed evolutivi sono da considerarsi i più efficaci in quanto tale efficacia è avvalorata da evidenze scientifiche.

125) B. Con il termine *underachiever* si intende definire una persona (uno studente) che rende al di sotto delle proprie capacità o delle aspettative, seppur privo di qualsiasi disturbo, deficit o difficoltà di apprendimento.

126) D. Il termine *sindrome*, introdotto da Ippocrate, indica un complesso di sintomi, ciascuno dei quali non esprime un particolare significato in sé, ma lo assume solo assieme agli altri, dando luogo ad un quadro clinico riconoscibile.

127) C. Il termine autismo, derivato dal greco *autòs* che significa "se stesso", è stato coniato da Eugen Bleuler per descrivere individui interamente assorbiti dalle proprie esperienze interiori, con conseguente perdita di interesse per la realtà esterna, le cose e le altre persone.

128) A. Il Disturbo di Tourette rientra nella categoria diagnostica del DSM V dei Disturbi da Tic e, per essere diagnosticato, deve manifestarsi tramite tic motori e vocali che compaiono molte volte al giorno o in maniera intermittente durante un periodo di tempo superiore a un anno. L'esordio avviene prima dei 18 anni di età e non è dovuto ad abuso di sostanze o a condizioni mediche generali.

129) C. Non si può sostenere che la gravità sia un criterio discriminante tra nevrosi e psicosi in quanto si possono avere manifestazioni nevrotiche di maggior rilievo clinico rispetto ad alcune forme psicotiche.

130) A. Le persone con autismo non amano il contatto fisico con altre persone solo quando hanno delle anomalie sensoriali o delle caratteristiche cognitive e comportamentali che glielo impediscono. La maggior parte di loro gode del contatto fisico affettuoso come chiunque altro. I bambini autistici, in particolare, amano il solletico, i gesti affettuosi, essere presi in braccio e portati in alto, proprio come tutti gli altri bambini. L'opinione diffusa che i soggetti con autismo non amano il contatto fisico è un retaggio di teorie legate ad interpretazioni su tale sindrome ormai confutate.

131) B. Gli individui affetti da sindrome dell'X-fragile presentano ritardo mentale, volto allungato, orecchie grandi, macrorchidismo (cioè una dimensione abnorme dei testicoli), basso tono muscolare, movimenti stereotipati, sviluppo sociale atipico, limitato contatto oculare. L'X-fragile è una malattia genetica causata da una mutazione del gene FMR1 sul cromosoma X. Assieme alla sindrome di Down, l'X-fragile è una delle cause genetiche più comuni di ritardo mentale. Tale mutazione è presente in un maschio su 4000 e in una femmina su 6000. Non esiste ancora una cura per questa sindrome, ma grazie ad una terapia del comportamento e ad un'educazione speciale si possono ottenere numerosi miglioramenti.

132) A. Il termine *comorbidità* fa riferimento alla presenza di due o più patologie in uno stesso soggetto. Al fine di inquadrare correttamente un caso clinico dal punto di vista diagnostico, è fondamentale preoccuparsi tanto della comorbilità, tanto della diagnosi differenziale.

133) B. Il Ritardo Mentale si specifica in 4 livelli di gravità: lieve, moderato, grave e gravissimo.

134) B. L'efficacia con cui i soggetti fanno fronte alle esigenze comuni della vita e al grado di adeguamento degli standard di autonomia previsti per la loro particolare fascia di età, retroterra socio-culturale e contesto ambientale è definibile come "funzionamento adattivo", il quale può essere influenzato da vari fattori, che includono: livello di istruzione, motivazione, caratteristiche di personalità, prospettive sociali e professionali, disturbi mentali e condizioni mediche generali.

135) E. Dal punto di vista eziologico i fattori determinanti il Ritardo Mentale possono essere primariamente biologici o primariamente psicosociali, o una combinazione di entrambi. Risulta però difficile determinare un'eziologia chiara in circa il 30-40% dei casi.

136) D. Ereditarietà e alterazioni precoci dello sviluppo embrionale possono costituire fattori predisponenti il Ritardo Mentale, insieme ad altre variabili quali: influenze ambientali, problemi durante la gravidanza e nel periodo perinatale, disturbi mentali e condizioni mediche generali acquisite durante l'infanzia o la fanciullezza.

137) B. Soggetti con Disturbi dell'Apprendimento possono mostrare, in associazione, scarsa autostima e demoralizzazione, deficit nelle capacità di adattamento sociale, Disturbi della Condotta, Disturbo da Deficit di Attenzione/Iperattività, Disturbo Oppositivo Provocatorio, Disturbi dell'Umore e dello Sviluppo della Coordinazione.

138) E. Risulta difficile diagnosticare un Disturbo del Calcolo prima della fine della classe prima della scuola primaria, in quanto un sufficiente insegnamento formale del calcolo non viene di solito attuato prima di questo periodo.

139) D. Il Disturbo del Calcolo può non essere evidente fino alla classe quinta della scuola primaria, talvolta anche oltre.

140) C. Le manifestazioni del Disturbo di Sviluppo della Coordinazione variano nel corso della crescita. Nei bambini piccoli si possono evidenziare goffaggine e ritardo nel raggiungimento delle tappe fondamentali dello sviluppo motorio (gattonare, camminare, ecc.); nei soggetti più grandi si notano, invece, difficoltà nel giocare a palla, nello scrivere in stampatello, ecc. Queste manifestazioni non sono legate a una condizione medica generale; nel caso in cui, invece, si riveli la presenza di patologie, come ad esempio la distrofia muscolare, nelle quali si ravvisano certe anomalie nel coordinamento, non è possibile parlare di Disturbo di Sviluppo della Coordinazione.

141) A. Il Disturbo della Espressione del linguaggio comprende difficoltà sia nella comunicazione verbale sia in quella gestuale.

142) B. I Disturbi della Comunicazione comprendono: Disturbo della Espressione del Linguaggio, Disturbo misto della Espressione e della Ricezione del Linguaggio, Disturbo della Fonazione, Balbuzie, Disturbo della Comunicazione Non Altrimenti Specificato.

143) B. Il Disturbo della Espressione del Linguaggio può essere acquisito o di sviluppo. Quando è acquisito, la compromissione del linguaggio espressivo si manifesta dopo un periodo di normale sviluppo e in seguito a una condizione medica generale o neurologica; nel secondo caso, invece, lo sviluppo linguistico risulta tardivo, ma la compromissione non è associata ad una lesione neurologica postnatale di origine conosciuta.

144) D. Nel 98% dei casi la balbuzie compare prima dei 10 anni di età.

145) E. È dimostrato che lo stress e l'ansia, nonché uno stato di frustrazione e la scarsa autostima, possono aggravare la balbuzie e in alcuni casi determinarla.

146) D. In anni precedenti, termini come psicosi o schizofrenia sono stati usati per descrivere soggetti con Disturbi Pervasivi dello Sviluppo. Le ricerche hanno poi evidenziato la diversità esistente tra queste manifestazioni patologiche, benché in alcuni casi occasionali un soggetto con Disturbo Pervasivo dello Sviluppo possa successivamente sviluppare una schizofrenia.

147) C. L'introduzione del concetto di *comorbidità* in ambito medico o, meglio, clinico, risale approssimativamente al 1970. Tale termine è utilizzato per evidenziare una condizione clinica caratterizzata dalla presenza contemporanea nella stessa persona di più patologie che tra loro non presentano alcun nesso causale. In ambito psichiatrico, neuropsichiatrico e psicologico, la rilevazione di aspetti di comorbidità in un soggetto costituisce, sul piano diagnostico e prognostico, un fattore molto importante in quanto suggerisce le migliori strategie e le più opportune pratiche di intervento.

148) D. L'acalculia è un disturbo della capacità di elaborare e di eseguire calcoli, spesso associato ad altri disturbi cognitivi. È stata proposta una classificazione clinica di questo disturbo che ne distingue tre forme in base ai meccanismi che la determinano: alessia e agrafia per numeri, acalculia spaziale e anaritmetria.

149) E. La schizofrenia è un disturbo complesso e multiforme la cui età media di insorgenza si situa tra i 20 e i 30 anni e la cui durata è superiore ai sei mesi. Il termine fu coniato da Eugen Bleuler per designare una classe di psicosi endogene funzionali, a decorso lento e progressivo, la cui unità era già stata individuata da Emil Kraepelin sotto il titolo di "demenza precoce". Si distinguono vari tipi di schizofrenia, definiti dalla sintomatologia predominante al momento della valutazione, sintomatologia che può variare nell'evoluzione della malattia. Essi sono: tipo paranoide, tipo disorganizzato, tipo catatonico, tipo indifferenziato e tipo residuo.

150) C. Il rinforzo dinamico non consiste in qualcosa di concreto ma nella possibilità di fare qualcosa di gradito come un disegno, una partita a calcio, una corsa, ecc. È molto utile adottarlo con soggetti che presentano disturbi del comportamento, instabilità, sindromi autistiche, ADHD, dopo lo svolgimento di un compito o di una attività che ha richiesto un certo periodo di attenzione. Come per tutti i rinforzatori, deve essere concordato tra insegnante/genitore/educatore/operatore e il destinatario (allievo, figlio, ecc.).

151) A. La difficoltà di apprendimento può essere connessa a una patologia o a una disabilità ma ha un'accezione più generale, che include problemi scolastici per i quali si ravvisa il bisogno di un intervento individualizzato di recupero/sostegno, la cui attuazione può seguire modalità operative diverse.

152) D. *"Per quel che concerne le difficoltà che i bambini e i ragazzi incontrano nell'acquisizione e nell'espletamento di abilità sociali, Cox e Gunn (1980) hanno preso in considerazione diversi aspetti per descrivere le incapacità che taluni soggetti presentano nel rispondere a determinate situazioni sociali:*
- *la persona non conosce qual è il comportamento appropriato da emettere (probabilmente per assenza di modeling);*
- *la persona ne è a conoscenza, ma non ha mai provato a manifestarlo;*
- *la persona vive certe situazioni in uno stato emotivo che probabilmente inibisce l'espressione del comportamento desiderato".*

In accordo con questi autori, Gresham (1981) ha individuato tre diverse tipologie di deficit riconducibili ad altrettante categorie di problemi. Secondo Gresham possiamo parlare di:
- *"skill deficit, quando le abilità sociali non sono presenti nel repertorio cognitivo-comportamentale del soggetto;*
- *performance deficit, quando le abilità sono presenti nel repertorio individuale ma non sono tradotte in prestazioni manifeste;*
- *self-control deficit, quando vengono emessi dal soggetto, con elevata frequenza, comportamenti non congruenti e funzionali alla situazione (es: oppositori/ provocatori) e/o assimilabili a quelli manifestati da soggetti con disturbi della condotta*" (tratto da: F. Bocci, *DSA e deficit nelle Abilità Sociali: una indagine esplorativa*, in "Psichiatria dell'infanzia e dell'adolescenza", 1, 2005, pp. 113- 128; si vedano anche i citati, R.D. Cox, W.B. Gunn, *Interpersonal skills in the schools: Assessment and curriculum development*, in D.P. Rathjen, J.P. Forset (Eds.), *Social competence Interventions in children and adults*, Pergamon Press, New York, 1980; F.M. Gresham, *Social skills training with handicapped children: A review*, in "Review of Education Research", 51, 1981, pp. 139-176).

153) D. La Direttiva del 27 dicembre 2012, intitolata *Strumenti d'intervento per alunni con Bisogni Educativi Speciali e organizzazione territoriale per l'inclusione scolastica*, accoglie una serie di orientamenti da tempo presenti nei Paesi dell'Unione Europea, completando, in sostanza, il quadro italiano dell'inclusione scolastica. Nell'espressione BES viene dunque ricompreso l'insieme dei disagi che determinano condizioni di svantaggio temporanee o permanenti. L'importanza della direttiva sta nel fatto che essa fornisce indicazioni organizzative sull'inclusione di quegli alunni che non siano certificabili né con disabilità, né con DSA, ma che abbiano difficoltà di apprendimento dovute a svantaggio personale, familiare e socio-ambientale. A tutte queste tipologie, la Direttiva del 27 dicembre 2013 estende i benefici della Legge 170/2010 (sui DSA), vale a dire le misure compensative e dispensative.

154) B. Quando il deviante reputa irrilevante la propria condotta non conforme si parla di devianza primaria, che si trasforma in devianza secondaria quando il comportamento trasgressivo viene scoperto e pubblicamente condannato.

155) E. L'agire razionale rispetto allo scopo, per Max Weber, è uno dei quattro tipi di agire sociale insieme all'azione razionale in rapporto a un valore, all'azione affettiva e all'azione tradizionale ed è orientato al raggiungimento di uno scopo attraverso la scelta di determinati mezzi. Si tratta, come per le altre tre forme di agire, di un idealtipo, poiché non esiste nella realtà concreta un'azione che sia totalmente razionale in vista di un fine, assolutamente razionale in base ai valori, completamente ispirato alla tradizione o esclusivamente sollecitato dagli affetti.

156) D. Nel modello del sistema sociale di Talcott Parsons, noto anche come AGIL (*Adptation, Goal Attainment, Integration, Latency*), l'imperativo funzionale di adattamento soddisfa il bisogno di ricavare dall'ambiente risorse utili alla sopravvivenza per produrre beni e attività da scambiare al fine di controllare e di modificare l'ambiente esterno stesso.

157) D. Nell'ambito degli studi sullo sviluppo umano, Émile Durkheim ritiene che, poiché gli individui vivono in gruppi sociali organizzati, sono fortemente condizionati dalle leggi che regolano la partecipazione alla vita comunitaria. In questa prospettiva, la personalità del singolo si forma proprio a partire dalla sua appartenenza ad un gruppo sociale e il sistema educativo che di questo è espressione finisce per mirare all'integrazione sociale dell'individuo.

158) E. L'approccio quantitativo alla ricerca è, invece, quello che si tende a utilizzare seguendo il paradigma positivista.

159) B. L'introduzione del concetto di tipo ideale si deve a Max Weber, per il quale i tipi ideali sono forme di agire sociale riscontrabili in maniera ricorrente nel modo di comportarsi degli individui, uniformità tipiche di comportamento che si formano attraverso un processo astrattivo il quale, isolando entro la molteplicità del dato empirico alcuni elementi, procede a coordinarli in un quadro coerente e privo di contraddizione.

160) C. Tra le diverse relazioni interpersonali, di particolare rilievo è sicuramente la relazione educativa, ossia quel peculiare tipo di legame tra educatore ed educando che si crea, naturalmente ed inevitabilmente, nei diversi contesti formativi e attraverso il quale avviene sia il processo di trasmissione culturale delle conoscenze sia quello di socializzazione.

161) B. Giuseppe Sergi (1841-1936), una delle figure più autorevoli del suo tempo, a partire dal 1880 insegna Antropologia presso l'Università di Bologna (Facoltà di Lettere). Trasferitosi a Roma, nel 1893 istituisce la Società Romana di Antropologia e inaugura il primo Laboratorio di psicologia sperimentale sviluppando un intenso programma di ricerche scientifiche nell'ambito della psicologia e dell'antropologia. Presso il gabinetto di Sergi si sono formati molti degli studiosi dell'epoca, tra i quali Maria Montessori. Sergi è noto anche per aver proposto una formazione scientifica degli insegnanti, basata sullo studio dell'antropologia, della psicologia e della fisiologia (per un approfondimento della figura di Sergi e sulle confluenze tra Pedagogia e Antropologia si veda F. Pesci, *Antropologia e pedagogia a Roma da Giuseppe Sergi a Maria Montessori: letture per il Laboratorio di Storia della Pedagogia*, Aracne, Roma, 2002).

162) B. Il termine "sensismo" designa quelle dottrine filosofiche che riducono ogni contenuto e atto del conoscere al sentire, ovvero a un processo trasformativo della sensazione, senza ricorrere ad altri principi o facoltà non sensibili. Il maestro più rappresentativo del sensismo è Condillac (1715-1780), il quale (rielaborando il pensiero di Locke), nel suo celebre *Trattato sulle sensazioni* (*Traité des sensations*), tenta di dimostrare che memoria, attenzione, giudizio, valutazione, desiderio, volontà non sono che "sensazioni trasformate".

163) A. G. Mialaret, nel testo del 1976 intitolato *Le scienze dell'educazione*, propone un sistema di classificazione composto da tre classi:
- le scienze che studiano le condizioni generali e locali dell'educazione, come ad esempio, la storia dell'educazione, la sociologia scolastica o l'economia dell'educazione;
- le scienze che studiano la situazione educativa, come, ad esempio, la psicologia dell'educazione, le scienze della comunicazione, la didattica delle discipline o la scienza della programmazione e della valutazione;
- le scienze della riflessione generale sull'educazione, come, ad esempio, la filosofia dell'educazione o la teoria dei modelli.

164) C. Componente fondamentale del rapporto educativo, la capacità di instaurare una buona comunicazione con l'allievo è di primaria importanza per un docente, il quale spesso si trova a doversi relazionare con adolescenti che vivono in maniera conflittuale il rapporto con se stessi, con i propri familiari e in generale con il mondo degli adulti. Possiamo distinguere, in linea generale, una comunicazione unidirezionale o monodirezionale (detta anche di tipo gerarchico o verticale) e una comunicazione interattiva o modulare-circolare (detta anche democratica o orizzontale). Tipico esempio di comunicazione unidirezionale è una lezione ex cathedra, frontale, nell'ambito della quale il docente tende ad assumere una posizione di superiorità – one up – rispetto agli allievi (one down). La seconda tipologia è fondata sulla parità dei soggetti coinvolti nella conversazione: nella scuola si verifica quando vengono messe in atto strategie quali cooperative learning, dialoghi, lavori di gruppo.

165) B. La socializzazione primaria indica il processo originario di acquisizione, da parte del soggetto, delle norme sociali e dei valori di una società, che consentono il modellamento delle caratteristiche e del comportamento individuali

Parte Seconda
Competenze psico-pedagogiche

SOMMARIO

Questionario 1 — Psicologia generale e dell'età evolutiva
Questionario 2 — Empatia e intelligenza emotiva
Questionario 3 — Creatività e pensiero divergente

Questionario 1
Psicologia generale e dell'età evolutiva

1) Secondo la teoria dell'attaccamento di John Bowlby, quali delle seguenti descrizioni corrisponde al modello operativo interno definito "insicuro-ansioso-ambivalente"?
A. Quando, al momento della separazione dalla mamma, il bambino si agita ed è in evidente disagio, ma al ricongiungimento non riesce a calmarsi
B. Quando il bambino non mostra significative differenze di comportamento tra il momento in cui la mamma è presente e quello in cui è assente
C. Quando il bambino mostra un equilibrio tra manifestazioni di curiosità e di esplorazione e la ricerca del contatto con la mamma
D. Quando il bambino lancia segnali non coerenti o inadeguati sia in presenza sia in assenza della mamma
E. Quando il bambino appare felice al momento della separazione dalla mamma e preoccupato al momento del ricongiungimento

2) Lo studio degli atteggiamenti riguarda l'analisi:
A. delle posizioni che assume il corpo
B. dell'intelligenza
C. delle rappresentazioni
D. dei convincimenti che sottendono giudizi di valore
E. del controllo delle emozioni

3) Per A.H. Maslow il tratto distintivo dell'identità:
A. risiede nelle pulsioni
B. sta nella relazione materna
C. è nella motivazione
D. risiede nei conflitti
E. sta nell'autostima

4) L'approccio socio-costruttivista è incentrato su:
A. la costruzione sociale della conoscenza
B. l'influenza dominante che la società ha sulla mente dell'individuo
C. il modo in cui le informazioni sociali vengono organizzate in memoria
D. le strutture cognitive che organizzano le informazioni su persone o eventi
E. la conoscenza e la memorizzazione di contenuti

5) Cosa si intende per *metaconoscenza*?
A. Competenza introspettiva su se stessi
B. Conoscenza globale di una disciplina
C. Conoscenza degli elementi di base di una disciplina
D. Conoscenza della natura del conoscere
E. Conoscenza delle interazioni sociali complesse

6) I *periodi di sensibilità* sono dei momenti in cui è maggiore la predisposizione:
A. al trauma
B. all'apprendimento
C. alla socializzazione
D. all'estraneo
E. all'adattamento

7) La teoria dello sviluppo cognitivo di Jean Piaget distingue:
A. cinque stadi principali che vanno dalla nascita all'adolescenza
B. quattro stadi principali che vanno dalla nascita alla morte
C. sei stadi principali che vanno dalla nascita alla morte
D. quattro stadi principali che vanno dalla nascita all'adolescenza
E. tre stadi principali che vanno dalla nascita all'età adulta

8) In psicologia, quando si parla di apprendimento:
A. si intende qualunque cambiamento del comportamento prodotto dall'esperienza
B. si intende la registrazione nella memoria a lungo termine di sistemi di conoscenza ben organizzati
C. ci si riferisce prevalentemente al rendimento scolastico dell'individuo
D. si esclude qualunque relazione con processi biologici
E. si intende l'acquisizione di informazioni

9) Secondo la teoria freudiana i meccanismi di difesa sono:
A. strumenti consci volti a proteggere l'Io dalle domande istintuali
B. regolatori del rapporto tra pensiero e linguaggio
C. strumenti inconsci volti a proteggere l'Io dalle domande istintuali
D. immagini primordiali e archetipiche
E. strumenti consci di superamento dei traumi

10) La memoria costituisce:
A. una capacità che deve essere costantemente esercitata
B. un argomento di studio ignorato dalla psicologia del XIX secolo
C. una competenza che non può essere esercitata senza che vi sia metamemoria
D. una competenza cognitiva legata ad altri processi di pensiero come l'attenzione e la percezione
E. una capacità inconscia di codificazione di fatti ed esperienze

11) Per quale di questi autori l'adolescenza è il periodo in cui si manifesta in maniera più intensa il bisogno di trovare la propria identità?
A. S. Freud
B. A. Freud
C. J. Piaget
D. E. Erikson
E. R.M. Gagné

12) Chi ha delineato una serie di specifici compiti che l'adolescente deve adempiere per imparare ad affrontare le difficoltà future?
A. Havighurst
B. Marcia
C. Vygostskij
D. Cooley
E. Claparède

13) Quale dei seguenti non è uno stato d'identità elaborato da Marcia?
A. Diffusione
B. Ragionamento astratto
C. Esclusione
D. Moratoria
E. Acquisizione

14) Il tema dell'apprendimento del linguaggio ha visto contrapposti in un celebre dibattito:
A. Claparède e Decroly
B. Wundt e Thorndike
C. Chomsky e Skinner
D. Piaget e Freud
E. Bruner e Freud

15) I primi psicologi sperimentali si dedicarono allo studio di:
A. processi psichici
B. processi sensoriali
C. esperienza mediata
D. meccanismi del linguaggio
E. processi di pensiero

16) La corretta sequenza degli stadi della teoria dello sviluppo di Piaget è:
A. operazioni formali – operazioni concrete – sensomotorio
B. sensomotorio – operazioni preoperatorie – operazioni concrete – operazioni formali
C. sensomotorio – operazioni concrete – operazioni formali

D. sensomotorio – operazioni concrete – operazioni preoperatorie – operazioni formali
E. operazioni concrete – operazioni preoperatorie – sensomotorio – operazioni formali

17) La psicoanalisi è chiamata, in un primo momento, da Freud:
A. metapsicologia
B. oltrepsicologia
C. scienza psichiatrica
D. scienza psicologica
E. scienza psicofisica

18) Secondo quale tra i seguenti approcci psicologici, nell'apprendimento operano sempre le stesse leggi fondamentali, indipendentemente da chi apprende?
A. La Gestalt
B. Il comportamentismo
C. Il cognitivismo
D. Il costruttivismo
E. Lo strutturalismo

19) Quale di queste opere fu scritta da Freud?
A. *L'Anticristo*
B. *Il disagio della civiltà*
C. *Filosofia delle forme simboliche*
D. *L'evoluzione creatrice*
E. *Lo sviluppo mentale del bambino*

20) A quale corrente della psicologia contemporanea è riconducibile Max Wertheimer?
A. Strutturalismo
B. Psicologia della forma
C. Riduzionismo
D. Funzionalismo
E. Comportamentismo

21) L'amnesia anterograda:
A. si manifesta come la capacità di ricordare le esperienze vissute
B. è un disturbo della percezione musicale prodotto da lesioni cerebrali
C. si manifesta come l'incapacità di ricordare fatti precedenti a un trauma
D. è l'incapacità di acquisire nuove informazioni in seguito a un trauma cerebrale
E. è un disturbo del linguaggio

22) A quale dei seguenti psicologi è legata la nascita dello strutturalismo?
A. Wundt
B. Köhler

C. Neisser
D. Titchener
E. James

23) La percezione si identifica con la sensazione?
A. Nei primi anni di vita
B. Sempre
C. Nelle malattie neurodegenerative
D. In alcuni soggetti
E. Mai

24) Cosa designa il termine *insight*?
A. Un'abitudine
B. Un insuccesso
C. Una comprensione immediata
D. Un'emozione repressa
E. Un'introspezione

25) Che cosa è la persona per Lewin?
A. Un essere razionale dotato di coscienza
B. Un'entità separata dall'ambiente
C. Una totalità dinamica articolata in regioni
D. Una maschera
E. Una struttura dell'apparato psichico

26) Chi ha formulato la teoria della dissonanza cognitiva?
A. Bowlby
B. Festinger
C. Gibson
D. Freud
E. Bronfenbrenner

27) Il maggior esponente della terapia centrata sul cliente è:
A. S. Freud
B. C. Rogers
C. E. Berne
D. K. Lewin
E. A. Beck

28) Secondo il modello multicomponenziale di A. Baddeley in quante componenti è articolata la memoria di lavoro?
A. 2
B. 4

C. 5
D. 3
E. 1

29) Eliminando il rinforzo, il comportamento operante:
A. si estingue
B. degenera
C. rimane uguale
D. diminuisce
E. si incrementa

30) C.G. Jung affermava che le immagini che rappresentano le esperienze accumulate dall'umanità sono memorizzate:
A. nella persona
B. nell'emisfero sinistro del cervello
C. nell'inconscio collettivo
D. nell'inconscio personale
E. nell'anima

31) Secondo Tulving la memoria episodica è:
A. a breve termine
B. ecoica
C. implicita
D. esplicita
E. un tipo di memoria semantica

32) Con l'espressione "magico numero 7 più o meno 2" Miller faceva riferimento a:
A. span della memoria iconica
B. span della memoria a lungo termine
C. span del registro sensoriale
D. nessuna delle risposte è corretta
E. span della memoria a breve termine

33) Il modellamento astratto è un processo teorizzato da:
A. Tolman
B. Bandura
C. Decroly
D. Piaget
E. Watson

34) Per costanza di forma si intende:
A. la tendenza automatica a percepire in modo costante la forma degli oggetti, al variare della loro posizione nello spazio

B. la capacità di stimare la grandezza degli oggetti in base alla loro forma
C. la capacità di stimare la posizione esatta degli oggetti
D. la rigidità percettiva che impedisce la percezione di nuovi stimoli
E. la capacità di discriminazione costante degli stimoli

35) La legge dell'oblio, individuata da H. Ebbinghaus, indica che:
A. la perdita di informazione è rapida nelle prime ore che seguono l'esposizione allo stimolo, e lenta dopo alcuni giorni
B. la perdita di informazione è nulla nelle prime ore che seguono l'esposizione allo stimolo
C. la perdita di informazione è lenta nelle prime ore che seguono l'esposizione allo stimolo, e rapida dopo alcuni giorni
D. la perdita di informazione raggiunge la velocità massima dopo 24 ore dall'esposizione allo stimolo
E. la quantità di informazioni diminuisce in modo costante e lineare nel tempo

36) Il concetto di *locus of control* proposto da Rotter riguarda:
A. il linguaggio non verbale
B. le altrui abilità
C. il grado di percezione rispetto al controllo del destino altrui
D. il controllo delle azioni proprie e altrui
E. una modalità con cui una persona ritiene di poter attuare un controllo sugli eventi della propria vita

37) Nell'ambito di quali teorie è stato proposto e utilizzato il concetto di *affordance*?
A. Teoria dei sistemi dinamici
B. Approccio ecologico alla percezione di J.J. Gibson
C. Sviluppo dell'intelligenza di Piaget
D. Psicologia della Gestalt
E. Psicologia cognitivista

38) L'assuefazione è:
A. un processo di memorizzazione
B. un tipo di apprendimento
C. sinonimo di sensibilizzazione
D. un disturbo psicopatologico
E. una tendenza di alcuni individui

39) Lo strutturalismo:
A. studia i disturbi dell'apprendimento
B. muove da premesse spiritualistiche

C. è una teoria elementista
D. nega l'autonomia dei sentimenti
E. è una delle principali concezioni della Gestalt

40) La teoria dell'inferenza inconscia di Helmotz riguarda:
A. il linguaggio
B. la memoria
C. l'inconscio
D. la personalità
E. la percezione

41) L'effetto Stroop è un esempio di:
A. automatismo della percezione
B. costanza percettiva
C. illusione ottica
D. memoria ecoica
E. selettività della visione

42) Quale dei seguenti autori è considerato il fondatore del personalismo in psicologia?
A. M. Klein
B. W. Allport
C. K. Jaspers
D. L. Festingers
E. W. Stern

43) Quale dei seguenti studiosi per primo concepì la memoria come un processo attivo di continua ricostruzione del passato in funzione delle esigenze del presente?
A. Ebbinghaus
B. Bartlett
C. Miller
D. Piaget
E. Jung

44) La prospettiva storico-culturale in ambito psicologico sosteneva:
A. tutte le risposte sono corrette
B. l'importanza del contesto storico e sociale
C. la rilevanza del linguaggio e dei simboli nello sviluppo delle funzioni cognitive
D. l'indagine della coscienza
E. lo studio delle funzioni psichiche superiori

45) Quale tra le seguenti teorie riteneva che il pensiero fosse un linguaggio implicito?
A. Comportamentismo
B. Strutturalismo
C. Gestalt
D. Funzionalismo
E. Cognitivismo

46) La teoria del prototipo di Eleanor Rosch riguarda:
A. la formazione dei concetti e i processi di categorizzazione
B. la conoscenza procedurale
C. i modelli comunicativi
D. le strategie di problem solving
E. la formazione degli stereotipi

47) Gli assunti di base sono:
A. stati emotivi
B. meccanismi di difesa
C. forze razionali
D. postulati inconfutabili
E. presupposti teorici

48) Quale tra i seguenti autori ha parlato di linguaggio esteriore o realistico, linguaggio egocentrico e linguaggio interiore o artistico?
A. Piaget
B. Chomsky
C. Allport
D. Bruner
E. Vygotskij

49) I sostenitori dell'approccio psicobiologico al tema dello sviluppo pongono l'accento sui fattori:
A. biologici
B. storici
C. sociali
D. ambientali
E. culturali

50) Chi ha scritto *Psicologia delle folle*?
A. Floyd H. Allport
B. Sigmund Freud
C. Kurt Lewin

D. Gustave Le Bon
E. William Stern

51) Negli anni '70 del Novecento, nell'ambito della discussione interna al Cognitivismo, R. Schank, A. Collins e E. Charniak diedero vita all'approccio noto con il nome di:
A. prospettiva ecologica
B. funzionalismo
C. Gestalt
D. cibernetica
E. scienza cognitiva

52) La Scuola di Würzburg concentrò le sue ricerche sullo studio di:
A. processi psichici elementari
B. contenuti della coscienza
C. proprietà specifiche del pensiero
D. processi di memorizzazione
E. funzioni dei processi mentali

53) Lawrence Kohlberg si è occupato principalmente di:
A. psicologia clinica
B. sviluppo cognitivo
C. sviluppo della coscienza
D. sviluppo morale
E. sviluppo sociale

54) Il New Look è un movimento che si è occupato principalmente di:
A. linguaggio
B. percezione
C. sensazione
D. memoria
E. intelligenza

55) La forza dell'abitudine è la variabile interveniente per:
A. Hebb
B. Cattell
C. Tolman
D. Hull
E. Le Bon

56) Quale dei seguenti autori parla di angoscia genetica della madre?
A. F. Fornari
B. M. Mahler

C. K. Jaspers
D. S. Freud
E. D. Napolitani

57) Con l'espressione *teoria della mente* ci si riferisce:
A. ai processi di apprendimento nei contesti educativi
B. al processo mediante il quale il bambino giunge ad essere consapevole di sé
C. alla capacità di immaginare nelle altre persone degli stati mentali diversi dai propri
D. al fenomeno dell'immaginare da parte del bambino che le cose dotate di attività siano viventi
E. a un modello del funzionamento cerebrale

58) Quale dei seguenti autori ha elaborato la teoria dell'autismo naturale o normale?
A. A. Spitz
B. K. Lewin
C. E. Jacobson
D. M. Mahler
E. M. Klein

59) Un insieme di persone con una o più caratteristiche in comune ma prive di legami di altra natura si definisce:
A. categoria
B. banda
C. aggregato
D. gruppo
E. classe

60) Connessionismo e modularismo sono paradigmi:
A. dello strutturalismo
B. del comportamentismo
C. della Gestalt
D. del funzionalismo
E. della scienza cognitiva

61) Secondo Buss e Plomin le tre dimensioni costitutive del carattere sono:
A. l'arrendevolezza, la sensibilità e la socievolezza
B. l'adattabilità, la regolarità e la socievolezza
C. la sensibilità, la reattività e la percezione
D. la soglia di sensibilità, l'adattabilità e la socievolezza
E. l'emotività, l'attività, la socievolezza

62) Secondo Bandura, i tipi di informazione a partire dai quali valutiamo la nostra efficacia sono:
A. esperienze vicarie, valutazione cognitiva della situazione, stato fisiologico
B. successi o fallimenti di tentativi simili, stato emotivo, persuasione verbale, valutazione cognitiva della situazione
C. modelli comportamentali validi per gli individui appartenenti al medesimo gruppo sociale
D. successi o fallimenti di tentativi simili, esperienze vicarie, persuasione verbale, stato emotivo
E. successi o fallimenti di tentativi simili, esperienze vicarie, persuasione verbale, stato fisiologico

63) Secondo Sternberg quanti tipi di intelligenza esistono?
A. 7
B. 4
C. 2
D. 5
E. 3

64) La memoria semantica è un tipo di memoria:
A. dichiarativa
B. prospettica
C. procedurale
D. tutte le risposte sono corrette
E. implicita

65) Quale dei seguenti autori sosteneva che il linguaggio e il pensiero sono in origine indipendenti per poi integrarsi in un processo di reciproco influenzamento?
A. Chomsky
B. Vygotskij
C. Piaget
D. Bruner
E. Gibson

66) Chi ha scritto *Psicologia delle minoranze attive*?
A. Moscovici
B. Festinger
C. Durkheim
D. Freud
E. Thorndike

67) **L'unità TOTE è stata proposta:**
A. dalla Gestalt
B. dal cognitivismo
C. dallo strutturalismo
D. dal comportamentismo
E. dal funzionalismo

68) **Quale dei seguenti autori ha formulato la teoria bilogica?**
A. S. Freud
B. I. Matte Blanco
C. E. Minkowski
D. E. Jünger
E. N. Tinbergen

69) **Quale dei seguenti autori ha scritto *L'Io e i meccanismi di difesa*?**
A. Melanie Klein
B. Otto Kernberg
C. Sigmund Freud
D. John Dewey
E. Anna Freud

70) **La distraibilità è:**
A. un evento temporaneo
B. una riduzione temporanea dell'attenzione
C. un disturbo dell'apprendimento
D. un disturbo della condotta
E. un disturbo dell'attenzione

71) **I primi studi per lo sviluppo di test mentali furono condotti da:**
A. Sternberg
B. Galton
C. Binet
D. Spearman
E. Bartlett

72) **La distinzione tra Io e me come costituenti del sistema del sé è stata introdotta da:**
A. M. Lewis
B. J. Bowlby
C. W. James
D. S. Freud
E. C. Hull

73) Il concetto di *rêverie* è stato introdotto da:
A. J. Baldwin
B. W. Bion
C. D. Winnicott
D. D. Meltzer
E. M. Mahler

74) Quale delle seguenti affermazioni inerenti l'afasia di Broca (o motoria) non è vera?
A. Si presenta insieme ad anosognosia
B. È determinata da lesioni al lobo frontale
C. Determina dei deficit nel linguaggio scritto
D. Compromette maggiormente l'eloquio e meno la comprensione
E. Causa un eloquio non fluente

75) Il polo pulsionale inconscio è definito da Freud:
A. Io
B. Super Io
C. Es
D. Io assoluto
E. Ideale dell'Io

76) Quale termine viene utilizzato nel linguaggio scientifico per indicare la psicologia della forma?
A. Comportamentismo
B. Behaviorismo
C. Cognitivismo
D. Formalismo
E. Gestalt

77) Uno solo tra i seguenti studiosi del XX secolo non è legato alla pratica della psicologia e della psicoanalisi ma a studi di linguistica. Quale?
A. Fromm
B. Jakobson
C. Broadbent
D. Freud
E. Jung

78) Per setting terapeutico si intende:
A. il clima emotivo che caratterizza la relazione tra terapeuta e paziente
B. il luogo fisico, strutturale e logistico nel quale si sviluppa la relazione
C. nessuna delle alternative è corretta

D. la valutazione del paziente da parte del terapeuta
E. l'insieme degli aspetti fisici, strutturali, logistici che caratterizzano l'ambiente in cui ha luogo la relazione terapeutica

79) Cosa si intende per condizionamento operante?
A. Un comportamento patologico
B. Un comportamento passivo
C. Una punizione
D. Una forma di apprendimento condizionato da fattori interni
E. Un comportamento attivo

80) Le leggi proposte dagli psicologi della Gestalt riguardano:
A. l'organizzazione dei percetti
B. lo sviluppo della personalità
C. l'organizzazione della sensazione
D. gli stessi temi studiati dall'*Human Information Processing*
E. il funzionamento della cognizione

81) La metamemoria è:
A. un meccanismo che serve come memoria di lavoro
B. detta anche memoria ecoica
C. l'insieme di strategie che le persone adottano per migliorare, o usare al meglio, la propria memoria
D. il livello di memoria ove sono immagazzinate le registrazioni permanenti delle nostre esperienze
E. l'apparato nel quale le conoscenze vengono sottoposte a quei procedimenti che le rendono operative e utilizzabili

82) Di che cosa si occupa la psicologia della età evolutiva così come intesa da Jean Piaget?
A. Dello sviluppo della personalità in età prescolare
B. Dello sviluppo dei vari aspetti della personalità nell'ambito del ciclo di vita
C. Dello sviluppo umano dalla nascita fino all'adolescenza
D. Dello sviluppo dell'intelligenza
E. Degli aspetti dello sviluppo economico e sociale di una cultura

83) La validità indica:
A. il grado con cui un test misura effettivamente ciò che si propone di misurare
B. nessuna delle risposte è corretta
C. il grado con cui un test misura un tratto o un costrutto psicologico
D. il grado di accordo tra diversi valutatori di uno stesso test
E. il grado con cui un reattivo psicologico misura in modo coerente una caratteristica psicologica

84) *Dell'interpretazione. Saggio su Freud* è un libro di:
A. Gadamer
B. Foucault
C. Adler
D. Ricoeur
E. Derrida

85) Il cognitivismo è un movimento che utilizza come metafora della mente:
A. una lama da affilare
B. una scatola nera
C. un computer
D. un vaso da riempire
E. un icerberg

86) L'apprendimento per tentativi ed errori:
A. è stato scoperto da Koehler
B. è stato criticato dagli studiosi dello stimolo-risposta
C. è stato sperimentato da Freud
D. è presente solo negli animali
E. corrisponde all'apprendimento per condizionamento operante

87) Chi è stato lo studioso che ha introdotto il concetto di condizionamento classico?
A. Skinner
B. Watson
C. Thorndike
D. Pavlov
E. Bandura

88) A quale tra gli approcci psicoterapeutici elencati appartiene la tecnica della desensibilizzazione sistematica?
A. La psicoanalisi
B. Terapia cognitivo-comportamentale
C. Terapia psicologica integrata
D. Terapia di gruppo
E. La psicoterapia centrata sul cliente

89) Il rinforzo consiste:
A. in un esercizio mentale che ha bisogno di particolare concentrazione
B. in una ricompensa che aumenta la frequenza di emissione di una risposta
C. in un esercizio ripetuto per migliorare la memoria e l'apprendimento
D. in un esercizio volto al potenziamento muscolare
E. in una punizione volta a far cessare un dato comportamento

90) Il disturbo ciclotimico appartiene:
A. al gruppo dei disturbi del controllo degli impulsi
B. al gruppo dei disturbi di personalità
C. al gruppo dei disturbi dell'umore
D. al gruppo dei disturbi dell'apprendimento
E. al gruppo dei disturbi somatoformi

91) La teoria del campo è stata sviluppata da:
A. Köhler
B. Lewin
C. Piaget
D. Koffka
E. Plomin

92) Thorndike parlò di:
A. insight
B. imitazione
C. legge dell'effetto
D. teoria del campo
E. apprendimento latente

93) Chi ha parlato per primo di attenzione selettiva?
A. Broadbent
B. Treisman
C. Pavlov
D. Tulving
E. Tolman

94) Il più noto test per la misurazione dell'intelligenza è definito:
A. Minnesota Multiphasic Personality Inventory
B. test di Binet-Simon
C. Wechsler Adult Intelligence Scale
D. Emotional Intelligence Test
E. test di Rorschach

95) Cosa misura il quoziente di intelligenza?
A. Il rapporto tra età mentale ed età dei genitori
B. Il rapporto tra età mentale ed età cronologica
C. Il rapporto tra ingegno e padronanza della lingua
D. Il rapporto tra età cronologica del bambino ed età mentale dei genitori
E. Il rapporto tra intelligenza e padronanza delle proprie conoscenze

96) Il sillogismo è una forma di ragionamento:
A. insight
B. abduttivo
C. induttivo
D. condizionale
E. deduttivo

97) I test psicologici sono:
A. insieme di domande che esplorano l'inconscio
B. prove di verifica del funzionamento dell'organismo umano
C. prove di controllo delle reazioni emotive
D. tecniche d'indagine psicologica standardizzate
E. insieme di domande volte a verificare l'attitudine a ricoprire un dato ruolo

98) Il test WAIS-R indaga:
A. i meccanismi di difesa
B. il grado di conoscenza raggiunto in un determinato ambito
C. il comportamento
D. le funzioni cognitive
E. l'inconscio

99) La misurazione dell'intelligenza mediante test permette di:
A. differenziare fin dal primo anno di vita bambini molto intelligenti da bambini poco intelligenti
B. mettere in relazione la prestazione intellettiva di un individuo con i valori medi di una determinata popolazione
C. quantificare con relativa precisione il contributo del patrimonio genetico nello sviluppo di una persona
D. rapportare la prestazione intellettiva di un individuo a quella di altri individui appartenenti allo stesso gruppo classe
E. mettere in relazione le conoscenze di un individuo con la sua età cronologica

100) Il termine autoefficacia, o *self efficacy*, indica:
A. la motivazione a impegnarsi in un compito o in una attività
B. le convinzioni che si hanno in merito alle proprie capacità
C. l'autostima nelle proprie possibilità di riuscita
D. il concetto di sé in rapporto all'ambiente di vita
E. la possibilità di manifestare le proprie competenze

101) La fuga delle idee è:
A. un meccanismo di difesa
B. un disturbo formale del pensiero

C. un disturbo del comportamento
D. un disturbo del contenuto del pensiero
E. un disturbo emotivo

102) Il test di Corsi è una prova di:
A. memoria a lungo termine
B. valutazione dell'intelligenza emotiva
C. registro sensoriale
D. memoria a breve termine
E. richiamo

103) Il comportamentismo è:
A. lo studio dei comportamenti umani
B. un orientamento della psicologia moderna
C. un indirizzo pedagogico
D. una corrente di pensiero
E. lo studio del comportamento animale

104) Da quante tavole è costituito il test proiettivo di personalità ideato da Hermann Rorschach nel 1921?
A. 25
B. 32
C. 12
D. 10
E. 20

105) Cosa si intende per dare un *feedback*?
A. Cambiare il proprio atteggiamento in funzione del messaggio ricevuto
B. Sapersi autoregolare
C. Dare una comunicazione di ritorno al mittente, comunicandogli le impressioni che ciò che ha detto e fatto hanno prodotto sull'interlocutore destinatario
D. Narrare gli episodi pregressi di un fatto
E. Mettere in luce i comportamenti inadeguati

106) Il rinforzamento è stato definito da Skinner come una legge dell'apprendimento:
A. innata
B. inefficace
C. non verificabile
D. empirico-probabilistica
E. teorica

107) Nella contingenza di rinforzamento sono presenti i seguenti aspetti:
A. stimolo discriminante, risposta, conseguenza
B. antecedente, causalità, conseguenza
C. input, arousal, output
D. imposizione, reazione, punizione
E. sollecitazione, risposta, punizione

108) Quando la conseguenza di un comportamento è considerata positiva o significativa è detta:
A. punizione
B. elogio
C. rinforzatore
D. sollecitatore
E. stimolatore

109) La situazione che include lo stimolo, la risposta e il rinforzatore è detta:
A. circostanza di rinforzamento
B. congiuntura di rinforzamento
C. contingenza di rinforzamento
D. contesto di rinforzamento
E. situazione limite

110) Nel modello ecologico dello sviluppo umano, Bronfenbrenner prende in considerazione e analizza:
A. le interconnessioni tra i vari ambienti che influenzano lo sviluppo dei bambini
B. gli ambienti in cui l'individuo in via di sviluppo non si situa fisicamente
C. gli ambienti virtuali che influenzano in modo determinante l'apprendimento e lo sviluppo
D. le interconnessioni tra caratteristiche soggettive dell'individuo e oggettive dell'ambiente
E. l'influenza dell'ambiente sui comportamenti del gruppo

111) Nella prospettiva ecologica di Bronfenbrenner è definito mesosistema un sistema di:
A. macrosistemi
B. microsistemi
C. mesosistemi
D. biosistemi
E. ecosistemi

112) Che cosa si intende per lateralizzazione?
A. La capacità di voltarsi a destra o a sinistra

B. Il processo attraverso il quale si definisce la dominanza emisferica cerebrale
C. Un sinonimo del pensiero laterale coniato da Edward De Bono
D. Il movimento laterale degli occhi che consente di prestare attenzione
E. La capacità di spostarsi di lato a seguito di una sollecitazione esterna

113) Quale tra le seguenti affermazioni in merito al filone di studio dell'*Infant Research* è errata?
A. Utilizza metodi scientifici basati sull'osservazione
B. In origine ha trovato una delle sue spinte propulsive nella psicoanalisi, in particolare nelle sue scoperte sull'infanzia e sull'attività mentale precoce
C. Si sofferma in particolare sugli stadi dello sviluppo cognitivo
D. Uno dei suoi esponenti è Daniel N. Stern
E. Si tratta di un filone di ricerca sullo sviluppo psichico infantile

114) Qual è il titolo dell'opera pedagogica più importante scritta da John Dewey?
A. *Democrazia ed educazione*
B. *Sommario di pedagogia come scienza pedagogica*
C. *Pensieri sull'educazione*
D. *La mente assorbente*
E. *La nuova Eloisa*

115) Cosa si intende per Analisi Funzionale nel contesto della psicologia comportamentale?
A. Una tecnica di elargizione di rinforzi
B. Una tecnica atta a studiare le correlazioni esistenti tra il comportamento problema e le variabili ambientali e individuali
C. Una tecnica atta a studiare le relazioni esistenti tra le istruzioni fornite dall'adulto e il comportamento emesso dallo studente
D. Una tecnica psicoanalitica che studia il gioco nei bambini
E. Una tecnica di analisi statistica applicata al comportamento

116) Le prime relazioni che il bambino instaura sono di tipo:
A. diadico
B. visivo
C. egocentrico
D. circolare
E. uditivo

117) Piaget di quale sviluppo si è occupato?
A. Sviluppo psico-sessuale
B. Sviluppo comportamentista
C. Sviluppo cognitivo

D. Sviluppo psico-sociale
E. Sviluppo emotivo

118) Quale tra le seguenti affermazioni in merito al concetto di Attenzione Condivisa è falsa?
A. È deficitaria nei soggetti con autismo
B. I primi segni di attenzione condivisa si manifestano nel bambino intorno ai 9/14 mesi
C. Il concetto si riferisce all'insieme delle condotte volte ad ottenere e condividere l'attenzione di un'altra persona su uno stesso oggetto o evento
D. Il concetto si riferisce all'insieme di fenomeni cognitivi che si verificano nel momento in cui il bambino e la madre condividono l'attenzione su uno stesso oggetto o evento
E. È caratterizzata da gesti quali il dare, il mostrare e indicare col dito

119) Secondo Erik Erikson quale tra le seguenti coppie di esiti possibili si riferisce all'età adolescenziale?
A. Fiducia-sfiducia
B. Spirito di iniziativa-senso di colpa
C. Identità-dispersione (o confusione) dei ruoli
D. Intimità-isolamento
E. Autonomia-vergogna e dubbio

120) Quale concetto è stato teorizzato da Lev Vygotskij in merito all'apprendimento del bambino?
A. Il complesso edipico
B. Il dispositivo innato per l'acquisizione del linguaggio
C. Il sistema di supporto per l'acquisizione del linguaggio
D. Il periodo operatorio concreto
E. La zona di sviluppo prossimale (Zsp)

121) In psicoanalisi il concetto di oggetto transizionale è riferibile a:
A. Hartmann
B. Rosenfeld
C. Mahler
D. Klein
E. Winnicott

122) Quale meccanismo di difesa agisce sulle pulsioni dell'Es che sarebbero inaccettabili per l'Io, relegandole all'incoscio?
A. Proiezione
B. Spostamento
C. Rimozione

D. Introiezione
E. Repressione

123) Lo sviluppo psicosociale progredisce in base al principio epigenetico secondo:
A. Piaget
B. Bandura
C. Erikson
D. Jung
E. Bruner

124) Un gruppo di ricercatori italiani ha fatto l'importante scoperta dei neuroni specchio (o neuroni mirror). In cosa consistono?
A. Sono neuroni che si attivano sia quando si compie un'azione sia quando la si osserva mentre la compie un altro individuo
B. Sono quei neuroni che si attivano quando un essere umano si osserva di fronte ad uno specchio o in un'immagine riflessa
C. Sono neuroni che hanno subito una lesione
D. Sono neuroni presenti nei due emisferi cerebrali e simmetrici tra loro
E. Nessuna delle alternative è corretta

125) A quale approccio appartiene la teoria sull'acquisizione del linguaggio di Noam Chomsky circa l'esistenza di una grammatica universale e di un dispositivo definito LAD (*Language Acquisition Device*)?
A. Costruttivismo
B. Ambientalismo
C. Funzionalismo
D. Comportamentismo
E. Innatismo

126) I rinforzatori primari sono legati a:
A. fattori premiali
B. eventi tangibili
C. caratteristiche biologiche
D. sistemi simbolici
E. sollecitazioni sensoriali

127) Appartiene alla classe dei rinforzatori informazionali:
A. la stretta di mano
B. l'affetto
C. il feedback
D. un gettone-smile
E. il sorriso

Risposte commentate

1) **A.** L'interesse di Bowlby per i legami di attaccamento nasce dagli studi di Lorenz sull'*imprinting*, ossia sul processo di formazione dei legami sociali, inteso come apprendimento precoce nei piccoli di molte specie. Secondo Bowlby, il legame di attaccamento con la madre nel primo anno di vita è alla base della costruzione dei *modelli operativi interni*, ovvero dei modelli di relazione interiorizzati che il bambino struttura da piccolo e che mantiene come chiave di lettura nelle relazioni future. Tali modelli operativi interni sono, a suo avviso, riconducibili a quattro tipi fondamentali, e precisamente: 1) *insicuro-evitante*, proprio del bambino che ha sperimentato un legame instabile con la madre a causa dell'insensibilità da lei mostrata alle sue richieste, in questi casi non si rilevano significative differenze di comportamento in assenza o in presenza della madre; 2) *sicuro*, proprio del bambino che ha sperimentato un legame stabile e fiducioso con la madre grazie alla risposta adeguata e coerente che lei offre alle sue richieste, in questi casi si rileva un equilibrio tra le manifestazioni di curiosità ed esplorazione da parte del bambino e la ricerca di contatto con la figura materna; 3) *insicuro-ansioso-ambivalente*, proprio del bambino che ha sperimentato un legame con la madre in cui questa è stata intrusiva e iper-controllante con risposte imprevedibili ai suoi bisogni, in questi casi, al momento della separazione si rilevano intense sensazioni di disagio nel bambino, che non si calmano al ricongiungimento; 4) *disorganizzato*, proprio del bambino che ha sperimentato un fallimento nel legame con la madre e non è, dunque, in grado di trovare in lei un supporto, in questi casi si rilevano segnali non coerenti e inadeguati sia in presenza che in assenza della madre.

2) **D.** Gli atteggiamenti sono delle opinioni che sottendono giudizi di valore, cioè la convinzione che una cosa sia giusta o sbagliata, morale o immorale. Dipendono in parte dall'esperienza che si fa dell'ambiente in cui si vive, allo stesso tempo, permettono di rispondere alle diverse situazioni che in quell'ambiente si determinano. Hanno essenzialmente quattro funzioni: una funzione utilitaria, cioè guidano il comportamento di una persona, portandola a ricercare o ad evitare l'oggetto dell'atteggiamento; una funzione difensiva, per placare l'ansia o per rafforzare la propria autostima; una funzione di adattamento sociale grazie alla quale un individuo può modificare il proprio atteggiamento per sortire una buona impressione sugli altri; infine, gli atteggiamenti sono espressione di valori, in altre parole possono sottendere valori importanti per il soggetto.

3) **C.** A.H. Maslow si occupa dello sviluppo umano e della formazione dell'identità individuale nell'ambito della psicologia umanistica. Partendo dalla convinzione che a costruire il tratto distintivo dell'identità sia la motivazione, la quale si esprime come il bisogno della persona, lo studioso costruisce una scala di bisogni, differenziati proprio in base alla loro capacità di suscitare l'attivazione dei comportamenti finalizzata al loro soddisfacimento e li ordina in una gerarchia secondo la quale, solo una volta soddisfatti i bisogni del gradino inferiore, si attivano quelli posti più in alto.

4) A. Il paradigma del socio-costruttivismo è centrato sui processi di costruzione sociale della conoscenza all'interno di interazioni e scambi comunicativi tesi a dare significato e senso alla realtà. Il termine *socio-costruttivista* sta ad indicare che la costruzione della conoscenza che abbiamo di noi stessi e del mondo che ci circonda ha le sue radici nel sociale, non un sociale genericamente inteso, ma organizzato nei sistemi di rapporti reali e simbolici in cui le persone vivono. Parlare di prospettiva socio-costruttivista significa ipotizzare che le interazioni sociali sono all'origine della costruzione di abilità individuali e che possedere abilità individuali di una certa complessità permette all'individuo di partecipare successivamente ad interazioni sociali sempre più articolate.

5) D. La metaconoscenza, o sapere metacognitivo, viene definita come la conoscenza della natura del conoscere ed anche come la comprensione delle dinamiche attivate dai processi di apprendimento. La metaconoscenza è strettamente connessa alla metacognizione; questi due termini indicano il grado di consapevolezza e di autocontrollo che ciascuno di noi ha in rapporto al suo modo di produrre conoscenze (studiare, apprendere contenuti, memorizzarli e sistematizzarli). La metaconoscenza rappresenta, dunque, un'importante competenza riflessiva.

6) B. I *periodi di sensibilità*, o *periodi critici*, sono momenti specifici dello sviluppo umano, e animale in genere, durante i quali il corpo si predispone biologicamente ad apprendere dall'esperienza. Un esempio in tal senso è rappresentato dai primi anni di vita del bambino che rappresentano il momento cruciale per l'apprendimento del linguaggio. Maria Montessori, parla di *periodi sensitivi* e ne individua quattro: 1) del *movimento*, dalla nascita ai 4 anni; 2) dell'*amore per l'ambiente*, dalla nascita ai 6 anni; 3) dell'*ordine*, dalla nascita ai 3 anni; 4) del *linguaggio*, dalla nascita ai 6 anni.

7) D. La teoria di Jean Piaget si fonda sull'idea che lo sviluppo umano si divida in stadi, cioè in periodi durante i quali il pensiero e il comportamento del bambino riflettono una particolare struttura mentale. Lo studioso ne individua quattro: il periodo sensomotorio (dalla nascita ai 2 anni); il periodo preoperazionale (dai 2 ai 7 anni); il periodo delle operazioni concrete (7-11 anni); il periodo delle operazioni formali (11-15 anni).

8) A. L'apprendimento, in psicologia, è definito come la capacità di modificare pensieri e comportamenti a seguito di una situazione esperita ripetutamente. L'esperienza, quindi, è una condizione imprescindibile perché si abbia l'apprendimento, che non riguarda dunque solo l'acquisizione di nuove competenze, ma coinvolge tutte le sfere della personalità ed ha una finalità adattiva.

9) C. Secondo Freud, quando si trova sotto la pressione di un'angoscia eccessiva, l'Io deve talvolta adottare delle misure estreme per ridurla e, così, proteggersi. Per questa ragione, lo psicanalista parla di "meccanismi di difesa", tra cui i principali sono: la rimozione, la proiezione, la formazione reattiva, la fissazione e la regressione. Tutti hanno due caratteristiche comuni: 1) negano, falsificano o deformano la realtà e 2) operano nell'inconscio, cosicché la persona non è consapevole di ciò che avviene.

10) D. La memoria può essere definita come il deposito mentale di tutte le informazioni provenienti dai sistemi percettivi e acquisite da un individuo. Al tempo stesso rappresenta l'insieme dei processi che gli consentono di immagazzinare, recuperare e utilizzare queste informazioni quando è necessario. Le strategie di immagazzinamento e recupero delle tracce mnestiche sono strettamente dipendenti dal controllo intenzionale e consapevole del soggetto, e dunque strettamente legate ai processi attentivi.

11) D. Per Erikson il bisogno di trovare la propria identità è particolarmente forte nel periodo adolescenziale. L'autore suddivide le età dell'uomo in otto stadi, ciascuno corrispondente ad un periodo di crisi e di ridefinizione. La dimensione sessuale e quella psicosociale si integrano nelle varie fasi dello sviluppo e la loro sinergia genera i cambiamenti.

12) A. È stato lo psicologo americano Robert James Havighurst a introdurre il concetto di "compiti evolutivi" che l'adolescente deve svolgere per acquisire quella sicurezza indispensabile ad affrontare le difficoltà future. Tra questi i più importanti sono: l'instaurazione di relazioni mature con i coetanei; l'acquisizione di un ruolo sociale nell'ambito della collettività in cui vive; il conseguimento dell'indipendenza emotiva; lo sviluppo di competenze intellettuali; la preparazione alla vita matrimoniale e familiare.

13) B. Nell'ambito della sua ricerca volta a stabilire lo status dell'identità (intesa come sentimento coerente del proprio sé) nelle diverse fasi della vita di un individuo, lo psicologo canadese James Marcia distingue, nell'adolescenza, quattro stati di identità, cioè delle modalità attraverso le quali gli adolescenti sperimentano e affrontano un momento di crisi per poi arrivare a compiere delle scelte rilevanti. In questa distinzione svolgono un ruolo cruciale i concetti di *esperienza*, intesa come esplorazione delle possibilità offerte da diversi ambiti, e di *impegno*, inteso come coinvolgimento e assunzione di responsabilità negli ambiti scelti come interessanti. I quattro stati individuati da Marcia sono: la *diffusione*, in cui l'adolescente compie una esplorazione in molte esperienze, ma in maniera superficiale e con un impegno scarso o nullo; l'*esclusione* o *chiusura*, in cui l'adolescente compie una scarsa o nulla esplorazione nelle esperienze possibili e, di conseguenza, l'impegno che pure si assume rispetto a modelli imposti o proposti dal mondo adulto è insufficiente perché non fondato su uno sforzo di ricerca personale; la *moratoria*, in cui l'adolescente compie una esplorazione attiva e con coinvolgimento tra le esperienze possibili per arrivare a effettuare delle scelte e assumersene la responsabilità; l'*acquisizione*, in cui l'adolescente ha già compiuto una esplorazione in molte esperienze significative con una quota di coinvolgimento molto alta ed è arrivato ad assumersi degli impegni precisi.

14) C. Skinner ha cercato di spiegare il modo in cui il linguaggio viene appreso attraverso i principi del condizionamento operante. Secondo questo autore le risposte verbali, al pari delle altre forme di comportamento, possono essere apprese tramite adeguato rinforzo, che nel caso del linguaggio è di natura sociale. Di opinione diversa è Chomsky, che nel 1957 pubblica un breve libro dal titolo *Syntactic Structures* in cui sostiene che il bambino è un soggetto attivo e che le risorse dell'ambiente, per quanto ricche possano essere, da sole non sono sufficienti per l'acquisizione del linguaggio e delle espressioni verbali; infatti, egli ritiene che le strutture, da lui chiamate grammatica universale, siano innate.

15) B. È a partire dai contributi della fisiologia che Wilhelm Wundt fonda, a Lipsia, il primo laboratorio di psicologia sperimentale (1879). Tale laboratorio era formato per lo più da fisiologi e in esso si continuarono a studiare i medesimi problemi che da anni venivano già affrontati nell'ambito dei laboratori di fisiologia, ma con qualche differenza. Secondo gli psicologi sperimentali, oggetto dell'indagine psicologica doveva essere l'esperienza umana immediata, contrapposta all'esperienza mediata, che invece è oggetto delle scienze fisiche. Pertanto, codificando con estremo rigore il metodo sperimentale nell'ambito dell'indagine psicologica e insistendo sull'importanza dell'accurata identificazione, dello stretto controllo e della precisa quantificazione delle variabili psichiche, le indagini furono circoscritte ai processi sensoriali e percettivi semplici e replicabili.

16) B. Piaget sostiene che lo sviluppo cognitivo si strutturi nel passaggio attraverso quattro stadi: lo stadio *sensomotorio*, che va da 0 a 2 anni e si divide in sei sotto-stadi (il primo mese, da uno a 4 mesi, da 4 a 8 mesi, da 8 a 12 mesi, da 12 a 18 mesi e da 18 a 24 mesi); lo stadio *preoperatorio*, che va dai 2 ai 7 anni e si divide in due sotto-stadi o fasi (la *fase preconcettuale* o del *pensiero simbolico*, che va dai 2 ai 4 anni, e la *fase del pensiero intuitivo*, che va dai 4 ai 7 anni); lo stadio delle *operazioni concrete*, che va dai 7 ai 12 anni; lo stadio delle *operazioni formali*, che va dai 12 ai 15 anni.

17) A. *Metapsicologia* è il termine con il quale S. Freud designò la propria teoria generale della psiche nel tentativo di dare alla psicoanalisi il carattere e il metodo delle scienze esatte. La metapsicologia, quindi, mira a creare la possibilità di un'elaborazione teorica, consentendo allo psicoanalista un cambiamento di terreno rispetto all'immediatezza della clinica. Le formulazioni metapsicologiche descrivono l'apparato psichico dal punto di vista dinamico, economico e topico.

18) B. Il comportamentismo sostiene che l'apprendimento sia una semplice associazione tra stimoli (eventi esterni) e risposte osservabili (atti comportamentali). L'uomo, secondo questa concezione, risponde passivamente all'ambiente e l'atto dell'apprendere consiste in una copia fedele di ciò che si esperisce. In tal senso, secondo i teorici di questo approccio, in tutti i processi di apprendimento operano sempre le stesse leggi fondamentali, indipendentemente da chi apprende e da ciò che viene appreso.

19) B. *Il disagio della civiltà* (*Das Unglück in der Kultur*) viene dato alle stampe nel 1930, ed è quindi da considerarsi l'opera della piena maturità di Freud. In questo saggio, lo psicoanalista ritiene che la civiltà sia una tappa necessaria nel divenire dell'umanità, ma che essa comporti inevitabilmente un certo grado di infelicità. La civiltà, infatti, obbliga l'uomo ad inibire molti desideri e pulsioni e a rinunciare al soddisfacimento di tante esigenze, a meno che non le possa deviare verso mete socialmente e moralmente accettabili. Le ragioni che inducono una società a reprimere la libido sono chiare: da un lato, essa deve neutralizzare una forza che opera in modo individualistico e amorale, minando i presupposti stessi della convivenza civile, dall'altro la società non può fare a meno delle forze e dell'energia dei suoi membri e dunque deve obbligare ciascuno di essi ad investire l'energia libidica in prestazioni di tipo socialmente accettabile.

20) B. M. Wertheimer è considerato il fondatore della psicologia della forma. Infatti, la nascita della Gestalt viene fatta risalire al 1912, anno in cui Wertheimer pubblica il suo lavoro sul movimento stroboscopico. A lui si devono sia la formulazione iniziale del concetto di *insight*, sia gli esperimenti dai quali prese corpo la teoria dell'isomorfismo, sviluppata successivamente da Köhler e Koffka.

21) D. L'amnesia anterograda è l'incapacità di acquisire nuove informazioni. Quando il disturbo di memoria è insorto a causa di un evento acuto (ad esempio un intervento chirurgico o un trauma cranico), l'amnesia anterograda può essere riferita alla difficoltà di ricordare gli eventi successivi all'esordio della malattia.

22) D. La riflessione sui testi di Wundt fu per l'inglese Edward Bradford Titchener il punto di partenza per l'elaborazione di un sistema personale, rigoroso e coerente che va sotto il nome di strutturalismo o esistenzialismo titcheneriano o introspezionismo e che trova la propria più matura espressione nel volume *A Textbook of Psychology*. Secondo lo studioso, la struttura mentale è da intendere come il complesso risultato della somma di molteplici elementi coscienti semplici, come una sorta di mosaico o meccano psichico; scopo dell'indagine psicologica è la scomposizione e ricomposizione analitica di questi elementi. Pertanto la psicologia di Titchener è di tipo eminentemente descrittivo, proprio perché si propone di descrivere i contenuti elementari della coscienza e di evidenziare le leggi che presiedono al loro combinarsi e al loro susseguirsi.

23) E. La sensazione riguarda i processi iniziali di elaborazione dell'informazione, in cui gli organi di senso recepiscono l'informazione contenuta nello stimolo: uno stimolo sensoriale colpisce gli organi di senso, provocando l'eccitazione dei recettori ivi localizzati; ciò determina una trasduzione dell'attività elettrica dei recettori. Le attività elettriche determinate dallo stimolo, quindi, producono una risposta fisiologica che a sua volta porta all'esperienza sensoriale, che consiste nella soggettiva esperienza psicologica dell'individuo. La percezione, invece, riguarda i processi finali dell'elaborazione dell'informazione, in cui l'informazione stessa viene interpretata e dotata di significato.

24) C. Il termine *insight*, che in inglese significa letteralmente "vedere dentro", viene solitamente reso in italiano con "intuizione". Con questo termine si intende la risoluzione di un problema con un'idea improvvisa, vissuta come esperienza interiore, che permette di rivisualizzare il problema nella sua globalità, raggiungendo in pochi attimi la soluzione cercata. Il concetto fu introdotto da Wolfgang Köhler per spiegare il comportamento delle scimmie antropoidi che riuscivano in modo soddisfacente nella soluzione di un problema quando potevano coglierne i singoli elementi complessivamente nello stesso campo visivo, per cui *insight* è la percezione simultanea di una forma globale significativa.

25) C. La persona viene concepita da Kurt Lewin come una totalità dinamica divisa in due regioni (una regione interno-personale e una regione percettivo-motoria) interdipendenti con l'ambiente, quindi non come un'entità separata. La sua attività psichica può essere descritta attraverso vettori dotati di diversa direzione, forza e punti di applicazione secondo le tensioni che in quel momento si verificano e nascono sia all'esterno che all'interno della persona stessa. L'equilibrio può mutare nel tempo in dipendenza dello sviluppo della persona e della sua salute fisica e mentale.

26) B. La teoria della dissonanza cognitiva è stata sviluppata da Leon Festinger, psicologo statunitense allievo di Kurt Lewin, verso la metà del Novecento, e si riferisce al disagio psicologico che una persona avverte quando delle cognizioni che le appartengono (opinioni, credenze o conoscenze) sono in contrasto tra di loro e/o con delle azioni che ha compiuto. Per esempio, quando una persona è convinta che evadere le tasse sia disonesto e sbagliato, ma in alcune situazioni lo fa. Per alleviare il disagio che si genera e ripristinare la coerenza con se stesso a cui l'individuo punta, secondo Festinger, ci sono tre modi: 1) provare a cambiare il proprio comportamento, ripromettendosi di non adottare più quello che si ritiene in contrasto con la propria opinione (*non evaderò mai più le tasse*), anche se talvolta l'ambiente pone vincoli troppo grandi per poter riuscire nell'intento; 2) provare a cambiare la situazione che causa la dissonanza eliminando o riducendo quegli elementi che aiutano a "giustificare" l'azione ritenuta sbagliata (*devo trovare un lavoro che non mi metta nella situazione di dover accettare un pagamento a nero*), ma avere un tale controllo sulle variabili ambientali non è sempre possibile; 3) modificare le proprie opinioni e convinzioni (*in tanti evadono le tasse, che differenza vuoi che faccia se evado anche io*), è questo il caso in cui si procede con razionalizzazioni, svalutazioni, minimizzazioni e vere e proprie deformazioni della realtà.

27) B. Carl Rogers, rappresentante della psicologia umanistica, inventò e sviluppò un metodo psicoterapico detto "non direttivo" o "centrato sul cliente". L'idea principale di questa teorizzazione del processo terapeutico è quella che quando i clienti percepiscono sentimenti di stima incondizionata e una comprensione empatica del loro quadro di riferimento interno, allora sono più predisposti a mettere in moto un processo di cambiamento.

28) D. I risultati delle ricerche condotte sulla memoria a breve termine hanno portato lo psicologo britannico Alan Baddeley ad elaborare un modello multicomponenziale della memoria di lavoro, secondo il quale questa si articola in tre componenti: l'esecutivo centrale, un sistema sovraordinato, a capacità limitata, che presiede a tutte le operazioni cognitive intenzionali e che svolge funzioni di coordinamento e di integrazione delle informazioni provenienti dal circuito fonologico e dal taccuino visivo-spaziale, i quali rappresentano le altre due componenti della memoria di lavoro designate a elaborare e mantenere, rispettivamente, l'informazione verbale e acustica e quella visiva e spaziale. Il circuito fonologico è, a sua volta, suddiviso in un magazzino fonologico e in un processo articolatorio.

29) A. Nel momento in cui una risposta non è seguita più da un rinforzo, tende a scomparire. Tale fenomeno è noto come *estinzione* e si manifesta con una diminuzione della frequenza della risposta.

30) C. C.G. Jung definisce l'inconscio collettivo come il deposito di tracce mnestiche latenti, provenienti dal passato ancestrale dell'uomo, passato che comprende la storia non solo della razza umana come specie a sé stante, ma anche dei suoi antenati preumani o animali. Esso è quasi staccato da ogni elemento personale nella vita di un individuo, ed è apparentemente universale. Gli esseri umani hanno più o meno tutti lo stesso inconscio collettivo.

31) D. Secondo il modello multimagazzino di Atkinson e Shiffrin, la memoria umana si divide in tre parti principali: i *magazzini sensoriali*; la *memoria a breve termine* e la *memoria a lungo termine*. Quest'ultima, un archivio avente capacità quasi illimitata, dove sono conservate tutte le esperienze e le conoscenze acquisite nel corso della vita, viene ulteriormente divisa in *memoria implicita* (o procedurale) e *memoria esplicita* (o dichiarativa). La memoria esplicita è costituita da tutti i contenuti che sono il frutto dell'elaborazione delle esperienze vissute e delle informazioni recepite e che, secondo il neuroscienziato estone Endel Tulving, si dividono in due tipi: i ricordi di vicende della vita che hanno un loro ordine temporale, più o meno preciso, e valore specifico per ciascun individuo, i quali costituiscono la *memoria episodica*; i ricordi che non hanno un carattere cronologico e sono di tipo generale (ad esempio, le regole che permettono di parlare e comprendere la lingua oppure le nozioni di varie discipline), i quali costituiscono la *memoria semantica*.

32) E. Miller (1956), nel famoso articolo *The magical number 7 ± 2*, provò sperimentalmente che la capacità della memoria a breve termine è limitata a 7 ± 2 elementi, la sequenza più lunga che un soggetto riesce a ricordare in un ordine corretto. L'ampiezza della memoria a breve termine di un singolo individuo, chiamata span di memoria, viene misurata tramite la ripetizione seriale di una lista di stimoli, organizzata in ordine crescente: il numero di stimoli che viene ripetuto correttamente il 50% delle volte costituisce lo span di memoria di quell'individuo.

33) B. Nella sua teoria dell'apprendimento sociale, Bandura ritiene l'apprendimento che avviene per osservazione, e che lo studioso definisce appunto "osservativo" o "vicario", come più efficace rispetto a un addestramento per prove ed errori: volendo far replicare ad un soggetto un determinato comportamento, piuttosto che condurlo per tentativi e successive approssimazioni verso il comportamento desiderato, risulta più immediato farglielo apprendere dall'osservazione di qualche altro soggetto che lo mette in atto. Bandura chiama questa procedura *modeling*, traducibile come "modellamento", e con essa si riferisce proprio all'azione di osservare un modello di comportamento e di conformarsi a questo. Poiché, secondo lo studioso, il soggetto che apprende è sempre attivo nell'elebarazione delle informazioni che gli vengono dall'ambiente, osservando dei comportamenti specifici ha la capacità di astrarne una regola generale, è in questo caso che si parla di *modellamento astratto*.

34) A. Le costanti percettive sono quei processi che si ipotizza contribuiscano a mantenere immutate, nella percezione, alcune caratteristiche degli oggetti, come la grandezza e la forma, nonostante il modificarsi dell'immagine retinica al variare delle condizioni di osservazione. La costanza di forma è una costante percettiva, e fa riferimento alla tendenza ad attribuire agli oggetti la stessa forma, a dispetto del fatto che la loro immagine retinica cambi quando subiscono una rotazione nello spazio.

35) A. L'oblio concerne la perdita o l'impossibilità di recuperare informazioni che un tempo si possedevano. Gli studi sulla memoria a lungo termine di Ebbinghaus hanno mostrato che, una volta memorizzata una serie di stimoli, la ripetizione presenta un numero di errori che cresce rapidamente nelle prime ore successive all'apprendimento, per poi decrescere progressivamente nei giorni successivi con un andamento rappresentabile da una curva asintotica (che tende allo zero senza mai raggiungerlo), detta curva dell'oblio. Pertanto l'oblio è inizialmente molto rapido, ma va rallentando gradualmente fino a stabilizzarsi col passare dei giorni.

36) E. Il concetto di *locus of control* è stato elaborato da Julian B. Rotter nel 1966, nell'ambito dei suoi studi sul rinforzo e sulla *Social Learning Theory*, ed è diventato un punto di riferimento essenziale nella psicologia, relativamente agli studi sulla personalità. Con l'espressione *locus of control*, Rotter fa riferimento alla modalità con cui una persona ritiene di poter attuare un controllo sugli eventi della propria vita: tale modalità è definita dallo studioso "interna", quando la persona ritiene che gli eventi della sua vita siano determinati principalmente dai propri comportamenti e dal proprio impegno; è definita invece "esterna", quando la persona ritiene che a determinare gli eventi della propria vita siano innanzitutto cause esterne e indipendenti dalla sua volontà e dalla sua possibilità di controllarle. Rotter immagina queste due modalità, non come dimensioni non comunicanti e opposte, bensì come gli estremi di un continuum lungo il quale il *locus of control* personale può assumere diversi gradi.

37) B. Nel suo approccio ecologico, James Gibson concepisce la percezione come un processo attivo d'interazione tra l'organismo e l'ambiente all'interno del quale rivestono fondamentale rilevanza quelle che lui stesso definisce *affordances*, ossia le proprietà specifiche dell'ambiente utili per la sopravvivenza, che differiscono da un individuo all'altro e da una specie all'altra. Secondo Gibson, tali proprietà sono direttamente percepibili, senza che ci sia bisogno di mediazioni o elaborazioni, dall'individuo poiché il suo sistema percettivo si sarebbe sviluppato in modo tale da rilevare quelle informazioni necessarie alla sopravvivenza.

38) B. L'assuefazione è una forma non associativa di apprendimento legata alla ripetizione di determinati stimoli. Si tratta di una delle forme di apprendimento più semplice, che consiste nell'imparare a non prestare attenzione a uno stesso stimolo ripetuto, diventato ormai abituale. Si pensi, ad esempio, a quando si riesce a studiare o a dormire in una casa posta a ridosso dei binari della metropolitana, oppure quando si riesce a leggere in treno anche se altre persone parlano. L'assuefazione comporta, dunque, una riduzione della risposta comportamentale a un determinato stimolo. Può accadere, tuttavia che dopo un periodo prolungato in cui si verifica l'assenza di quello stimolo, nel momento in cui questo viene riproposto, la risposta diventa nuovamente intensa. Il contrario dell'assuefazione è la sensibilizzazione, che si verifica quando a uno stimolo intenso, che nuoce o minaccia, si ha una risposta altrettanto intensa, come quando, ad esempio, si sobbalza al suono di una mano sbattuta su un tavolo o di un forte grido.

39) C. Lo scopo dell'indagine psicologica per gli strutturalisti consiste nel descrivere i contenuti elementari della coscienza e nell'evidenziare le leggi che presiedono al loro combinarsi e al loro susseguirsi. La coscienza è concepita come la somma di tutti i processi mentali che hanno luogo in un determinato momento della vita dell'individuo.

40) E. Il fisiologo e scienziato tedesco Hermann von Helmotz ha proposto la teoria dell'inferenza inconscia, secondo cui la percezione sarebbe legata a processi mentali di natura inconscia. Da questa prospettiva, è la nostra esperienza passata a insegnarci come trarre conclusioni generali del mondo a partire da informazioni sensoriali molto limitate.

41) A. L'effetto Stroop (Ridley Stroop, 1935) è un buon esempio di automatismo della percezione. Ai soggetti vengono mostrate delle parole stampate con inchiostro di vari colori, e viene loro chiesto di dire di che colore è l'inchiostro, ignorando il significato delle parole. I soggetti eseguono il compito abbastanza facilmente, tranne quando si imbattono in una parola che indica un colore diverso da quello dell'inchiostro con cui è stampata.

42) E. La prima teoria a fondare la psicologia stessa sul concetto di personalità fu il personalismo di William Stern (1871-1938). La psicologia per Stern non doveva essere lo studio delle funzioni psichiche di per sé, ma l'indagine su come queste funzioni si radicano in una persona individuale, su come gli aspetti innati e acquisiti convergono in una unità indivisa.

43) B. Frederic C. Bartlett (1886-1969), professore all'Università di Cambridge, nel suo libro *Remembering* (1932), propose una teoria della memoria per molti aspetti rivoluzionaria rispetto alle precedenti teorie associazionistiche. Egli riteneva che le tracce mnestiche fossero sottoposte a continue ricostruzioni in virtù delle esigenze della realtà presente. In un esperimento sottopose i suoi soggetti a varie prove di memorizzazione (figure e storie dotate di senso) e verificò che col tempo il contenuto originale immagazzinato subiva delle trasformazioni caratterizzate da perdita degli elementi irrilevanti, da presenza di nuovi elementi, ed infine dall'acquisizione di una struttura (schema) relativamente stabile, rispetto alla quale si modulavano le trasformazioni successive.

44) A. In ambito psicologico e, in particolare, cognitivista, la prospettiva storico-culturale, che ha in Lev Semënovič Vygotskij il suo protagonista di maggior rilievo, considera la psiche un prodotto dell'evoluzione animale, divenuto funzionalmente sempre più complesso sotto l'influenza dei fattori storici, sociali e culturali. La differenza, pertanto, tra l'uomo e l'animale sta proprio nello sviluppo di processi psichici superiori, che sono dipendenti dal contesto storico-sociale in cui cresce, dove il linguaggio svolge un ruolo fondamentale, e che si distinguono per la presenza della coscienza.

45) A. I comportamentisti ritenevano che solo i comportamenti osservabili potessero essere studiati scientificamente. Pertanto se si riduce il pensiero a linguaggio implicito, in particolare, ai movimenti muscolari che accompagnano il silenzioso linguaggio subvocalico, il pensiero può essere studiato scientificamente, giacché i movimenti muscolari, per quanto minimi, possono essere osservati.

46) A. Secondo la teoria del prototipo, formulata da Eleanor Rosch, le categorie concettuali non sono entità logiche definite da un insieme di condizioni necessarie e sufficienti, ma sono strutturate attorno ad un prototipo: l'esemplare o l'immagine astratta che meglio ne rappresenta le caratteristiche. Il prototipo è l'esemplare reale che possiede il maggior numero di caratteristiche condivise dai membri di una categoria concettuale.

47) B. L'espressione "assunti di base" è stata coniata da W. Bion per indicare i meccanismi di difesa del gruppo, che svolgono la funzione di mantenere sotto controllo le ansie primitive scatenate dalla partecipazione al gruppo stesso. La loro esistenza condiziona largamente il tipo di organizzazione che il gruppo si dà e determina il modo in cui si affronta l'obiettivo da realizzare.

48) E. Lev Vygotskij studiò in particolare la psicologia dello sviluppo e ritenne fondamentale l'interazione dell'individuo con l'ambiente storico e culturale in cui vive. Il veicolo principale di questa interazione è il linguaggio. Secondo Vygotskij, prima abbiamo un linguaggio esteriore o realistico (parliamo ad alta voce), poi un linguaggio egocentrico (pensiamo ad alta voce), ed infine un linguaggio interiore o artistico (siamo cioè in grado di pensare tra noi, senza bisogno di parlare).

49) A. L'approccio psicobiologico sostiene che l'organizzazione dello sviluppo è quasi esclusivamente mediata da fattori biologici innati. Il nucleo di questa teoria è il concetto di azione predeterminata. I modelli di azione predeterminata (MAP) rappresentano unità che compongono l'istinto e si presume che vengano codificati nel patrimonio genetico dell'organismo; sono stereotipati, spontanei, indipendenti sia dall'immediato controllo esterno, sia dall'apprendimento individuale. I MAP formano gli elementi di base, le strutture innate su cui si costruisce l'apprendimento: esso consiste, soprattutto nei primi anni di vita, nel combinare unità di base e innate in modelli diversi tra loro e di ordine più elevato.

50) D. Gustave Le Bon (1841-1931), etnologo e psicologo, fu il primo psicologo a studiare scientificamente il comportamento delle folle, cercando di identificarne i caratteri peculiari e proponendo tecniche adatte per guidarle e controllarle. Nel 1895 scrisse *Psicologia delle folle*, in cui sosteneva che quando le persone entrano a far parte di una folla sono capaci di mettere in atto anche le peggiori efferatezze, che da sole non compirebbero mai. Nella folla la personalità cosciente svanisce, i sentimenti e le idee si orientano lungo una sola direzione, formando così una sorta di identità collettiva; questo comporta una perdita del senso di responsabilità personale, dovuta all'anonimato consentito dalla folla e ad uno spostamento da sé verso gli stimoli esterni.

51) E. Negli anni '70 del Novecento, all'interno del cognitivismo, nasce una discussione intorno alla tendenza sempre più spinta a considerare la mente umana, con i suoi processi cognitivi, simile a un computer. Rispetto a questo problema, lo stesso Ulrich Neisser, considerato il fondatore del cognitivismo, nel testo *Conoscenza e realtà* del 1976, mette in discussione la metafora uomo-computer, sempre più rigida e lontana dalla realtà e dai problemi umani, e si orienta verso quello che viene definito l'"approccio ecologico", influenzato dalle teorie di Gibson e molto più interessato all'uomo e ai suoi problemi quotidiani. Contestualmente, nel 1977, R. Schank, A Collins e E. Charniak, fondano la rivista *Scienza Cognitiva*, che dà il nome all'approccio in cui confluiscono varie discipline interessate allo studio della mente da una prospettiva focalizzata sull'intelligenza artificiale e sull'uso della simulazione e che ribadisce la connessione tra computer e processi cognitivi.

52) C. Il più importante dissidente fra gli allievi di Wundt alla Scuola di Lipsia fu Osvald Külpe, fondatore della scuola di Würzburg, dove, applicando ai processi superiori del pensiero e del ragionamento gli stessi metodi di studio rigorosi usati a Lipsia per i processi sensoriali e percettivi, scoprì dei tipi di pensiero in cui non erano rintracciabili elementi sensoriali primitivi (il "pensiero senza immagini"). L'esistenza di un pensiero con queste proprietà smentiva un aspetto fondamentale della teoria wundtiana, che voleva gli elementi sensoriali come costituenti primitivi di ogni attività di pensiero. Külpe utilizzò per i suoi studi l'introspezione sperimentale sistematica, consistente nell'osservazione delle esperienze personali e interiori, finalizzata ad indagare sperimentalmente sugli stati di coscienza che appaiono irriducibili alle immagini mentali e alle sensazioni.

53) D. Lawrence Kohlberg, a partire dalla teoria stadiale di Piaget, estende lo sviluppo morale fino all'età adulta, individuando sei stadi raggruppati in tre livelli (moralità *preconvenzionale*, *convenzionale* e *postconvenzionale*). Egli sottolinea il ruolo costruttivo del bambino nell'elaborazione del pensiero relativo a soggetti morali e ribadisce, d'accordo con Piaget, lo stretto legame tra lo sviluppo cognitivo e quello morale.

54) B. Nell'immediato dopoguerra sorse negli Stati Uniti un movimento psicologico che si occupò di studiare la percezione secondo un'ottica completamente diversa da quella allora dominante. Il vecchio punto di vista era quello dei gestaltisti, che escludevano nel processo percettivo l'intervento di qualsiasi fattore diverso da quelli propri della dinamica del campo percettivo. Il nome *New Look on perception* fu dato al movimento da Krech (1949). Gli psicologi del *New Look* volevano studiare l'influenza che fattori quali le variabili personologiche, quelle sociali, i valori, i bisogni, le motivazioni e i giudizi probabilistici hanno sulla percezione.

55) D. Con il concetto di forza dell'abitudine, o *habit strength*, una variabile interveniente introdotta negli anni '30 da Clark Hull, si vuole intendere il fatto che le risposte si associano agli eventi di stimolazione con differente forza, e che tale forza dipende da un certo numero di variabili, tra le quali hanno particolare rilevanza lo stato pulsionale dell'organismo che apprende le risposte o il numero di ripetizioni del compito.

56) A. Fornari parla del fenomeno di angoscia genetica facendo riferimento a quelle qualità delle preoccupazioni intense e universali che investono le madri durante la gestazione dei figli e sono legate alle aspettative che nutrono nei confronti del figlio, come, ad esempio, la paura che il bambino abbia delle imperfezioni o delle deformità fisiche, oppure il timore di non riuscire a riconoscerlo una volta venuto al mondo. Successivamente, durante la preadolescenza dei figli, secondo lo studioso, una sorta di nuova angoscia genetica investe le madri: il timore che il loro figlio si trasformi in un mostro sessuale, per cui, non potendo tenerlo sempre sotto controllo come da bambino, tendono a osteggiare l'influenza che ritengono "negativa" da parte dei pari.

57) C. La consapevolezza che gli altri pensano e provano sentimenti diventa sofisticata e coerente con il passare del tempo. La capacità di immaginare degli stati mentali nelle altre persone e di vederli come la base di una condotta esplicita è stata considerata la prova che i bambini possiedono una teoria della mente. Una tale teoria consente al bambino di spiegare eventi visibili (le azioni delle persone) postulando l'esistenza di entità invisibili (convinzioni, desideri e credenze).

58) D. Nell'ambito degli studi sullo sviluppo, Margaret Mahler si occupa dell'osservazione diretta dei bambini molto piccoli e delle loro interazioni con la madre, che la porta alla formulazione di una teoria in cui suppone l'esistenza di tre fasi: autistica, simbiotica, di separazione-individuazione. La prima, che va da 0 a 2 mesi circa, è definita dalla studiosa di "autismo naturale" o "normale", poiché il bambino vive una condizione simile a quella prenatale, con una predominanza degli stati fisiologici e una quasi inesistente relazione con l'esterno.

59) E. Si definisce classe un insieme di persone che posseggono una o più caratteristiche in comune, ma sono prive di legami di altra natura. Si tratta di una categorizzazione astratta nella quale gli individui sono indipendenti.

60) E. I due paradigmi che hanno dominato il campo della scienza cognitiva sono quelli del modularismo e del connessionismo. Entrambi definitisi all'inizio degli anni '80: il primo ha in Jerry Alan Fodor l'esponente di maggior rilievo, il secondo deve invece i contributi più significativi a David Rumelhart e James McClelland.

61) E. Buss e Plomin, rivedendo le nove scale caratteriali di Thomas e Chess, hanno proposto tre dimensioni costitutive del carattere: l'emotività, che si riferisce ad una forte attivazione in risposta alla stimolazione e si traduce in manifestazioni comportamentali e psicofisiologiche; l'attività, in relazione con l'energia e il tempo spesi in movimento; la socievolezza, che si riferisce alla disposizione del soggetto a stare in compagnia piuttosto che in solitudine.

62) E. Secondo Bandura, per valutare la nostra autoefficacia ci rifacciamo a successi o fallimenti in cui siamo incorsi in situazioni simili; alle esperienze vicarie, cioè guardando gli altri fallire o avere successo in situazioni simili; alla persuasione, ossia al sentirci dire da altri che siamo capaci di affrontare quel particolare compito; e allo stato fisiologico, ossia a quanto la nostra ansia o le nostre paure possono incidere sull'esecuzione del compito.

63) E. Robert Sternberg ha proposto una teoria tripartita dell'intelligenza, basata soprattutto sulla capacità di affrontare i problemi della vita quotidiana seconda la quale esiste: una *intelligenza analitica* o *componenziale*, che comprende la capacità di analizzare, suddividendo in parti e scendendo nei dettagli, di valutare, di esprimere giudizi e operare confronti tra elementi diversi; una *intelligenza creativa* o *contestuale*, legata all'intuizione, che si realizza nella capacità di inventare, di scoprire, di immaginare e ipotizzare, di affrontare con successo situazioni insolite per le quali le conoscenze e le abilità esistenti si mostrano inadeguate; una *intelligenza pratica* o *esperenziale*, che comprende la capacità di usare strumenti, applicare procedure e porre in atto progetti, saper organizzare e pianificare, dimostrare come si fa.

64) A. L'espressione "memoria dichiarativa" fa riferimento a un tipo di memoria il cui contenuto, una volta affiorato alla mente, può essere "dichiarato", ossia espresso verbalmente, e comprende a sua volta due sistemi: la *memoria episodica*, che si riferisce a eventi vissuti in prima persona e cronologicamente collocati, e la *memoria semantica*, che si riferisce a quelle informazioni non collegate mentalmente a un evento specifico o a un episodio della vita, ma piuttosto a concetti, conoscenze e nozioni acquisiti nel corso dell'esperienza, è, cioè, la memoria del sapere, delle conoscenze enciclopediche e fattuali.

65) B. Per Vygotskij il linguaggio non serve soltanto a verbalizzare ciò che si pensa, bensì esercita una funzione regolatrice sul funzionamento del pensiero e del suo sviluppo, nonostante inizialmente linguaggio e pensiero siano indipendenti. Infatti, attraverso il linguaggio il bambino compie le prime attività cognitive, che si sviluppano e consolidano attraverso l'uso della lingua nel proprio contesto sociale. Il linguaggio è prima di tutto sociale e acquista via via una funzione regolatrice del pensiero.

66) A. Serge Moscovici ha scritto *Psicologia delle minoranze attive* nel 1976. Egli ha avuto il merito di evidenziare, contrastando la tendenza allora prevalente in campo psicologico, che chiunque, individuo o gruppo, è in grado di esercitare un'influenza sulla maggioranza a cui appartiene.

67) B. TOTE (Test-Operate, Test-Exit) è una unità di misura ideata nell'ambito del cognitivismo che sostituisce l'unità di misura comportamentista rappresentata dal riflesso. Il TOTE misura il rapporto tra la situazione attuale e la situazione attesa: ogni volta che una persona è chiamata a compiere un'azione, mette in atto una verifica, cioè un Test, nell'ambiente, per capire se c'è congruenza tra questo (l'ambiente) e gli obiettivi che l'azione stessa deve raggiungere. Se la congruenza c'è, allora, alla fase di Test segue l'uscita (Exit); se, al contrario, la congruenza non c'è, la persona deve operare (Operate) per modificare l'ambiente e procedere con un nuovo Test, fin quando non stabilirà la congruenza e potrà uscire. Il principio espresso dai cognitivisti con la definizione dell'unità TOTE, dunque, è che l'azione finale, corrispondente all'Exit, non è il risultato diretto di uno stimolo sensoriale o di un comando motorio, bensì l'esito di un più articolato processo di verifica e di operazioni intermedie volte a modificare le condizioni ambientali.

68) B. Ignacio Matte Blanco, in contrapposizione con le teorie della psicologia dell'Io, riteneva che ciascun atto psichico è il frutto della funzione conscia e di quella inconscia, le quali hanno strutture logiche differenti ma unite all'interno del medesimo apparato psichico. È questo il principio della teoria bilogica.

69) E. Sul piano teorico, *L'Io e i meccanismi di difesa* (1936) è l'opera più rilevante scritta da Anna Freud, in cui l'autrice illustra le funzioni dell'Io, considerate centrali nella formazione della personalità e nei processi di adattamento all'ambiente e dove si sofferma sui meccanismi e il funzionamento di tale struttura psichica, fino ad allora trascurata dalla ricerca psicoanalitica.

70) E. La distraibilità è un disturbo dell'attenzione. A differenza della distrazione, che è un evento temporaneo, questo disturbo si presenta come una propensione naturale di un soggetto a distrarsi. È normale trovarla nei bambini, ma, se protratta, va tenuta nella dovuta considerazione per prevenire o affrontare le difficoltà che può determinare.

71) B. Galton è stato uno dei primi autori che ha tentato di effettuare una misurazione dell'intelligenza, partendo dal presupposto che questa sia un fattore ereditario e che, pertanto, eventuali differenze individuali sono dovute alla velocità e all'acutezza dei processi nervosi, ossia all'eredità. I test mentali quantitativi usati da Galton erano molto semplici e si concentravano sulla misurazione dei tempi di reazione, o delle capacità e soglie sensoriali.

72) C. Il sé funge da base di riferimento nell'interazione con gli altri. William James ritiene che il sé è un complesso sistema di differenti costrutti costituito dall'Io e dal me. L'Io è il sé che apprende, quello che organizza e interpreta l'esperienza in una maniera puramente soggettiva. Il me, invece, è il sé come conosciuto, cioè l'oggetto della propria percezione quando si contempla se stessi.

73) B. W. Bion chiama *rêverie* la capacità della madre di accogliere le sensazioni del neonato e di assumere in sé le sue proiezioni-bisogni attribuendo loro un significato. Tale concetto viene introdotto per indicare un'attitudine primitiva della mente materna ad accogliere, comprendere e contenere le impressioni affettive del bambino e a rielaborarle in una forma che il piccolo possa assimilare.

74) A. L'afasia di Broca è un caso di afasia non-fluente, in cui cioè la capacità di esprimersi oralmente è fortemente compromessa. Determina problemi sia nella scrittura sia nella lettura, ma, nella maggior parte dei casi, non si associa a una compromissione altrettanto forte della capacità di comprensione. Le cause determinanti sono costituite da quelle patologie che determinano delle lesioni cerebrali a livello del lobo frontale, dove si colloca appunto l'area di Broca, con il suo ruolo chiave nella produzione e comprensione del linguaggio. Non si associa invece ad anosognosia, cioè a quel disturbo neuropsicologico per cui i pazienti mostrano di ignorare la propria paralisi.

75) C. Freud descrive l'apparato psichico come costituito da tre istanze in continua interazione tra loro: Es, Io e Super-Io. L'Es costituisce la parte oscura ed inaccessibile della nostra personalità; è la sede dei desideri innati ed è la fonte principale dell'energia che richiede una soddisfazione immediata attraverso il principio del piacere. L'Es opera per tutta la vita, particolarmente attraverso sogni (in forma ovvia oppure mascherata), immaginazioni e comportamenti.

76) E. La psicologia della Gestalt, che in tedesco significa forma, figura, configurazione, è una corrente di pensiero psicologica contemporanea nata e sviluppatasi in Europa. Secondo questa prospettiva teorica i processi mentali della conoscenza, e in particolare dell'esperienza percettiva, si organizzano in configurazioni unitarie la cui totalità è qualitativamente differente dalla somma dei singoli elementi che la compongono. Tale teoria si è sviluppata a partire dai lavori di Wertheimer (1880-1943), Köhler (1887-1967) e Koffka (1887-1967).

77) B. Roman Jakobson (1896-1982), filologo, linguista e critico statunitense di origine russa, è considerato uno dei principali iniziatori della scuola del formalismo e dello strutturalismo. A lui si deve lo studio della teoria della comunicazione linguistica. La sua teoria si basa sulle sei funzioni comunicative (emotiva, fàtica, conativa, poetica, metalinguistica e referenziale) che si associano alla dimensione dei processi comunicativi.

78) E. Il setting terapeutico (concetto di derivazione psicoanalitica) rappresenta l'insieme degli aspetti fisici, strutturali, logistici che caratterizzano l'ambiente all'interno del quale si svolge la relazione terapeutica, ma implica anche il clima emotivo che caratterizza tale relazione e che incide profondamente sull'andamento del percorso terapeutico stesso.

79) E. Ad elaborare la teoria del condizionamento operante è stato Burrhus F. Skinner, il quale, partendo dai risultati delle ricerche sul rapporto stimolo-risposta condotte nell'ambito del comportamentismo e, in particolare, dal principio del condizionamento classico introdotto da Pavlov, focalizza la sua attenzione sul concetto di *rinforzo*, o *stimolo rinforzante*, a cui giunge partendo da esperimenti su animali di piccola taglia. Considerando che ogni soggetto possiede un ampio repertorio di possibili risposte a stimoli esterni, Skinner riesce a dimostrare che è possibile indurre ad un certo comportamento, cioè ad una certa risposta, attraverso il ricorso a *stimoli rinforzanti*. Diversamente dal condizionamento classico, che studia una forma di apprendimento non volontario in cui a uno stimolo corrisponde una risposta meccanica, il condizionamento operante presuppone una partecipazione più attiva e volontaria del soggetto che apprende, il quale attua una scelta del comportamento (risposta) da attuare, finalizzandolo al raggiungimento di un premio.

80) A. Secondo la Gestalt, il campo percettivo struttura la realtà fisica in modo attivo, prediligendo alcune configurazioni piuttosto che altre. La più elementare forma di organizzazione percettiva è la tendenza a distinguere tra figura e sfondo. L'uomo tende a isolare una figura rispetto ad uno sfondo, seguendo criteri quali, per esempio, la grandezza relativa delle parti (la parte più piccola viene interpretata come figura), la convessità o concavità dei margini (la parte concava, a parità di altre condizioni, determina la percezione di figura, quella convessa lo sfondo). Secondo Wertheimer i fattori, o principi organizzatori, che determinano il costituirsi degli oggetti fenomenici sono: vicinanza, somiglianza, chiusura, continuità di direzione, buona forma, esperienza passata. Globalmente, queste leggi, chiamate leggi di segmentazione del campo visivo, determinano la percezione del mondo esterno.

81) C. La metamemoria è quel settore della più vasta teoria metacognitiva che riguarda specificatamente la conoscenza e il controllo dei processi di memoria. Come tale comprende tutte quelle conoscenze ed abilità che riguardano ciò che il soggetto sa e crede, le strategie che usa, le motivazioni che lo spingono riguardo la memoria. La teoria metacognitiva sostiene che, se la metamemoria di un soggetto è buona, questi sarà maggiormente in grado di analizzare la natura del compito, scegliere le strategie più adatte in modo flessibile, spendere la necessaria quantità di risorse cognitive, disporle in modo produttivo e di conseguenza mostrare una buona prestazione mnestica.

82) C. A dare l'avvio e il nome al campo di studi oggi noto come "psicologia dell'età evolutiva" è stato Jean Piaget, partendo dalla convinzione che lo sviluppo mentale umano seguisse criteri analoghi all'evoluzione di cui parlava Darwin: ogni individuo è dotato alla nascita di una serie di strutture psichiche, che si sviluppano nel tempo, cioè nell'età *evolutiva*, in fasi differenti e in un ordine prestabilito, grazie all'intreccio di due fattori: quello biologico e quello ambientale. Secondo Piaget, le strutture psichiche che costituiscono il fattore biologico sono presenti già dalla nascita, ma in una forma non compiuta, la quale, per poter raggiungere alla piena maturazione evolutiva naturale, necessita delle giuste condizioni ambientali. Tale maturazione avviene, secondo lo studioso, attraverso quattro stadi o fasi, che partono dai primi mesi di vita dell'infanzia fino ad arrivare all'età adolescenziale, intorno ai 13-15 anni.

83) A. La validità di un test psicologico consiste nel grado di precisione con cui tale strumento misura la caratteristica psicologica che si propone di misurare.

84) D. *Dell'interpretazione. Saggio su Freud*, pubblicato nel 1965, è uno dei più importanti testi scritti da P. Ricoeur, nel quale l'autore pone la sua attenzione su tre figure intellettuali chiave della riflessione filosofica del nostro secolo e, precisamente, Marx, Nietzsche e Freud, sottolineando come questi convergano nella ricerca dell'autentico significato dei fenomeni culturali, così come nel mettere in evidenza la struttura profonda della realtà, criticando l'idea di un soggetto assoluto razionalmente orientato e di una coscienza razionale trasparente a se stessa (propri, invece, della tradizione cartesiana). A determinare la sostanziale differenza tra le visioni dei tre pensatori è, secondo Ricoeur, il luogo in cui ciascuno di loro individua e colloca quella stessa struttura profonda della realtà, che risiede per Marx nella struttura economica, per Nietzsche nella volontà di potenza e per Freud nell'inconscio.

85) C. Uno dei principi fondamentali della prospettiva cognitivista, che comprende una varietà di indirizzi e ambiti di ricerca, è quello della simulazione. Tale principio afferma che l'elaborazione dell'informazione può essere simulata con macchine non organiche (calcolatori) perché sia la mente che il calcolatore operano fondandosi su processi e regole simili. La metafora della mente come un calcolatore considera la mente stessa in modo astratto e universale, appunto come una macchina che agisce al di fuori del contesto storico, sociale e culturale.

86) E. È stato Edward Lee Thorndike, uno degli studiosi di spicco nell'ambito del condizionamento, a parlare di un apprendimento per prove ed errori rispetto al quale introduce il concetto di "condizionamento operante". Il nucleo di questo paradigma si sviluppa intorno alla legge dell'effetto, per la quale le risposte seguite e associate a rinforzi positivi per il soggetto si stabilizzano nel tempo, mentre vengono estinte quelle che non producono gratificazione. La sua teoria è anche nota con il nome di "connessionismo", poiché si basa su un'idea di apprendimento che consiste nello stabilire connessioni tra stimoli e risposte, più precisamente, tra uno stimolo e le risposte più efficaci selezionate tra i molteplici altri tentativi. La forza della connessione tra un dato stimolo e una data risposta è la probabilità che al presentarsi di questo stimolo segua quella specifica risposta. Secondo questa teoria, nel condizionamento operante è presente un comportamento intenzionale da parte del soggetto, il quale dirige la propria condotta conformemente al rinforzo esperito.

87) D. Nell'ambito delle ricerche sulla relazione stimolo-risposta avviate dai comportamentisti, Ivan Pavlov introduce per primo il concetto di *condizionamento classico*, inteso come una *forma elementare di apprendimento* che consiste nell'acquisizione da parte del soggetto di condotte o comportamenti nuovi e meccanici, "condizionati" dalla presenza di un certo stimolo inizialmente associato ad un altro stimolo incondizionato. Nel corso dei suoi esperimenti sul funzionamento delle ghiandole salivari dei cani, Pavlov rilevò, in modo casuale, che questi salivavano non solo in presenza di cibo, ma anche solo vedendo la persona che solitamente li nutriva. Decise, così, di condurre esperimenti mirati, associando sistematicamente uno *stimolo* (il suono di un campanello) all'atto della somministrazione del cibo. Osservò che gli animali, dopo qualche tempo, salivavano anche in presenza del solo suono del campanello presentato in assenza del cibo. Dopo un numero di volte in cui lo stimolo corrispondente al campanello non era associato al mangiare, la risposta della salivazione scompariva, salvo poi ricomparire se l'associazione tra il suono del campanello e il cibo veniva ripristinata. Sulla base di questo esperimento, Pavlov teorizzò che uno *stimolo incondizionato* (il cibo), genera una *risposta incondizionata* (la salivazione), la quale avviene in virtù di un meccanismo biologico, non volontario. Quando allo stimolo incondizionato rappresentato dal cibo viene associato con regolarità il suono del campanello, questo diventa uno *stimolo condizionato* (perché è uno stimolo solo a "condizione" che sia associato allo stimolo incondizionato rappresentato dal cibo), e produce una *risposta condizionata* (la salivazione).

88) B. La psicoterapia cognitivo-comportamentale è una tra le più note applicazioni del condizionamento classico e operante, finalizzata alla modificazione diretta del sintomo attraverso un procedimento di disapprendimento delle risposte patologiche e attraverso l'apprendimento di risposte adattive. Il comportamento patologico viene trattato in quanto comportamento, e non analizzato per il suo significato profondo. Nell'ambito di questo tipo di approccio psicoterapico, la desensibilizzazione sistematica consiste sostanzialmente nell'indurre il paziente in uno stato di rilassamento muscolare tale da antagonizzare la risposta ansiosa a livello somatico, seguito da una desensibilizzazione graduata secondo una presentazione ordinata e a più riprese degli stimoli ansiogeni.

89) B. A introdurre il concetto di *rinforzo* o *stimolo rinforzante* è stato, nell'ambito del comportamentismo Burrus F. Skinner, con riferimento a quella tipologia di stimoli che, conseguenti a una risposta, aumentano le probabilità che questa venga riprodotta anche in futuro. Tali rinforzi possono essere di due tipi: sono *rinforzi positivi* i premi, le ricompense, i complimenti; sono invece *rinforzi negativi*, il ritiro di una punizione promessa quando c'è una riparazione al comportamento che l'aveva determinata o l'interruzione di un richiamo quando il comportamento diventa adeguato.

90) C. Il disturbo ciclotimico rientra nella categoria dei disturbi dell'umore e si caratterizza per un'alterazione dell'umore cronica, fluttuante, con numerosi periodi caratterizzati da sintomi ipomaniacali e altrettanto numerosi, ma brevi, periodi con sintomi depressivi.

91) B. A formulare la teoria del campo, nell'ambito dell'approccio proprio della Gestalt, è stato lo psicologo Kurt Lewin, il quale, partendo dai suoi studi sulle dinamiche di gruppo e sullo sviluppo delle organizzazioni, ha evidenziato come ciascun individuo, in ogni momento della propria vita, è incluso in un particolare campo psicologico, all'interno del quale agiscono forze molteplici e contrastanti che lo spingono nell'una o nell'altra direzione. In tale prospettiva, un comportamento va spiegato sempre in rapporto alla situazione in cui si verifica, nella relazione tra la persona che lo mette in atto e l'ambiente con cui interagisce in quel momento.

92) C. Con la sua teoria dell'apprendimento per prove ed errori, Edward Lee Thorndike ha dato un sostanziale contributo agli studi sul condizionamento operante teorizzato da Burrus F. Skinner. La sua teoria, nota anche come "connessionismo", si basa su un'idea di apprendimento che consiste nello stabilire *connessioni* tra stimoli e risposte, più precisamente, tra uno stimolo e le risposte più efficaci selezionate tra i molteplici altri tentativi possibili. Secondo lo studioso, tali connessioni hanno una forza più o meno intensa, la quale risiede nella probabilità che al presentarsi di quel determinato stimolo segua una risposta specifica. Riflettendo sulle caratteristiche di tale forza e sui fattori che ne possono determinare un incremento, Thorndike ha teorizzato due importanti leggi: 1) la *legge dell'effetto*, secondo la quale la forza della connessione aumenta quando una risposta determina un effetto positivo e diminuisce quando, al contrario, l'effetto determinato dalla risposta è negativo; 2) la *legge dell'esercizio*, secondo la quale la connessione tra stimolo e risposta diventa più forte con la ripetizione delle prove.

93) A. Il cognitivista Donald Broadbent, il primo a formulare il concetto di magazzini sensoriali della memoria successivamente sviluppato da John William Atkinson e Richard Shriffin, riprendendo un argomento che aveva avuto un grande rilievo fino alla prima guerra mondiale, condusse esperimenti sulla selettività della percezione. Secondo lo studioso, il sistema cognitivo degli esseri umani ha capacità limitate, per cui una persona non è in grado di far fronte a tutti gli stimoli che percepisce contemporaneamente, ma di seguire solo quelli che seleziona come rilevanti. Secondo Broadbent, dunque, l'attenzione selettiva riflette la capacità di un individuo di selezionare uno o più aspetti a cui prestare la sua attenzione tra le molteplici informazioni disponibili.

94) B. Il più noto test per la misurazione dell'intelligenza è stato elaborato nel 1905 dagli psicologi francesi Alfred Binet e Théodore Simon, per rispondere a una richiesta avanzata dal Ministero della Pubblica Istruzione francese interessato a individuare dei metodi che permettessero di supportare gli studenti parigini con un basso rendimento scolastico e, per tale ragione, ritenuti "subnormali". Per rispondere a una richiesta così specifica, i due psicologi elaborarono un test di 30 domande focalizzate su quegli aspetti cognitivi ritenuti centrali nell'apprendimento scolastico, come ad esempio l'attenzione, la memoria o la capacità di risolvere situazioni problematiche. Il risultato del test era un punteggio complessivo, ovvero un numero che costituiva la misura dell'intelligenza del soggetto al quale il test stesso era somministrato. Nel 1908 questa prima versione del test fu rivista sia nel numero delle domande, considerevolmente incrementato, sia nella loro organizzazione, poiché vennero raggruppate secondo dei livelli di età: ad esempio, nel livello corrispondente ai 6 anni erano raccolte delle prove superate dalla maggior parte dei bambini di quella età, e che per questo ne rappresentavano il livello "normale". Questa organizzazione fu molto importante, poiché permise di tradurre il punteggio ottenuto in un parametro che Binet e Simon chiamarono *età mentale*, cioè una misura delle abilità mentali di un individuo effettuata in base alle prestazioni medie di altri della stessa età cronologica. Un altro adattamento di questo strumento ci fu nel 1911 e portò a un ulteriore ampliamento delle domande e all'estensione della sua applicazione anche agli adulti. Negli anni successivi, il test elaborato da Binet e Simon ha goduto di grande fama e larghissima applicazione in tutto il mondo e, per questa ragione, è stato più volte rivisitato da altri studiosi, tuttavia i maggiori sviluppi di questo strumento si devono allo psicologo Lewis Madison Terman, il quale, presso la Stanford University, arrivò a una rielaborazione così significativa da diventare nota come Stanford-Binet, in cui per la prima volta venne applicato il concetto di Quoziente Intellettivo inteso come rapporto tra *età mentale* ed *età cronologica*.

95) B. Il quoziente di intelligenza, spesso abbreviato in QI, è una misura della generale capacità di attività intellettuale, proposta dallo psicologo Wiliam Stern agli inizi del Novecento, un periodo storico durante il quale il forte interesse della psicologia sperimentale verso il trattamento dei soggetti ritenuti "anormali" o "ritardati" aveva portato alla definizione e alle prime applicazioni del test di misurazione dell'intelligenza di Alfred Binet e di Théodore Simon. Sulla base della distinzione proposta proprio da Binet e Simon tra *età mentale* ed *età cronologica*, Stern definisce il QI come il numero ottenuto effettuando un preciso calcolo matematico: età mentale/età cronologica × 100, dove 100 è il punteggio medio ottenibile al test. Ad esempio, un bambino che ha un'età mentale di 10 anni e un'età cronologica di 8, avrà un QI di 125 (10/8 × 100).

96) E. I processi di ragionamento sono quell'insieme di processi mentali in cui vengono ricavate delle inferenze, in cui, cioè, a partire dalle conoscenze date, ne vengono elaborate di nuove. Le conoscenze date sono le premesse, quelle inferite sono le conclusioni del processo di ragionamento. Classicamente le inferenze si distinguono in deduzioni, induzioni ed abduzioni. Le deduzioni sono processi di ragionamento che, a partire da una o più premesse di ordine generale, giungono necessariamente a delle conclusioni definite "necessarie", nel senso che sono l'unico risultato logicamente deducibile dalle premesse. Un esempio di ragionamento deduttivo è il sillogismo, in cui si parte da due affermazioni (*premessa minore* e *premessa maggiore*), per dedurre l'unica conclusione possibile e necessaria, ad esempio:
Premessa maggiore: Toshio è giapponese
Premessa minore: Tutti i giapponesi sono dei grandi lavoratori
Conclusioni: Toshio è un gran lavoratore.

97) D. Un test psicologico è una misura obiettiva e standardizzata di un campione di comportamento. Tali strumenti possono essere raggruppati in diverse tipologie: questionari di personalità, tecniche proiettive, tecniche di valutazione delle funzioni cognitive, tecniche di valutazione del comportamento e tecniche neuropsicologiche.

98) D. La WAIS (*Wechsler Adult Intelligence Scale*) fu ideata da David Wechsler (1939) per misurare e valutare le capacità cognitive di un individuo. Questo strumento è una batteria di prove individuali, eterogenee, tarate in funzione dell'età cronologica, che affianca e in parte sostituisce il test di Binet e Simon e ha la doppia funzione di individuare il QI e il tipo d'intelligenza del soggetto cui è somministrato.

99) B. I test che misurano l'intelligenza sono destinati alla misurazione del livello intellettivo generale del soggetto e danno pertanto un unico punteggio, definito quoziente intellettivo (QI). Tale punteggio viene calcolato rifacendosi ad un valore centrale (la media) dei punteggi ottenuti dai soggetti appartenenti ad un campione omogeneo (campione di standardizzazione) rispetto alla popolazione per la quale il test è stato pensato. Questa procedura consente di determinare non solo la media del rendimento dei soggetti, ma anche le frequenze relative dei diversi gradi di deviazione. Nel caso dei test di intelligenza, il punteggio ottenuto da un soggetto è confrontato con il punteggio medio ottenuto da altri soggetti della stessa età cronologica.

100) B. L'autoefficacia o *self efficacy* è un costrutto elaborato dallo psicologo Albert Bandura. Può essere definita come le convinzioni che si hanno in merito alle proprie capacità, l'autoesame che ciascuna persona fa al fine di verificare le probabilità che ha per riuscire in un determinato compito. Secondo Albert Bandura, la *self efficacy* è caratterizzata dai seguenti aspetti: l'ampiezza (quanto si è competenti in un ambito), la forza (la capacità di risollevarsi dopo un insuccesso), la generalizzabilità (il numero degli ambiti nei quali ci si sente competenti).

101) B. La fuga delle idee è un disturbo formale del pensiero. Il soggetto è pervaso da una profusione di idee che non riesce a controllare, perché queste fioriscono per via associativa a getto continuo e con un ritmo frenetico che si evidenzia anche nel linguaggio.

102) D. Il test di Corsi è una prova che valuta la memoria a breve termine (MBT) nel campo visuo-spaziale utilizzando del materiale non-verbale costituito da una tavoletta di legno su cui sono irregolarmente disposti nove cubetti: l'esaminatore tocca sequenze composte da un numero crescente di cubetti e il soggetto deve riprodurle, rispettando l'ordine di presentazione.

103) B. Il comportamentismo è un orientamento della psicologia focalizzato sullo studio dell'apprendimento che nasce agli inizi del 1900, in aperta contrapposizione alle due scuole più importanti dell'epoca: lo strutturalismo ed il funzionalismo ed ai rispettivi oggetti di studio, la struttura e le funzioni della mente. La premessa teorica del comportamentismo risiede nella convinzione che la spiegazione dei fenomeni psichici di ogni organismo animale, compreso l'uomo, sia possibile esclusivamente osservando il comportamento manifesto.

104) D. Il test di Rorschach (1921), dal nome del suo ideatore, è un test proiettivo finalizzato all'indagine sulla personalità che consiste in 10 tavole con macchie d'inchiostro simmetriche: 5 grigio-nere con diverse sfumature, 2 grigio-rosse, 3 policrome. In particolare, questo test fornisce dati utili per quanto riguarda il funzionamento del pensiero, l'esame di realtà, il disagio affettivo e la capacità di rappresentazione corretta di sé e degli altri nelle relazioni.

105) C. Il feedback, all'interno del processo comunicativo, è la risposta di ritorno data al mittente dal ricevente, il quale in tal modo può a sua volta comunicare le impressioni che ciò che ha detto e fatto il mittente hanno prodotto in chi le ha ricevute. Nel farlo, può scegliere anche di utilizzare un canale di comunicazione diverso da quello usato dal mittente, per esempio rispondendo a un'affermazione con una espressione del volto o un atteggiamento del corpo. Con riferimento più specifico all'ambito educativo, il feedback è un'informazione di ritorno mediante la quale l'insegnante conferma o modifica il comportamento o la prestazione dell'allievo rispetto all'obiettivo atteso e precedentemente comunicato.

106) D. Skinner definisce il rinforzamento una legge dell'apprendimento empirico-probabilistica e non teorica, poiché derivata dagli studi sul campo di tipo sperimentale (in prospettiva comportamentista), mediante i quali i comportamenti o gli eventi oggetto di osservazione sono stati verificati. In effetti, mediante il rinforzamento aumenta la probabilità che un certo contenuto di apprendimento entri nel repertorio stabile del soggetto che apprende.

107) A. La legge del rinforzamento può sintetizzarsi in questo modo: quando, a seguito di uno stimolo (definito stimolo discriminante, poiché dà il via all'azione), la risposta emessa da un soggetto è seguita immediatamente da un evento o da una condizione ambientale per lui significativa, aumenta la probabilità che questa risposta venga ripetuta nuovamente ed entri stabilmente nel repertorio comportamentale della persona (conseguenza della risposta).

108) C. Quando la conseguenza di una risposta a uno stimolo è considerata dal soggetto come un evento positivo e/o significativo, si parla di *rinforzatore*; quando, invece, la conseguenza rappresenta per il soggetto un evento spiacevole o avversivo, si parla di *punizione*.

109) C. Si definisce "contingenza di rinforzamento" la situazione (o il processo di apprendimento) che include lo stimolo discriminante, la risposta e il rinforzatore.

110) A. Urie Bronfenbrenner (cfr. U. Bronfenbrenner, *Ecologia dello sviluppo umano*, Il Mulino, Bologna, 1986) ritiene che per comprendere lo sviluppo del soggetto sia indispensabile considerare il rapporto che ciascun individuo stabilisce con l'ambiente ecologico, inteso come un sistema complessivo dato dalla interconnessione tra i diversi contesti che influenzano il suo sviluppo, in cui può essere o meno direttamente coinvolto: ad esempio, la scuola, la famiglia e il gruppo dei pari, sono ambienti in cui il bambino è coinvolto in prima persona, diversamente, le condizioni di lavoro dei genitori, pur non coinvolgendolo in maniera diretta hanno comunque delle importanti ricadute sulla sua vita e, quindi, sul suo sviluppo.

111) B. Urie Bronfenbrenner, con il suo modello ecologico, intende l'ambiente di sviluppo del bambino come un sistema complesso costituito da sistemi più specifici in relazione tra loro secondo un modello di cerchi concentrici in cui, al centro, ci sono i *microsistemi*, cioè i contesti di attività, ruoli e relazioni che favoriscono, nella vita del bambino, il coinvolgimento di relazioni via via sempre più complesse (ne sono esempi la classe, la famiglia, il gruppo dei pari). L'insieme delle relazioni che legano più microsistemi costituisce il *mesosistema*, in cui il bambino vive e fa esperienze (ne è un esempio proprio la scuola, intesa come ambiente in cui entrano in relazione la famiglia, il gruppo degli amici, i docenti). Il mesosistema è a sua volta inscritto nell'*esosistema*, il quale si riferisce invece a situazioni in cui il soggetto non è direttamente coinvolto, ma da cui viene comunque influenzato (ne è un esempio la condizione lavorativa dei genitori). Ad abbracciare tutto c'è infine il *macrosistema*, che costituisce la situazione culturale complessiva (ne sono un esempio le politiche sociali ed economiche del paese in cui il bambino vive così come anche le tradizioni culturali che lo caratterizzano).

112) B. La lateralizzazione è il processo attraverso il quale nell'individuo si stabilisce la lateralità, ovvero la dominanza emisferica laterale che lo porterà ad avere o la parte destra o la parte sinistra del corpo prevalente sull'altra, cioè dotata di maggiore forza, tono e abilità. Il processo di lateralizzazione, che presuppone la scoperta, da parte del bambino, dell'esistenza di un asse corporeo che divide il suo corpo in due metà simmetriche, interconnesse e in equilibrio, è fondamentale nel quadro del suo sviluppo corporeo e mentale poiché influisce su fondamentali funzioni e capacità, come ad esempio l'orientamento nello spazio, il linguaggio, la scrittura, la lettura e il disegno.

113) C. L'*Infant Research* è uno specifico filone di ricerca sullo sviluppo psichico infantile che focalizza la propria attenzione sulle origini e lo sviluppo dell'intersoggettività, soffermandosi, in particolar modo, non sugli stadi dello sviluppo cognitivo, bensì sull'acquisizione delle abilità sociali e sulle interazioni tra individuo e ambiente, inteso come contesto evolutivo. Tra gli studiosi che hanno dato un contributo significativo in questo ambito c'è Daniel Stern, il quale, coniugando i paradigmi scientifici di osservazione e pratica terapeutica, intende lo sviluppo come un processo di costruzione continua basato sulla relazione. Secondo Stern, il bambino possiede, sin dalla nascita, un *Sé emergente*, che si definisce attraverso un percorso in cui le relazioni possono essere un fattore facilitatore o, al contrario, di ostacolo, ma comunque sempre fondamentali. Tale Sé assume progressiva centralità nella percezione di se stesso e acquisisce la consapevolezza di essere diverso dall'altro fino a concepire la differenza tra la propria realtà soggettiva e quella degli altri, in un processo in cui la relazione e l'interazione con l'altro, in particolare le figure di riferimento primario, sono fondamentali per affrontare la sintonizzazione emotiva di cui il bambino ha bisogno per sostenere proprio il divario che comincia a percepire tra il suo Sé e quello altrui.

114) A. Il saggio *Democrazia ed educazione*, pubblicato nel 1916, è considerato uno dei più significativi di John Dewey, in cui l'autore descrive chiaramente la sua visione della democrazia, intesa non tanto e non solo come una forma di governo, ma come un modo di concepire la vita individuale e sociale affinché ciascuno possa esprimersi e realizzarsi al meglio secondo le sue attitudini e apportare quel contributo personale, sempre significativo, di cui la democrazia stessa necessita per esistere. In questa prospettiva di stretta relazione tra persone, attive in una comunità che è di tutti e costruita da tutti, la comunicazione assume, secondo lo studioso, un ruolo fondamentale, poiché permette agli individui di scambiarsi esperienze e di moltiplicare le proprie conoscenze e si pone, dunque, non solo come uno strumento utile alle persone per offrire il proprio contributo alla società, ma anche come una forma di educazione irrinunciabile. L'educazione quindi, per Dewey, non è solo un processo individuale, ma anche collettivo, nel quale una società sceglie di fare conquiste e progressi positivi, accantona gli aspetti negativi e tramanda un impianto conoscitivo. Su queste premesse, il rapporto essenziale e sinergico che esiste tra democrazia ed educazione si traduce concretamente nell'interazione tra scuola e società democratica, poiché la scuola si profila come quell'ambiente educativo che funge da ponte tra la famiglia, in cui il bambino è inizialmente accolto e svolge le sue prime esperienze, e la società, nella quale l'adulto sperimenterà la vita in tutti i suoi aspetti.

115) B. In psicologia comportamentale la tecnica dell'Analisi Funzionale permette di ottenere una visione oggettiva del contesto in cui si manifesta il comportamento problema e da cui si possono desumere i motivi che lo scatenano e le conseguenze che tale comportamento innesca nell'ambiente circostante.

116) A. Le prime relazioni che il bambino instaura sono di tipo *diadico*. *Diade*, dal tardo latino *dyas*, che significa "due", è un termine psicoanalitico introdotto da René Spitz per indicare la relazione tra madre e figlio nei primi anni di vita. Il neonato vive, infatti, con la madre una relazione simbiotica in cui vi è una trasmissione non mediata della condizione emotiva di quest'ultima. La madre diviene la chiave di lettura della realtà, capace di influenzare ogni azione. È questo un momento di passaggio necessario nel processo di maturazione psicologica del bambino, dal momento che egli è incapace di provvedere a se stesso.

117) C. Piaget si è interessato dei processi che determinano lo sviluppo cognitivo e di come il bambino acquisisce i concetti di tempo, spazio e casualità, ponendo attenzione al rapporto che si crea tra il soggetto pensante e gli oggetti che fanno parte della sua esperienza e dei suoi cambiamenti nel tempo.

118) D. Il concetto di Attenzione Condivisa si riferisce all'insieme delle condotte volte ad ottenere e condividere l'attenzione di un'altra persona su uno stesso oggetto o evento. L'Attenzione Condivisa è considerata un precursore della teoria della mente e i comportamenti che la caratterizzano includono lo sguardo referenziale e gesti quali il dare, mostrare, indicare con il dito, che compaiono nel bambino tra i 9 e i 14 mesi di età. Tali comportamenti si verificano con minore frequenza nei bambini con autismo tanto che proprio l'assenza o la bassa frequenza di Attenzione Condivisa è stata associata a casi di autismo.

119) C. Nei suoi studi sullo sviluppo umano, Erik Erikson focalizza il proprio interesse sull'interazione tra individuo e ambiente, al punto da definire "psicosociali" gli stadi di sviluppo che individua lungo l'intero corso della vita umana. In questa prospettiva, lo scopo fondamentale dell'uomo è la ricerca di una propria identità che, pur variando nel tempo, è caratterizzata da un bisogno di coerenza dell'Io, tale da permettergli un rapporto valido e creativo con l'ambiente sociale. Secondo Erikson, lungo il proprio ciclo vitale, l'individuo passa attraverso una serie di tappe evolutive (stadi) in cui deve superare un momento critico, perché ci sia un buon sviluppo. Ciascuno di questi stadi può avere un esito positivo, cioè una *conquista*, o un esito negativo, cioè un *fallimento*. Durante l'adolescenza, la conquista è rappresentata dalla definizione della propria identità, al contrario, il fallimento si manifesta nella dispersione (o confusione) dei ruoli. In questo delicato stadio dello sviluppo, infatti, si verificano importanti cambiamenti fisici che inducono l'individuo a mettere in discussione la propria identità per svilupparne una nuova e definitiva. L'adolescente fa esperienze significative in grado di affrancarlo dalla famiglia, come ad esempio lo sviluppo delle prime forti passioni, l'emergere delle attitudini innate, la possibilità di ricoprire in prima persona dei ruoli sociali. Esperienze importanti per lo sviluppo e la definizione della sua identità, che tuttavia lo espongono al rischio di disperdersi nella ricerca di modelli in cui identificarsi per incapacità di definirne una propria.

120) E. Secondo Lev Vygotskij, quando si osserva il grado di maturazione cognitiva di un bambino, oltre a rilevare ciò che riesce a fare autonomamente per ricavarne informazioni sul suo livello di sviluppo reale, occorre porre attenzione a quella che lo studioso definisce "zona di sviluppo prossimale", cioè a quella condizione cognitiva entro cui un individuo riesce a svolgere compiti nuovi (e che non riuscirebbe a svolgere da solo), grazie al supporto e alla mediazione comunicativa con adulti o pari più competenti e disponibili. In pratica, secondo Vygotskij, il processo di sviluppo cognitivo avviene attraverso il passaggio da uno stadio di sviluppo ad un altro, quando l'individuo si avvicina allo stadio successivo, la guida – intesa appunto come supporto – di un adulto o di un pari più competente lo può facilitare nella "conquista" del nuovo stadio.

121) E. W. Donald Winnicott ha introdotto il concetto di oggetto transizionale per indicare un oggetto materiale che il bambino, tra i 4 e i 12 mesi, tiene sempre con sé per addormentarsi e che gli consente, nel momento in cui comincia a percepire di non essere un tutt'uno con la mamma, di affrontare il passaggio dal mondo interno al mondo esterno attraverso una zona intermedia, quella rappresentata dall'oggetto stesso e dai suoi odori familiari che appartengono un po' al bambino e un po' alla mamma.

122) C. I meccanismi di difesa sono, secondo Freud, quelle misure estreme che talvolta l'Io deve adottare per ridurre la pressione di un'angoscia eccessiva dovuta a particolari situazioni o stati d'animo, e così proteggersi. Tra questi, rientra la *rimozione*, uno strumento inconscio volto a proteggere l'Io da quegli impulsi dell'Es che sarebbero inaccettabili per l'Io stesso. Un esempio può essere la rimozione di un sentimento come l'odio o di una emozione come il disgusto verso un genitore, perché sentiti come inaccettabili dall'Io sia per l'educazione ricevuta da quello stesso genitore sia per l'influsso della cultura e della società.

123) C. Secondo Erikson lo sviluppo psicosociale progredisce secondo il principio epigenetico, che lo studioso prende in prestito dallo sviluppo fetale. Al pari del feto, infatti, la personalità diventa sempre più differenziata e organizzata gerarchicamente man mano che si dischiude in un particolare ambiente, da cui riceve forma. Secondo la prospettiva psicosociale, la maturazione fisica ha ripercussioni personali e sociali. La maturazione porta con sé nuove abilità, che aprono nuove possibilità per il bambino ma che aumentano anche la richiesta che la società gli fa. Si può, quindi, parlare di "adeguamento" tra il bambino e la cultura in cui vive.

124) A. I neuroni specchio sono una particolare classe di neuroni individuati nei primati, in alcuni uccelli e nell'uomo, che si attivano sia quando si compie un'azione sia quando la si osserva mentre la compie un altro individuo. La loro scoperta, effettuata da un gruppo di ricercatori italiani alla fine degli anni '90, si è rivelata da subito in tutta la sua importanza, largamente riconosciuta dalla comunità scientifica, per le sue potenzialità di applicazione nell'ambito degli studi sull'apprendimento, sull'acquisizione del linguaggio e sulla capacità umana di interagire con altri individui nell'ambiente e di comprenderne e condividerne empaticamente stati d'animo ed emozioni.

125) E. La teoria sull'acquisizione del linguaggio elaborata da Noam Chomsky rientra nell'approccio dell'innatismo poiché si basa sull'idea secondo cui lo sviluppo del linguaggio dipende da un dispositivo cognitivo innato (*Language Acquisition Device*, LAD) che si attiva però solo a contatto con l'ambiente. La facoltà di linguaggio, dunque, è innata nell'essere umano, che possiede dalla nascita un certo numero di conoscenze attraverso le quali può apprendere le regole grammaticali di una lingua. Tale facoltà, tuttavia, è in grado si svilupparsi solo a contatto con un determinato ambiente, in cui il parlante può costruire attivamente la propria esperienza linguistica a contatto con la lingua parlata dalle persone che lo abitano.

126) C. Sono eventi che soddisfano i bisogni primari dell'individuo: il cibo per l'affamato, l'acqua per l'assetato, ecc. Questi condizionano la risposta da cui dipendono e non sono frutto di apprendimento.

127) C. Il feedback può avere la funzione di informazione di ritorno che permette di acquisire conoscenza delle conseguenze prodotte da un comportamento emesso. Il sorriso e l'affetto sono potenti rinforzatori sociali, mentre i gettoni rientrano nella classe dei rinforzatori simbolici.

Questionario 2
Empatia e intelligenza emotiva

1) Chi è l'autore della teoria delle intelligenze multiple?
A. Howard Gardner
B. Alexander Lowen
C. Daniel N. Stern
D. Thomas Gordon
E. Sándor Ferenczi

2) Nella teoria delle intelligenze multiple, Howard Gardner definisce l'intelligenza di chi sa spiegare, insegnare e apprendere verbalmente, nonché convincere gli altri:
A. semantica
B. intrapersonale
C. cinestetica
D. linguistico-verbale
E. persuasiva

3) Quale tipo di intelligenza si manifesta con l'uso del corpo per apprendere, manipolare ed esprimersi?
A. Intelligenza corporeo-cinestetica
B. Intelligenza intrapersonale
C. Intelligenza logico-matematica
D. Intelligenza verbale
E. Intelligenza operatoria

4) La teoria del feedback periferico di James sosteneva che la causa dell'emozione è:
A. la sensazione emozionale
B. una causa esterna al soggetto
C. la valutazione cognitiva dello stimolo
D. l'attivazione fisiologica
E. la percezione dello stimolo

5) Cosa si intende per intelligenza fluida?
A. Un tipo di intelligenza che segue l'andamento della crescita biologica
B. Un tipo di intelligenza legata a fattori esperienziali

C. Un tipo di intelligenza influenzata da fattori ambientali
D. Un tipo di intelligenza legata al contesto
E. Un tipo di intelligenza adatta a particolari domini di conoscenza

6) Cosa si intende con il termine *arousal*?
A. La valenza delle emozioni
B. L'attenzione sostenuta
C. Il grado di attivazione fisiologica delle emozioni
D. L'assenza di emozioni
E. La capacità di gestire le emozioni

7) Cosa sono le unità di azione secondo Ekman e Friesen?
A. Movimenti muscolari caratteristici del volto umano
B. Stereotipie
C. Schemi comportamentali che si ripetono più volte nel corso della vita di un individuo
D. Tecniche di attivazione delle emozioni
E. Nessuna risposta è corretta

8) Qual è l'opera di Darwin relativa alle emozioni?
A. *L'intelligenza emotiva*
B. *L'espressione delle emozioni nell'uomo e negli animali*
C. *L'arte di amare*
D. *L'origine dell'uomo e la selezione sessuale*
E. *L'origine dell'uomo*

9) Su quale o quali canali del comportamento non verbale agiscono maggiormente l'influenza sociale e le regole di esibizione delle emozioni?
A. Sullo sguardo
B. Sui gesti
C. Sull'espressione facciale
D. Sull'intonazione della voce
E. Sui movimenti del corpo nello spazio

10) Il *Facial Action Coding System* fu inventato da:
A. Arnold
B. Ekman e Friesen
C. Newman
D. Cannon
E. LeDoux

11) **La teoria triangolare dell'amore, elaborata da Robert J. Sternberg, prevede che l'amore sia costituito dalle seguenti componenti:**
A. libertà individuale, passione, cooperazione
B. intimità, cooperazione, fedeltà
C. rispetto, intimità, impegno
D. intimità, passione, impegno
E. intesa, cooperazione, impegno

12) **Una motivazione intrinseca:**
A. ci porta a intraprendere azioni mirate a ottenere una gratificazione
B. ci porta a intraprendere azioni che non richiedono il supporto altrui
C. ci porta a intraprendere azioni di per sé gratificanti
D. ci porta a fare qualcosa per gli altri spinti dal bisogno di aiutarli
E. nessuna risposta è corretta

13) **La motivazione all'avvicinamento:**
A. è una naturale tendenza ad avvicinare altri individui allo scopo di socializzare
B. è una motivazione che ci porta ad aiutare le persone in difficoltà
C. è una motivazione a sperimentare esiti positivi
D. è una tendenza a non sperimentare esiti negativi
E. è una motivazione ad evitare situazioni di rischio

14) **Chi è l'autore del saggio *Emotional Intelligence*?**
A. Howard Gardner
B. Sigmund Freud
C. Daniel Goleman
D. Robert J. Sternberg
E. Paul Ekman

15) **Secondo il rapporto del "National Center for Clinical Infant Programs" citato da Daniel Goleman in *Emotional Intelligence*, per poter apprendere in maniera efficace il bambino deve aver sviluppato:**
A. sfiducia, curiosità, intenzionalità, entusiasmo, autocontrollo, connessione con gli altri, capacità di comunicare
B. fiducia, allegria, autocontrollo, connessione con gli altri, incapacità di comunicare, capacità di cooperare
C. fiducia, disincanto, connessione con gli altri, capacità di comunicare, capacità di cooperare
D. fiducia, curiosità, intenzionalità, autocontrollo, connessione con gli altri, capacità di comunicare, capacità di cooperare
E. fiducia, curiosità, intenzionalità, autocontrollo, connessione con gli altri, pessimismo, capacità di cooperare

16) Indicare le tre abilità fondamentali dell'intelligenza emotiva secondo Daniel Goleman:
A. indipendenza, autonomia, ascolto passivo dell'altro
B. egocentrismo, inquietudine, dispatia
C. autoconsapevolezza, autocontrollo, empatia
D. individualismo, spirito critico, socializzazione
E. inconsapevolezza, intraprendenza, autoreferenza

17) Chi ha parlato di intelligenza ecologica?
A. Daniel Goleman
B. Erik Erikson
C. Howard Gardner
D. Otto Gross
E. Robert Johnson

18) Qual è lo studioso che ha messo a punto un modo per valutare il Quoziente Emotivo?
A. Daniel Goleman
B. Phillip Shaver
C. Reuven Bar-On
D. Giacomo Rizzolatti
E. Peter Salovey

19) Un insegnante dimostra competenze nell'ambito dell'empatia quando è capace di:
A. riconoscere e comprendere i disagi dei suoi alunni e di valorizzare le risorse di cui sono portatori
B. ignorare i disagi dei suoi alunni e proseguire con il programma
C. valorizzare i risultati raggiunti dai suoi alunni mediante un sistema di premi e di punizioni
D. valorizzare le risorse di cui gli alunni sono portatori se sono in linea con il programma da seguire
E. valorizzare le risorse di cui gli alunni sono portatori in base alla loro classe sociale di appartenenza

20) Secondo le teorie dell'*appraisal*:
A. le emozioni costituiscono una risposta immediata e automatica a determinati stimoli e si verificano senza la mediazione di un'attività di conoscenza e valutazione della situazione
B. i processi cognitivi non interferiscono con quelli emotivi
C. la componente valutativa nei processi emotivi è di scarsa importanza

D. le emozioni dipendono dal modo con cui gli individui valutano e interpretano gli stimoli del loro ambiente
E. le emozioni dipendono dagli accadimenti in sé e non da come essi vengono percepiti

21) Quali tra queste non sono, secondo Phillip Shaver, tra le reazioni a uno stato emotivo?
A. Topologiche
B. Cognitive
C. Verbali
D. Irrazionali
E. Fisiologiche interne

22) Il principio dell'antitesi rientra nella teoria delle emozioni elaborata da:
A. Phillip Shaver
B. Howard Gardner
C. Daniel Goleman
D. Walter B. Cannon
E. Charles Darwin

23) La teoria del juke-box emotivo è altrimenti detta:
A. teoria dei due fattori
B. teoria periferica delle emozioni
C. teoria del senso comune
D. teoria triangolare dell'amore
E. teoria centrale delle emozioni

24) La teoria centrale delle emozioni fu elaborata da:
A. Erik Erikson
B. Walter B. Cannon e Philip Bard
C. Charles Darwin
D. William James e Car Lange
E. nessuno di quelli indicati

25) Quando nel bambino si svilupperebbe, secondo la teoria di L. Alan Sroufe, il sistema che lo studioso definisce di "circospezione-paura"?
A. Dopo il terzo mese di vita
B. Dopo il primo anno di vita
C. Dopo il quarto mese di vita
D. Dal decimo mese di vita
E. Sin dai primi giorni di vita

26) Cosa sostiene la teoria differenziale di Izard?
A. Le emozioni derivano dall'attivazione del talamo
B. Le emozioni non possono essere considerate universali
C. Le emozioni derivano da attivazioni fisiologiche
D. Non è possibile classificare le emozioni
E. Le emozioni sono innate

27) Che cosa è la *Toronto Alexithymia Scale*?
A. Un test finalizzato a individuare eventuali disturbi dell'attenzione
B. Un test per misurare il quoziente intellettivo
C. Un test per rilevare la capacità di apprendimento
D. Un test relativo a deficit dell'intelligenza emotiva
E. Un test relativo a individuare disturbi della personalità

28) Il contagio emotivo:
A. è una caratteristica delle interazioni interpersonali con effetti positivi
B. è una caratteristica delle interazioni interpersonali con effetti negativi
C. è una caratteristica di ogni interazione umana
D. è una caratteristica delle interazioni interpersonali alla base di sentimenti come la simpatia o il fascino
E. non è nulla di quanto esposto nelle ipotesi precedenti

29) Chi è l'autore dell'opera *Il cervello emotivo*?
A. Robert Plutchik
B. Magda Arnold
C. Carl Rogers
D. Joseph LeDoux
E. Paul Ekman

30) Il provare emozioni provoca nell'individuo dei cambiamenti a livello:
A. cognitivo
B. espressivo
C. fisiologico
D. funzionale
E. fisiologico, espressivo e cognitivo

31) La capacità di esprimere i propri sentimenti rientra nel seguente repertorio di abilità:
A. gratificazione
B. sensibilità
C. autoaffermazione
D. autoespressione
E. comunicazione

32) Il termine inglese mediante il quale viene indicata la capacità di far leva sulle risorse personali e ambientali al fine di perseguire l'autodeterminazione è:
A. empowerment
B. arousal
C. agentivity
D. effectiveness
E. self efficacy

33) Con il termine "empatia", Carl Rogers indica la capacità di utilizzare gli strumenti della comunicazione verbale e non verbale per:
A. non mettersi nei panni dell'altro, mantenendo autonomia di giudizio rispetto al suo mondo soggettivo
B. mettersi nei panni dell'altro, identificandosi parzialmente nel suo mondo oggettivo nel contesto di una mancanza di accettazione
C. mettersi nei panni dell'altro, identificandosi totalmente nel suo mondo soggettivo, nel contesto di un'accettazione autentica ma giudicante
D. mettersi nei panni dell'altro, identificandosi parzialmente nel suo mondo soggettivo, nel contesto di un'accettazione autentica e non giudicante
E. mettersi nei panni dell'altro, identificandosi totalmente nel suo mondo soggettivo, nel contesto di un'accettazione autentica e non giudicante

34) Cosa si intende per "dissemia"?
A. La capacità di apprendere in modo automatico i messaggi non verbali
B. L'incapacità di apprendere i messaggi non verbali
C. L'incapacità di pronunciare correttamente le parole
D. La capacità di apprendere in modo automatico i messaggi verbali
E. L'incapacità di apprendere i messaggi verbali

35) Secondo Martin Hoffman, l'empatia si sviluppa in modo naturale a partire:
A. dallo sviluppo delle capacità logico-cognitive, verso i 7-8 anni
B. dall'età adulta
C. dall'adolescenza
D. dalla giovinezza
E. dall'infanzia

36) Secondo Jerome Bruner, nelle esperienze formative le emozioni sono un fattore:
A. cruciale, perché possono agevolare oppure ostacolare l'apprendimento
B. esterno, perché non riguardano affatto il processo di apprendimento
C. cruciale, da limitare per non compromettere il processo di apprendimento
D. cruciale, perché possono solo agevolare il processo di apprendimento, senza mai ostacolarlo
E. superfluo nel processo di apprendimento

37) Quando lo stile induttivo si basa soprattutto sull'empatia, ha particolare importanza:
A. la considerazione degli effetti del proprio comportamento su se stessi
B. la considerazione degli effetti del proprio comportamento sulle altre persone
C. la considerazione degli effetti del proprio comportamento solo sulla propria famiglia
D. ignorare gli effetti del proprio comportamento sugli altri
E. ignorare gli effetti del proprio comportamento su se stessi

38) Aiutare, collaborare, condividere le risorse, nell'ambito delle ricerche su empatia e intelligenza emotiva, vengono definiti comportamenti:
A. emotivi
B. asociali
C. restrittivi
D. prosociali
E. competitivi

39) Con il termine "resilienza" si intende la capacità di una persona di:
A. non considerare le difficoltà della vita, delegandole agli altri
B. guardare con sufficienza le difficoltà della vita
C. opporsi alle difficoltà della vita lasciandosene travolgere
D. resistere alle difficoltà della vita imparando a ignorarle
E. resistere alle difficoltà della vita senza farsene travolgere

40) L'ascolto attivo è un modello di comunicazione che implica:
A. l'ascolto e l'attenzione sulle emozioni dell'altro
B. l'ascolto e l'interpretazione clinica delle emozioni dell'altro
C. l'elargire consigli su quello che l'altro sta provando
D. l'ironizzare, togliendo attenzione all'emozione dell'altro
E. il dare spiegazioni logiche e razionali a fenomeni emotivi

Risposte commentate

1) **A.** Nel volume *Formae Mentis. Saggio sulla pluralità dell'intelligenza*, pubblicato per la prima volta nel 1983, Howard Gardner, docente di Scienze cognitive e dell'educazione e di Psicologia alla Harward University, ha esposto organicamente la sua teoria delle intelligenze multiple, secondo la quale, nello studio intorno all'intelligenza umana non è possibile fare riferimento a un modello generale che la riconduca a un grado da misurare attraverso test verbali, ma piuttosto è necessario ampliare e riformulare l'opinione intorno al concetto stesso di intelletto umano, esaminando anche la pluralità e la diversità delle abilità proprie dell'uomo in quanto espressione di diversi tipi di intelligenza – le *formae mentis* – che insieme vanno a comporre un modello di intelligenza "multiplo". Come lui stesso chiarisce nel suo testo, "*l'esatta natura ed estensione di ciascuna forma intellettiva non è stata finora spiegata in modo soddisfacente, né è stato fissato il numero preciso di intelligenze. Sembra però sempre più difficile contestare la convinzione che esistano almeno alcune intelligenze, che queste siano relativamente indipendenti l'una dall'altra e che possano essere plasmate e combinate da individui e culture in una varietà di modi adattivi*". Sulla base di queste premesse, che lasciano quindi ampi orizzonti allo studio delle intelligenze umane, descrive quelle che, a suo avviso, presentano un certo numero di elementi caratterizzanti: 1) l'intelligenza *linguistica*; 2) l'intelligenza *musicale*; 3) l'intelligenza *logico-matematica*; 4) l'intelligenza *spaziale*; 5) l'intelligenza *corporeo-cinestetica*; e, infine, ma non di minore importanza, 6) due tipi di intelligenza *personale*, distinti in intelligenza *intrapersonale*, che Gardner riconduce alla capacità di accedere all'ambito dei propri affetti e delle proprie emozioni, per riconoscerli, classificarli e utilizzarli come strumenti per comprendere e guidare il proprio comportamento, e in intelligenza *interpersonale*, che riconduce invece alla capacità di rilevare e comprendere gli stati d'animo, le emozioni, le intenzioni delle altre persone. A dimostrazione che gli orizzonti degli studi intorno all'intelletto umano restano ampi e ancora tutti da indagare, nel 1999 Gardner pubblica *Intelligence Reframed: Multiple Intelligences for the 21st Century*, in cui descrive altri due tipi di intelligenza: l'intelligenza *naturalistica*, legata alla capacità di riconoscere, ordinare e categorizzare le realtà naturali, propria ad esempio dei biologi; l'intelligenza *esistenziale*, che si riferisce appunto alla capacità di individuare e valutare le questioni fondamentali dell'esistenza, di porsi interrogativi circa il senso profondo della vita o il significato della morte, propria dei leader spirituali, dei filosofi e dei pensatori.

2) **D.** Tra i diversi tipi di intelligenza che Howard Gardner descrive nel testo *Formae mentis. Saggio sulla pluralità dell'intelligenza*, c'è quella che lui stesso definisce "intelligenza linguistico-verbale", la quale si riferisce all'abilità di padroneggiare le operazioni centrali del linguaggio, quindi la capacità di muoversi con facilità tra significati e suoni delle parole e tra le strutture in cui queste si organizzano negli elementi più complessi rappresentati da frasi o periodi, così come la consapevolezza in merito alla funzione pragmatica del linguaggio stesso e alle sue potenzialità per riflettere sulla propria natura e i suoi processi, per spiegare, insegnare o apprendere, per ricordare informazioni, per convincere gli altri a seguire una particolare linea d'azione. L'intelligenza linguistico-verbale è, come spiega lo stesso Gardner, quella "*che sembra più ampiamente condivisa dagli esseri umani*", sebbene alcuni, quali ad esempio i poeti, gli scrittori, i narratori in genere, sembrino *"semplicemente aver sviluppato a un grado superlativamente acuto capacità che sono alla portatata di tutte le persone normali"*.

3) A. Tra i diversi tipi di intelligenza che Howard Gardner descrive nel testo *Formae mentis. Saggio sulla pluralità dell'intelligenza*, c'è anche quella che lui stesso definisce *"intelligenza corporeo-cinestetica"*, la quale si riferisce alla *"capacità di usare il proprio corpo in modi molto differenziati ed abili, per fini espressivi oltre che concreti"*, così come alla *"capacità di lavorare abilmente con oggetti, tanto quelli che implicano movimenti motori fini delle dita delle mani quanto quelli che richiedono movimenti motori grossolani del corpo"*. Questa forma di intelligenza che è, secondo Gardner, riconducibile dunque alle due fondamentali capacità di controllare i movimenti del corpo e di manipolare gli oggetti, è particolarmente sviluppata nei mimi, così come in attori, atleti o ballerini, tutte persone che hanno maturato una grande raffinatezza nel controllo dei movimenti, per usarla con finalità espressive. Ma l'intelligenza corporeo-cinestetica è anche presente nella sua massima espressione in tutte quelle persone – come ad esempio, i musicisti strumentisti, gli artigiani, o gli sportivi che usano particolari attrezzi come ad esempio le ginnaste di ritmica – che sono in grado di manipolare gli oggetti con finezza.

4) D. Secondo la *teoria del feedback periferico* di William James è l'attivazione fisiologica a determinare l'emozione e non viceversa: lo stimolo causa l'attivazione fisiologica e questa a sua volta determina l'emozione corrispondente. In tal senso, quindi, l'emozione rappresenta l'esperienza soggettiva della risposta fisiologica. Secondo James dunque, si ha paura perché si trema, nel senso che la paura sarebbe la sensazione provocata dall'accelerazione del battito cardiaco, dal respiro affannoso, dall'istinto a scappare o, al contrario, dalla immobilizzazione in presenza di un pericolo. Individuando l'origine stessa delle emozioni nel corpo, la teoria che James elabora insieme al collega e fisiologo Carl Lange alla fine dell'Ottocento, e nota come *teoria periferica delle emozioni*, rappresenta un vero e proprio ribaltamento della tradizionale concezione in merito alle emozioni, che vede invece nella mente il luogo da cui queste si originano.

5) A. A introdurre il concetto di *intelligenza fluida* è stato Raymond Bernard Cattell, descrivendola come la capacità di pensare logicamente e risolvere i problemi in situazioni nuove, indipendentemente dalle conoscenze acquisite. Si tratta di un tipo di intelligenza che segue l'andamento della crescita biologica del soggetto e si stabilizza in un arco di tempo che va dagli 11 ai 22 anni, dopo il quale comincia a decrescere. Altre caratteristiche che secondo Cattel contraddistinguono l'intelligenza fluida sono l'ereditarietà e l'aspecificità, cioè il suo legame con fattori biologici e la sua indipendenza da contesti culturali e scolastici, che la distinguono in maniera rilevante dal secondo tipo di intelligenza ipotizzato dallo studioso, e cioè l'*intelligenza cristallizzata*. Quest'ultima, infatti, è fortemente influenzata da fattori esperienziali e ambientali, è legata quindi ad abilità specifiche acquisite in particolari contesti e può essere intesa come l'insieme di abilità, strategie e conoscenze che rappresentano il livello di sviluppo cognitivo raggiunto da una persona lungo la sua storia di apprendimento. Si traduce dunque nella capacità di utilizzare competenze, conoscenze ed esperienze acquisite nel tempo e, proprio per questo suo stretto legame con l'apprendimento, il suo andamento procede nel verso esattamente opposto a quello dell'intelligenza fluida, poiché l'intelligenza cristallizzata vive il momento di maggiore accrescimento a partire dai 20 anni, proprio quando cioè la fluida raggiunge il suo massimo grado per poi iniziare a decrescere.

6) C. Prima Russell (1980), poi Watson e Tellegen (1985), nell'approccio allo studio delle esperienze emozionali, hanno proposto un modello di descrizione bidimensionale, in cui la prima dimensione è costituita dalla *valenza*, che esprime il punto in cui l'emozione si colloca lungo un continuum che va dalla piacevolezza alla spiacevolezza, la seconda è invece l'*arousal*, ovvero il grado di attivazione fisiologica, che esprime quanto un'esperienza sia intensa.

7) A. Gli studi di Paul Ekman e di Wallace V. Friesen sulla mimica facciale delle emozioni rappresentano un riferimento fondamentale nell'ambito della ricerca sulle emozioni umane, in quanto dimostrano, attraverso l'osservazione di un larghissimo numero di individui provenienti da contesti culturali plurali e profondamente diversi, che esistono alcune emozioni *universali*, comuni cioè a tutti gli esseri umani, che le persone esprimono mediante specifici movimenti del viso prodotti grazie ai muscoli facciali. Tali movimenti caratteristici del volto umano, che coinvolgono, tra gli altri, i muscoli intorno agli occhi, alle labbra o della fronte e che i due studiosi definiscono *Action Units*, cioè "unità di azione", possono combinarsi tra loro ed essere anche molto rapidi, manifestandosi sul volto per pochi millesimi di secondo. Sono tuttavia importantissimi, perché, se riconosciuti e correttamente identificati sono in grado di far comprendere l'emozione che una persona sta provando nel particolare momento in cui li produce. Secondo Ekman e Friesen ciascuna delle emozioni universali, felicità, tristezza, paura, rabbia, disgusto e sorpresa, comporta l'attivazione di particolari *Action Units* che sono appunto rivelatrici di quella specifica emozione: ad esempio, l'attivazione dei muscoli orbito-oculari, che provoca le rughette chiamate "zampe di gallina", caratterizza l'emozione della felicità, così come la contrazione dei muscoli al centro della fronte, che provoca il sollevamento e l'avvicinamento delle sopracciglia, caratterizza la paura.

8) B. Nel 1872, con la pubblicazione del testo dal titolo *L'espressione delle emozioni nell'uomo e negli animali*, Charles Darwin inquadra lo studio delle emozioni all'interno della sua teoria evoluzionistica, descrivendole come delle espressioni innate, frutto dell'evoluzione stessa, come dimostra il fatto che quelle caratteristiche della paura o della rabbia, ad esempio, si ritrovano invariate in uomini di diversa estrazione culturale o appartenenti a civiltà differenti. In questo testo, lo scienziato esprime anche la sua convinzione sul fatto che uomo e animali condividono alcune espressioni del volto e della postura, finalizzate a esternare il loro stato emozionale e a comunicare all'altro le loro intenzioni.

9) C. Come racconta lo stesso Paul Ekman nel suo libro dal titolo *Te lo leggo in faccia*, quando negli anni '60 del Novecento ha cominciato a riflettere e a fare ricerca sulle emozioni, e in particolare sulle loro espressioni facciali, uno dei primi problemi con cui ha dovuto confrontarsi riguardava la loro natura: "*le espressioni facciali sono universali, oppure, come il linguaggio, sono specifiche di ciascuna cultura?*" Fin dal primo momento, i risultati delle ricerche interculturali che aveva svolto sul campo avevano mostrato delle evidenze che lo avevano fatto propendere per la tesi universalistica, già sostenuta da Darwin nel suo testo del 1872 *L'espressione delle emozioni nell'uomo e negli animali*. Tuttavia l'idea dominante in quegli anni, in ambito sia antropologico sia psicologico, era che le espressioni facciali dovessero essere il frutto di un apprendimento strettamente legato all'ambiente nella sua dimensione sociale e quindi essere diverse in culture differenti. Tra gli studiosi più eminenti che sostenevano questa visione, c'era il noto antropologo Roy L. Birdwhistell, pupillo di Margaret Mead, il quale faceva notare che in molte culture le persone sorridevano quando erano tristi. È stato in questo contesto allora, che Ekman, per conciliare la scoperta sull'universalità delle espressioni facciali delle emozioni che si delineava sempre più chiaramente ai suoi occhi e a quelli del collega Wallace V. Friesen, ha elaborato per la prima volta il concetto di *regole di esibizione*, cioè delle regole che, come lui stesso ha spiegato, sono "*apprese socialmente, spesso variabili da cultura a cultura, riguardanti la gestione delle emozioni: chi può mostrare quale emozione a chi e quando. Sono, ad esempio, la ragione per cui nelle gare sportive lo sconfitto perlopiù non mostra la delusione e la tristezza che prova... e possono imporci di attenuare, accentuare, nascondere del tutto o camuffare l'espressione dell'emozione che proviamo*". Si tratta quindi di regole apprese nella cultura di appartenenza che, tra i diversi canali del linguaggio non verbale, agiscono principalmente sull'espressione facciale.

10) B. Il *Facial Action Coding System* è il metodo di lettura delle espressioni facciali elaborato da Paul Ekman e Wallace V. Friesen nel 1978 e poi aggiornato nel 2002. Si tratta di un sistema di codifica, di analisi e di misurazione dell'intensità delle espressioni facciali che i due autori hanno definito a partire dalle acquisizioni fatte in decenni di studio e osservazioni interculturali. Con la sua solida validità scientifica, questa sorta di atlante delle azioni muscolari del volto (*Action Units*), si è affermato non solo nell'ambito della ricerca sulle emozioni, ma anche in tutti quei settori in cui vi è la necessità di distinguere la verità dalla menzogna. È per questo che è ampiamente usato dall'FBI e da altri enti o apparati che si occupano di sicurezza nazionale o internazionale. Un esperto nel sistema FACS è in grado, con ottima probabilità di successo, di individuare una menzogna osservando le espressioni facciali di chi la sta esprimendo. Per avere maggiori possibilità di riuscita tuttavia è necessaria una grande esperienza, basata su studi solidi e strutturati, che consente a chi osserva di focalizzare l'attenzione su diversi elementi spesso combinati insieme in tempi molto brevi. Tra questi ce ne sono alcuni che hanno una particolare importanza. Il primo è l'*asimmetria*, dal momento che, eccetto il disprezzo, tutte le emozioni sincere sono simmetriche, sono cioè espresse su entrambi i lati del volto nello stesso modo e con la stessa intensità: le emozioni artefatte sono quindi più asimmetriche di quelle spontanee. Il secondo elemento da osservare per comprendere la sincerità di un'espressione facciale è l'attivazione di quelli che Ekman e Friesen definiscono i "*muscoli rivelatori*", cioè quei muscoli che si contraggono necessariamente quando l'emozione è sincera, come i muscoli intorno agli occhi nel caso della felicità o quelli intorno alle labbra che ne fanno abbassare gli angoli in caso di tristezza. Un altro aspetto principale da considerare è infine la *tempistica dell'espressione*: un'espressione che appare e scompare all'improvviso può far presupporre che non sia sincera; allo stesso tempo, quelle espressioni che appaiono o scompaiono gradualmente vanno attentamente osservate; in entrambi i casi, per poterne valutare l'affidabilità, la tempistica deve essere coerente con il contesto e l'andamento della conversazione.

11) D. Nella sua *teoria triangolare dell'amore* (*Triangular Theory of Love*), lo psicologo americano Robert J. Sternberg individua quelle che a suo avviso rappresentano le tre componenti basilari di questo sentimento: l'*intimità*, ovvero il fattore emotivo; la *passione*, ovvero il fattore motivazionale; l'*impegno*, ovvero il fattore cognitivo. Diversamente combinate, tali componenti creano sette tipologie di relazioni: la *simpatia*, quando si è in presenza della sola confidenza; l'*infatuazione*, tipica dell'amore a prima vista, quando si è in presenza della sola passione; l'*amore vuoto*, se prevale l'impegno a continuare la relazione, ma mancano le altre due componenti essenziali; l'*amore romantico*, quando si è in presenza di intimità e passione, ma non dell'impegno; l'*amore fatuo*, quando si è in presenza della passione e dell'impegno, ma non dell'intimità; il *sodalizio d'amore*, quando si è in presenza di intimità e impegno reciproco, ma senza passione; l'*amore perfetto o completo*, che rappresenta la relazione ideale perché le tre componenti sono tutte presenti e in equilibrio.

12) C. La motivazione, che può essere cosciente o inconscia, è quel fattore dinamico che *muove* l'individuo verso una meta, cioè il raggiungimento di un obiettivo, sia per soddisfare una privazione e ristabilire così un equilibrio che si percepisce alterato sia, al contrario, per attivare un cambiamento nell'equilibrio preesistente e *"tendere verso un equilibrio più stabile di quello anteriore"*, come descrive efficacemente, già nel 1964, Jean Piaget in *Lo sviluppo mentale del bambino e altri studi di psicologia*. Le classificazioni e le interpretazioni del concetto di motivazione sono molte e differiscono tra loro, ma è possibile fare una distinzione, che soprattutto in ambito scolastico è piuttosto condivisa e utilizzata, tra *motivazione estrinseca*, quella che deriva cioè da fattori esterni come i complimenti, i premi, o la minaccia di una punizione (quando ad esempio un alunno è spinto a svolgere un'attività per evitare un brutto voto o per avere delle lodi dall'insegnante), e *motivazione intrinseca*, che proviene invece da un bisogno interiore (ad esempio, realizzare qualcosa di creativo per il piacere di esprimersi). Questo secondo tipo di motivazione spinge dunque a compiere azioni di per sé gratificanti, cioè che sono esse stesse una ricompensa (come praticare uno sport per stare bene fisicamente o ascoltare della buona musica per rilassarsi) e, nello specifico dell'ambito scolastico, è quella che spinge l'alunno a impegnarsi in un'attività perché la trova stimolante e gratificante e perché prova soddisfazione nel sentirsi sempre più competente. A generare e muovere questo tipo di motivazione sono l'interesse, la curiosità, l'*effectance*, cioè il bisogno di avere padronanza delle situazioni e dell'ambiente circostante, così come l'autodeterminazione.

13) C. Nei processi motivazionali sono solitamente presenti due tendenze, una all'*avvicinamento*, che spinge verso quegli stimoli valutati *positivamente* e che cioè sono considerati benefici, piacevoli o desiderabili, e l'altra all'*allontanamento*, che, al contrario, spinge a evitare quegli stimoli valutati *negativamente* e che cioè sono considerati dannosi, spiacevoli o indesiderabili.

14) C. È il 1990 quando Peter Salovey e John D. Mayer parlano per la prima volta di *emotional intelligence*, ma solo nel 1995 questo nuovo concetto diventa il fulcro intorno al quale ruota la ricerca dello psicologo Daniel Goleman, finalizzata a trovare delle soluzioni per la crisi sociale dilagante negli Stati Uniti di fine millennio. Nel suo *Emotional intelligence. Why it can matter more than IQ* (*Intelligenza emotiva. Che cos'è e perché può renderci felici*, Bur 1996), rivoluziona l'idea classica di quoziente intellettivo e spiega il *perché* di un fatto che è ormai noto a tutti, e cioè che un alto QI non basta a garantire il successo o la felicità. L'interesse della sua intuizione non sta solo nell'aver individuato l'interconnessione profonda tra la mente razionale e la mente emotiva di ciascun individuo nella determinazione del proprio destino, e non tanto nell'aver definito le principali capacità dell'intelligenza emotiva, bensì nell'aver sottolineato che la *competenza emozionale* non è qualcosa di preesistente e predefinito, ma è una abilità che può essere sviluppata.

15) D. Nel testo *Emotional intelligence. Why it can matter more than IQ*, Daniel Goleman, convinto che la competenza emotiva sia un'abilità che può essere sviluppata e consapevole anche del ruolo fondamentale che questa ha sull'apprendimento dei bambini in tutti i contesti, dedica ampio spazio a quanto si può fare in tal senso durante l'infanzia, il momento in cui si ha la prima e più intensa opportunità di *"dar forma ai germi dell'intelligenza emotiva"*. Nel capitolo dal titolo *Il crogiolo familiare*, l'autore porta la riflessione sulla famiglia, che descrive come *"la prima scuola nella quale apprendiamo gli insegnamenti riguardanti la vita emotiva"*. È proprio *"nell'intimità familiare che impariamo come dobbiamo sentirci riguardo a noi stessi e quali saranno le reazioni degli altri ai nostri sentimenti; che cosa pensiamo su tali sentimenti e quali alternative abbiamo per reagire; come leggere ed esprimere speranze e paure"*. Scendendo poi nello specifico degli effetti di una intelligenza emotiva ben sviluppata sull'apprendimento scolastico, Goleman cita un rapporto del *National Center for Clinical Infant Programs* nel quale vengono elencati i sette ingredienti fondamentali necessari perché un bambino abbia la principale tra tutte le conoscenze, e cioè "sapere *come* imparare":1) la *fiducia*, intesa come la sensazione di avere più possibilità di riuscire che di fallire e di poter comunque contare sull'aiuto degli adulti; 2) la *curiosità*, intesa come una sensazione piacevole associata alla scoperta; 3) l'*intenzionalità*, intesa come la capacità di poter influire sul contesto e di poter perseverare nel raggiungimento di un obiettivo, capacità strettamente legata al senso di autoefficacia e all'autostima; 4) l'*autocontrollo*, intesa come la capacità di controllare il proprio comportamento e di adeguarlo alle situazioni in modo appropriato; 5) la *connessione*, intesa come la capacità di impegnarsi con gli altri perché in grado di comprenderli ed esserne compreso; 6) la *capacità di comunicare*, intesa come l'abilità, ma anche il desiderio, di condividere con gli altri, attraverso le parole, le proprie idee e i propri sentimenti; 7) la *capacità di cooperare*, intesa come la capacità di trovare un equilibrio tra le proprie esigenze e quelle degli altri nello svolgimento di un'attività comune.

16) C. Secondo Daniel Goleman, l'*"attenzione ai propri stati interiori"*, che lui stesso definisce "autoconsapevolezza", è la capacità che abbiamo di comprendere *quando* stiamo provando delle emozioni, osservandole mentre sono in atto grazie a un'attività neurale che, attivando anche le aree del linguaggio, ci consente di dar loro un nome. Come chiarisce lo stesso Goleman, *"questa consapevolezza è la competenza emozionale fondamentale sulla quale si basano tutte le altre, ad esempio l'autocontrollo"*, sebbene tenga anche a specificare che esiste una grossa differenza tra il riconoscere un'emozione mentre la stiamo provando ed essere in grado di non agire sotto il suo impulso, cioè, appunto, di autocontrollarci. L'autocontrollo, inteso anche come quella padronanza di noi stessi che ci consente di *"resistere alle tempeste emotive causate dalla sorte avversa senza essere schiavi delle passioni"*, è infatti, secondo Goleman, un'altra delle abilità fondamentali legate a un'intelligenza emotiva ben sviluppata. Emozioni positive ed emozioni negative sono ugualmente importanti nella nostra vita, tuttavia è altrettanto importante che siano *appropriate*, *"cioè che siano proporzionate alle circostanze"*. La capacità di autocontrollarci dunque si riferisce proprio all'attività, necessaria perché si stabilisca un equilibrio emotivo, di controllare le nostre emozioni senza lasciarcene travolgere e di riuscire a farlo non solo e non tanto quando queste sono meno intense, ma soprattutto quando ne siamo più coinvolti e quando sono più spiacevoli. Infine, ma non per ultimo, così come non è possibile autocontrollo senza autoconsapevolezza, questa è fondamentale anche per la terza tra le tre abilità fondamentali indicate da Goleman per una buona competenza emotiva, e cioè l'empatia: *"quanto più aperti siamo verso le nostre emozioni, tanto più abili saremo nel leggere i sentimenti altrui"*. La capacità empatica è quella che ci consente di comprendere cosa sta provando chi è con noi, entra in gioco in tutte le relazioni, non solo in quelle personali, e, come dimostrano test scientifici condotti su un campione internazionale di oltre 7000 persone, comporta diversi vantaggi, *"tra i quali una maggiore adeguatezza emotiva, simpatia, estroversione e una maggiore sensibilità"*. *Autoconsapevolezza*, *autocontrollo* ed *empatia* sono dunque le tre abilità che secondo Daniel Goleman costituiscono il presupposto di una buona competenza emotiva e, cosa fondamentale, non costituiscono un patrimonio immutabile ereditato geneticamente, ma si possono allenare fin da bambini e per tutta la vita.

17) A. Nel saggio del 2009 dal titolo *Ecological Intelligence*, Daniel Goleman affronta una riflessione su quella che lui stesso definisce "intelligenza ecologica", ovvero la capacità che abbiamo noi esseri umani di identificare le relazioni che ci legano all'ambiente, cogliendo anche le conseguenze del nostro comportamento e delle nostre scelte in termini di sostenibilità sull'intero sistema. Come l'intelligenza emotiva, anche l'intelligenza ecologica può, secondo Goleman, essere allenata, anzi, deve esserlo per il benessere del pianeta, poiché, oggi più che mai, questo è strettamente interconnesso in tutte le sue parti, per cui dobbiamo acquisire consapevolezza in merito alle ripercussioni delle scelte che compiamo e delle azioni in cui si traducono. Tuttavia, secondo l'autore, acquisire tale *consapevolezza* non è sufficiente: altrettanto fondamentale è *condividere* quanto si apprende in materia di ecologia poiché si tratta di un campo troppo vasto per essere percorso in solitudine; solo così sarà possibile *cooperare* e *favorire un cambiamento* che cominci da noi, ma sia anche inserito in una rete molto più ampia, appunto, planetaria.

18) C. Nel 1997 lo psicologo clinico Reuven Bar-On, originario di Tel Aviv, ha messo a punto, dopo diciassette anni di studi ed esperimenti che hanno coinvolto 85.000 persone di tutti i continenti, la nozione di *quoziente emotivo*, mediante la quale sarebbe possibile, appunto, misurare l'intelligenza emotiva, e più nello specifico il funzionamento e il comportamento emotivo e sociale. Il quoziente emotivo, così come inteso da Bar-On, va valutato tenendo in considerazione cinque aree, che si declinano in diverse capacità: 1) l'*area intrapersonale*, che riguarda cioè la nostra *autoconsapevolezza* e la nostra *capacità di esprimere noi stessi*, e coinvolge, tra le altre, abilità come comprendere e accettare noi stessi e le nostre emozioni, essere assertivi e indipendenti, individuare i nostri obiettivi e perseguirli; 2) l'*area interpersonale*, che riguarda cioè la nostra *consapevolezza sociale* e la nostra *capacità di relazione*, e coinvolge dunque la capacità empatica, la capacità di collaborare efficacemente con gli altri e di stabilire con questi delle relazioni soddisfacenti; 3) l'*area della gestione dello stress*, che riguarda cioè la nostra capacità di *tollerare lo stress* e di *controllare gli impulsi*, e coinvolge dunque la nostra capacità di gestire le emozioni e di controllare gli impulsi che generano quando sono molto intense; 4) l'*area dell'adattabilità*, che riguarda la nostra *capacità di gestire il cambiamento*, e coinvolge la capacità di confrontare i nostri pensieri e sentimenti con la realtà, di adattarli alle situazioni nuove con flessibilità, e di risolvere i problemi sia di natura personale sia di natura interpersonale; 5) l'*area dell'umore generale*, che riguarda la nostra *capacità di automotivarci*, e coinvolge la nostra abilità nel guardare alla vita con ottimismo e di essere felici.

19) A. Il termine empatia (dal prefisso greco *en-*, "dentro" + il sostantivo *pathos*, "sofferenza") è l'abilità di saper leggere e comprendere le emozioni altrui, che si esprime nel modo di dire comune "mettersi nei panni degli altri" percependo la realtà al loro stesso modo. Essere empatici dunque significa, come spiega Daniel Goleman, essere "emozionalmente partecipi". Molti studi sull'empatia, tra cui quello di Martin Hoffman citato da Goleman nel testo *Intelligenza emotiva. Che cos'è e perché può renderci felici*, hanno dimostrato come questa particolare capacità, che condividiamo con alcune specie animali, sia alla base di ogni rapporto umano. Già riscontrabile in noi quando siamo molto piccoli, attraverso un progressivo sviluppo che procede per tutta l'infanzia, la capacità empatica ci porta a comprendere la sofferenza degli altri o di interi gruppi anche se non la viviamo in situazioni che ci coinvolgono direttamente, e ci conduce, nell'adolescenza, verso il radicamento di convinzioni morali incentrate proprio sul desiderio di alleviare l'infelicità altrui e l'ingiustizia sociale che la determina. L'empatia dunque ci consente di capire meglio la realtà degli altri e compiere delle scelte che non siano influenzate esclusivamente dal nostro punto di vista. Si tratta quindi di una capacità che ha un enorme potenziale applicativo in ambito educativo e didattico e che può consentire all'insegnante di riconoscere e comprendere eventuali disagi dei propri alunni, così come di valorizzare le risorse di cui sono portatori, al fine di coinvolgerli, motivarli e in tal modo migliorare il loro apprendimento e la loro esperienza scolastica.

20) D. Il termine *appraisal*, letteralmente "valutazione", viene utilizzato per la prima volta negli anni '60 del Novecento dalla psicologa Magda B. Arnold, inaugurando gli studi di *Cognitive Appraisal*, ovvero "valutazione cognitiva". Con questo termine, si fa riferimento quindi a quel processo cognitivo attraverso il quale noi esseri umani *valutiamo* se un certo stimolo può essere per noi benefico o nocivo, e se è quindi opportuna un'azione di avvicinamento o di allontanamento. Come spiega molto efficacemente Daniel J. Siegel in *La mente relazionale. Neurobiologia dell'esperienza interpersonale* (Raffaello Cortina Editore, 2013), questo "*processing emozionale prepara il resto dell'organismo all'azione*". I teorici del *Cognitve Appraisal* hanno avuto dunque il merito di individuare e sottolineare lo stretto legame esistente tra gli aspetti emotivi e gli aspetti cognitivi e hanno dimostrato che le emozioni che proviamo dipendono significativamente dal modo in cui ciascuno di noi valuta e interpreta gli stimoli che provengono dall'ambiente. Tale processo di valutazione, sebbene si compia molto rapidamente, è estremamente complesso e coinvolge un'ampia gamma di fattori sia interni sia esterni, tra i quali Siegel fa rientrare "*precedenti esperienze legate allo stimolo, inclusi elementi emozionali e rappresentazionali della memoria, l'attuale contesto, in termini di stati emotivi interni e di ambiente sociale esterno, componenti proprie dello stimolo, come intensità e familiarità e, infine, le aspettative dell'individuo rispetto al futuro*".

21) D. Phillip R. Shaver, mettendo in evidenza come un individuo, quando è costretto ad affrontare una nuova situazione prodotta dall'emozione, attua comportamenti ad hoc, ha così classificato le risposte agli stati emotivi: *fisiologiche interne*, come ad esempio una risposta che determina la variazione della pressione sanguigna; *motorie*, come ad esempio una risposta che determina dei cambiamenti posturali; *facciali*, come ad esempio una risposta che determina una particolare espressione del viso; *verbali*, come ad esempio una risposta data attraverso il linguaggio; *topologiche*, come ad esempio una risposta che determina un allontanamento o un avvicinamento, ben visibili e individuabili, da qualcosa o qualcuno che provoca avversione o che attrae; *cognitive*, come quando una risposta porta le emozioni a diventare oggetti di pensiero e di argomentazioni razionali.

22) E. Nel 1872, nel testo *L'espressione delle emozioni nell'uomo e negli animali*, Charles Darwin descrive la propria teoria sulle emozioni integrandola nella sua più ampia teoria evolutiva. Secondo lo scienziato, alla base dell'espressione delle emozioni ci sono tre principi fondamentali: 1) il principio delle *abitudini associate utili*, centrato sull'idea che alcuni atti favorevoli in determinati stati d'animo – perché ad esempio procurano sollievo o riducono un disagio – tendono a convertirsi in abitudini, per cui vengono compiuti ogni volta che quegli stati d'animo si ripresentano anche nei casi in cui non danno alcun vantaggio, per esempio mostrare i denti quando si lotta e farlo in ogni occasione in cui si prova rabbia; 2) il principio dell'*antitesi*, basato sull'idea che due stati d'animo opposti determinano movimenti di natura opposta; ad esempio, se ci si rannicchia per difendersi da un'aggressione, quando si prova fiducia il corpo tenderà naturalmente a porsi in una posizione di apertura; 3) il principio degli *atti determinati dalla costituzione del sistema nervoso*, incentrato sull'idea che una forte eccitazione del sistema nervoso si trasmette ai vari sistemi del corpo producendo effetti che sono interpretati come espressivi, ad esempio il rossore del volto generalmente ritenuto sintomo di collera.

23) A. La teoria del juke-box emotivo è innanzitutto nota come teoria dei due fattori ed è stata elaborata dallo psicologo statunitense Stanley Schachter nell'ambito dell'approccio cognitivista allo studio delle emozioni. Secondo lo studioso, l'emozione è caratterizzata da una componente fisiologica e una cognitiva: la prima determina appunto l'attivazione fisiologica dell'organismo in risposta a uno stimolo; l'altra provvede invece a riconoscere lo stato emotivo e a darne quella interpretazione cognitiva che consente poi di attribuire un nome all'emozione stessa. Secondo la metafora del juke-box, l'attivazione fisiologica corrisponde alla monetina da inserire, mentre la risposta cognitiva coincide con la scelta del brano da ascoltare.

24) B. La *teoria centrale*, formulata nel 1927 da Walter B. Cannon e da Philip Bard, si contrappone alla *teoria periferica* di William James e Carl Lange secondo la quale le emozioni sono delle risposte cognitive a dei cambiamenti fisiologici del corpo, contestandola su alcuni aspetti fondamentali, ad esempio che uno stesso stato fisiologico può presentarsi in emozioni diverse, come pure che animali non in grado di ricevere informazioni sul proprio stato fisiologico, in seguito all'interruzione delle vie nervose afferenti al cervello, possono comunque provare delle emozioni. Secondo la teoria di Cannon e Bard, il processo che genera le emozioni segue un percorso esattamente opposto a quello ipotizzato da James e Lange, e cioè trova la sua origine nelle strutture centrali per arrivare poi a determinare dei cambiamenti in quelle periferiche. I due studiosi infatti ritengono che a svolgere un ruolo essenziale nel processo emozionale sono il talamo e l'ipotalamo, due strutture sottocorticali che, in risposta a uno stimolo dal mondo esterno, generano dei comandi motori in grado di determinare delle reazioni fisiologiche e di inviare alla corteccia cerebrale le informazioni utili a elaborare la percezione cognitiva delle emozioni.

25) A. L. Alan Sroufe è uno dei maggiori esponenti della *teoria della differenziazione emotiva*, secondo la quale gli individui nascono con un corredo emozionale indifferenziato che si diversifica progressivamente nel corso dello sviluppo. Sroufe parte dalle fasi individuate da Jean Piaget e le integra focalizzando l'attenzione sullo sviluppo della valutazione cognitiva delle emozioni, che approfondisce, in particolare, in merito a quanto avviene nel corso del primo anno di vita. All'interno di questo periodo estremamente importante, durante il quale il rapporto con la madre svolge un ruolo essenziale, lo studioso individua diverse fasi attraverso le quali l'individuo differenzia le proprie emozioni attribuendo loro un significato cognitivo. Tale processo avviene, secondo lo studioso, seguendo tre principali canali: il sistema piacere-gioia, il sistema paura-circospezione, il sistema frustrazione-rabbia. In particolare, il *sistema circospezione-paura* si attiverebbe nel bambino dopo il terzo mese di vita quando, in risposta a determinati stimoli, comparirebbero le primissime emozioni di sorpresa e/o disappunto. Questa fase è preceduta dal *sistema piacere-gioia*, relativo ai primi tre mesi di vita, al termine dei quali il bambino è generalmente in grado di indirizzare il sorriso verso persone e/o oggetti di interesse (sorriso sociale), ed è seguita dal *sistema frustrazione-rabbia*, caratteristico dei bambini dai sei mesi in poi, che reagiscono con emozioni di delusione se privati del loro oggetto di interesse.

26) E. Lo psicologo statunitense Carrol Ellis Izard è il promotore della *Differential Emotions Theory*, la quale attribuisce una grande importanza alle componenti innate, all'universalità e al valore adattivo delle emozioni. Secondo Izard, il neonato possiede, sin dal giorno in cui viene alla luce, un corredo di emozioni fondamentali costituito da rabbia, tristezza, disgusto, felicità, paura e disprezzo, dotate di un valore adattivo, cioè della funzione di avvisare e preparare l'individuo ad affrontare una situazione. In questa prospettiva, dunque, le emozioni non sono una semplice risposta a uno stimolo, bensì un'organizzazione innata che concorre a determinare un comportamento. Secondo Izard, nella primissima infanzia, emozioni come l'interesse o la repulsione verso qualcosa sono finalizzate ad appagare i bisogni primari; dal secondo anno di vita in poi, il bambino sviluppa quelle che lo studioso definisce "emozioni sociali", cioè delle emozioni la cui espressione è regolata in base al contesto. È da questo momento in poi, infatti, che, nella prospettiva della *Differential Emotions Theory*, i bambini imparano a mostrare ciò che provano in accordo alle regole sociali, diventando così capaci di esagerare, minimizzare o nascondere le manifestazioni emotive.

27) D. La *Toronto Alexithymia Scale* è un test per individuare l'alessitimia (*a* "mancanza" + *lexis* "parola" + *thymos* "emozione"), un deficit dell'intelligenza emotiva che, come descrive il suo nome scientifico, consiste in una incapacità di comprendere e di descrivere le proprie emozioni e i propri sentimenti. Come fa notare Daniel Goleman in *Intelligenza emotiva. Che cos'è e perché può renderci felici*, le persone affette da questo disturbo "*sembrano mancare dei sentimenti stessi*", sebbene in realtà provino le emozioni in maniera anche molto intensa. La loro non è solo una difficoltà nell'individuare quale emozione stanno provando e di darle un nome, ma anche di distinguerla dalla sensazione fisica che l'emozione stessa determina. Le persone che soffrono di alessitimia mancano di una delle componenti che Goleman ritiene primarie nell'intelligenza emotiva, ovvero l'*autoconsapevolezza*, senza la quale nessuna forma di autocontrollo o di empatia sono possibili. Di conseguenza, queste persone si ritrovano spesso in balia delle loro emozioni e non hanno gli strumenti per poter comprendere quelle altrui. A questo deficit sono spesso associati disturbi di ansia, sessuali e dispepsia, cioè una difficoltà a digerire non determinata da danni o da lesioni allo stomaco. Ciò accade perché la confusione in cui le persone con alessitimia vivono rispetto alla propria sfera emozionale, le spinge a lamentarsi di problemi fisici non ben definiti, che le portano, come spiega Goleman, "*a ricerche diagnostiche interminabili – quanto infruttuose – e a cure lunghissime per quello che in realtà è un problema emozionale*". Da ciò la necessità, da parte dei medici, e in particolare degli psichiatri, di distinguerle dagli altri pazienti nel minor tempo possibile, necessità che ha portato alla creazione, nel 1985, della *Toronto Alexithymia Scale*, poi revisionata nel 1992, con lo scopo di individuare le caratteristiche e la gravità di questo disturbo.

28) C. Come spiega chiaramente Daniel Goleman in *Intelligenza emotiva. Che cos'è e perché può renderci felici*, "*le emozioni sono contagiose*", nel senso che possono trasmettersi tra individui secondo "*un tacito scambio che si verifica in ogni interazione umana*", durante il quale si genera un'*adesione incondizionata*, da parte di uno dei soggetti coinvolti, all'emozione o allo stato d'animo dell'altro. Tali scambi avvengono, nella maggior parte dei casi, a livelli quasi impercettibili grazie ai segnali che ciascuno di noi invia quando prova delle emozioni e che gli altri sono in grado di percepire e di imitare, seppur inconsapevolmente. Può trattarsi di un sorriso o di uno sguardo torvo, di una particolare postura o del tono della voce, così come della scelta di determinate parole: tutti segnali sui quali, nel momento in cui li emettiamo, abbiamo un certo grado di controllo, proporzionato alle nostre abilità sociali e alla nostra competenza emotiva. A tal proposito, Goleman fa notare che esistono persone dotate di una più sviluppata capacità di controllare i segnali espressivi durante gli scambi interpersonali. Queste persone, che solitamente appaiono ai nostri occhi come *simpatiche* o *affascinanti*, sono "*capaci di aiutare le altre a placare i propri sentimenti*" e sono quelle alle quali "*gli altri si rivolgono nei momenti di maggiore bisogno*". Il contagio emotivo, dunque, presuppone quella partecipazione alle emozioni dell'altro che è anche alla base dell'empatia, ma si differenzia da quest'ultima in quanto l'assunzione dell'emozione altrui è totale, automatica, involontaria e inconsapevole. Per tale ragione, molti autori parlano di contagio emotivo anche nei primi mesi di vita del bambino, quando cioè il piccolo non ha la capacità di percepirsi come entità diversa dall'altro e ne accoglie l'emozione facendola propria, come se avesse cioè una causa interna (*sono triste*) più che esterna (*quel bambino è triste*).

29) D. L'autore del testo *Il cervello emotivo. Alle origini delle emozioni* è Joseph LeDoux, studioso di neurobiologia e docente di Neuroscienze e Psicologia presso la New York University, i cui studi si sono concentrati principalmente sui meccanismi della memoria e delle emozioni. In quest'opera, lo studioso evidenzia, tra l'altro, come le emozioni siano parte di un complesso sistema neurale che si è evoluto per consentire la sopravvivenza dell'uomo.

30) E. Quando una persona prova un'emozione, si verificano dei cambiamenti a livello fisiologico, espressivo e cognitivo. A livello fisiologico, si verifica un'attivazione del sistema nervoso simpatico che produce reazioni somatiche consistenti nell'aumento del battito cardiaco, nella dilatazione pupillare, nella traspirazione cutanea e che si traduce in una variazione della risposta psicogalvanica e nella concentrazione ematica di zuccheri. A livello espressivo, si hanno notevoli variazioni della mimica facciale secondo configurazioni tipiche e abbastanza specifiche in relazione all'emozione provata. A livello cognitivo, si ha una interpretazione consapevole dell'emozione provata e una corrispondente rappresentazione. L'emozione consta dunque in una variazione complessa e integrata dello stato fisiologico, espressivo e cognitivo del soggetto.

31) D. Le capacità di manifestare sentimenti e opinioni, di reagire positivamente agli altri e di esprimere valutazioni o giudizi positivi verso se stessi rientrano nell'area dell'abilità di autoespressione. Anche la comunicazione e l'autoaffermazione sono aree di abilità sociali fondamentali e non quindi singole capacità. La gratificazione e la sensibilità invece non sono aree di abilità.

32) A. Con il termine *empowerment* si fa riferimento alla capacità di un soggetto (ma potrebbe anche trattarsi di un gruppo o di una organizzazione) di agire nel proprio contesto, di operare delle scelte facendo leva sulle risorse personali, collettive e ambientali. Si tratta di un vero e proprio processo per mezzo del quale è attuato un ampliamento delle possibilità presenti nei soggetti coinvolti.

33) D. Secondo Carl Rogers, esponente della psicologia umanistica e teorizzatore della terapia centrata sul cliente, la comprensione empatica costituisce un elemento fondamentale per il successo di una relazione sia in ambito terapeutico sia in campo educativo. Per Rogers, l'empatia è l'atto con il quale il soggetto esce da se stesso per comprendere un'altra persona, senza che ciò lo porti a provare realmente le sue stesse emozioni. Si tratta dunque di una capacità di immedesimazione che non altera l'equilibrio interiore di chi la mette in atto e che favorisce la pienezza della relazione. La comprensione empatica, tuttavia non è per Rogers l'unico elemento indispensabile perché la relazione tra terapeuta e paziente o tra docente e allievo possa realizzarsi efficacemente e con la soddisfazione e il benessere dei soggetti coinvolti. Sebbene infatti l'empatia consista per Rogers nella capacità di utilizzare gli strumenti della comunicazione verbale e non verbale per mettersi nei panni dell'altro, identificandosi *parzialmente* nel suo mondo soggettivo, questa identificazione deve avvenire nel contesto di un'*accettazione autentica, congruente* e *non giudicante*. Perché l'apertura fiduciosa dell'allievo verso l'insegnante possa realizzarsi, infatti, quest'ultimo deve manifestare un comportamento comprensivo *autentico*, cioè *costante nel tempo e coerente*, in grado di produrre nell'allievo quella sicurezza emotiva che nasce dalla percezione di sentirsi *accettato positivamente e incondizionatamente*, anche nella considerazione delle proprie imperfezioni e dei propri sbagli.

34) B. Con il termine *dissemia* (dal greco *dys*, che si riferisce alla difficoltà, e *semes*, "segnale") si fa riferimento all'incapacità di apprendere i segnali non verbali e, conseguentemente, di leggerli e interpretarli all'interno dello scambio comunicativo. Dal momento che nella comunicazione umana la componente verbale e quella non verbale sono strettamente connesse, al punto da essere talvolta difficilmente distinguibili, le persone che presentano questo particolare disturbo manifestano evidenti difficoltà nelle interazioni con gli altri, che possono farle apparire distanti o indifferenti e prive di attitudini sociali. Si tratta di quelle persone che, ad esempio, non si rendono conto di quando porre fine a una conversazione nonostante i chiari segni di disagio del loro interlocutore, oppure che si intromettono in discussioni con domande poco opportune. Come fa notare Daniel Goleman in *Intelligenza emotiva. Che cos'è e perché può renderci felici*, capita a tutti noi, e non raramente, di incontrare persone così e quasi "*un bambino su dieci presenta difficoltà in questa sfera. Il problema potrebbe essere in una scarsa percezione dello spazio personale... nella scarsa capacità di usare o interpretare il linguaggio del corpo, nell'errata interpretazione, o nell'uso sbagliato, delle espressioni facciali, oppure, ancora in uno scarso senso della prosodia (la qualità emozionale dell'eloquio), una carenza che porta questi individui a parlare in modo troppo petulante o eccessivamente piatto*". Le persone che hanno questa difficoltà si sentono goffe, non comprese, escluse e, di conseguenza, soffrono molto a livello sociale. Tale sofferenza ha ovvie ripercussioni anche in ambito scolastico, sia sul piano dell'integrazione nel gruppo classe sia su quello dell'apprendimento, il quale può essere significativamente condizionato dall'ansia e dallo sconcerto che provano in risposta al fallimento dei loro tentativi di interagire efficacemente con gli altri. È dunque molto importante riuscire a individuare questi casi e proporre a loro e al gruppo di cui fanno parte delle attività volte allo sviluppo della competenza emotiva, con una particolare attenzione agli aspetti legati alla comunicazione non verbale.

35) E. Martin Hoffman definisce l'empatia "*la scintilla dell'attenzione umana verso gli altri, il collante che rende possibile la vita sociale*" e colloca le sue prime manifestazioni nei primissimi giorni di vita del bambino, sebbene in questa fase abbia una forma meno evoluta di quelle che acquisirà grazie al progressivo sviluppo della componente cognitiva e al suo graduale e profondo intrecciarsi con quella affettiva. Tuttavia, secondo Hoffman, oltre a queste due essenziali componenti, a svolgere un ruolo fondamentale nello sviluppo dell'empatia concorre anche una terza, che lo studioso identifica nella *motivazione*. A suo avviso, infatti, condividere un'emozione con un'altra persona, e dunque compiere un atto empatico, trova la sua motivazione nello stato di benessere che un individuo prova nel soccorrerla e nel confortarla, nettamento opposto al malessere determinato dal senso di colpa provocato dal non offrirle supporto o aiuto. In tal senso quindi, per Hoffman, l'empatia è strettamente legata all'attuazione di comportamenti prosociali, che diventano più orientati verso il bisogno e il sentire altrui, e quindi più efficaci, parallelamente all'evoluzione della percezione della propria individualità e alla conseguente capacità empatica. Osservandola nel suo sviluppo, infatti, Hoffman individua cinque forme di progressivo sviluppo dell'empatia, che vanno dalla più semplice dei primi mesi di vita alla più evoluta e stabile che si raggiunge intorno al tredicesimo anno d'età e passano attraverso gradi intermedi in cui il bambino acquisisce una sempre maggiore autoconsapevolezza e una sempre più raffinata capacità cognitiva. È dunque corretto affermare che, secondo Martin Hoffman, l'empatia si sviluppa in modo naturale a partire dall'infanzia.

36) A. I primi studi di Jerome Bruner si rivolgono al campo della psicologia cognitiva, che studia i processi mentali come la percezione, l'apprendimento, la memoria, l'attenzione e il linguaggio. L'approccio con cui Bruner affronta la ricerca in tale ambito aderisce alla corrente psicologica denominata *New look on perception*, nota anche con il nome di *New look*, che intende la percezione e gli altri processi mentali come processi attivi, nei quali concorrono anche i bisogni, le motivazioni e gli stati emotivi di un soggetto. In seguito a diversi esperimenti condotti su campioni differenti per età e per provenienza sociale, Bruner sostiene l'importanza, all'interno del processo percettivo, di alcuni fattori precisi, che influenzano in maniera determinante il modo in cui ciascuna persona percepisce la realtà, quali le sue *esperienze e abitudini pregresse*, i *bisogni* e le *aspettative* che la animano, le sue *emozioni*. Queste ultime, in particolare, svolgono un ruolo cruciale, perché possono significativamente agevolare o, al contrario, ostacolare la percezione e l'apprendimento che ne deriva.

37) B. Nella vasta e variegata gamma di modalità con cui i genitori affrontano l'educazione dei propri figli, Martin Hoffman individua quattro stili educativi raggruppabili in due coppie che fanno riferimento, una, al concetto di *costrizione*, l'altra, a quello di *persuasione* o *induzione*. I primi due stili sono infatti quelli che Hoffman definisce "*stile costrittivo basato sul potere fisico*" e "*stile costrittivo per sottrazione dell'affetto*"; in entrambi i casi, i genitori attuano un controllo sul figlio sfruttando la propria posizione di potere e facendo ricorso a punizioni (che possono essere anche fisiche, come le percosse) o privazioni (di attività piacevoli o dell'affetto, della stima e dell'attenzione). In entrambi i casi gli esiti sui figli possono essere comportamenti di opposizione alle regole o insicurezze e paure, in particolare di essere abbandonati. Diversamente, i due stili educativi basati sulla persuasione si fondano sul dialogo, sull'ascolto e sull'offrire al bambino degli strumenti:
– nel caso dello stile "*persuasivo o induttivo basato sul ragionamento*" per riflettere sulle motivazioni dei propri comportamenti, così come sulle ragioni di eventuali punizioni o rifiuti;
– nel caso dello stile "*persuasivo o induttivo basato sull'empatia*" per comprendere e tenere in considerazione le emozioni proprie e degli altri e le conseguenze, positive e negative, che i propri comportamenti hanno sulle persone, al fine di assumersene la responsabilità e di preferire quelli che non arrecano danno o sofferenza.

38) D. Nell'ambito delle ricerche su empatia e intelligenza emotiva, azioni come aiutare un'altra persona, collaborare o condividere le risorse che si hanno a disposizione sono considerate comportamenti *prosociali*, comportamenti, cioè, che si mettono in atto per determinare il benessere in un'altra persona. In ambito psicologico, sono numerosi gli studi che hanno messo in relazione questa predisposizione degli esseri umani ad aiutare e sostenere i propri simili, con la capacità empatica di cui sono dotati e attraverso la quale sono in grado di cogliere lo stato emotivo di chi hanno accanto. Tale relazione è già di per sé ricca di fascino, tanto da essere stata ipotizzata in epoche meno recenti da studiosi come David Hume e Adam Smith, i quali appunto avevano messo alla base dei "comportamenti morali" la sensibilità emotiva propria degli esseri umani e la loro capacità di condivisione con i propri simili. Negli anni '80 del Novecento, lo psicologo statunitense Daniel Batson ha ulteriormente approfondito questo aspetto, ipotizzando che l'empatia non solo sia all'origine dei comportamenti prosociali, ma che sia la base su cui si costruisce l'altruismo, cioè la propensione ad agire per il benessere altrui indipendentemente da un vantaggio personale, sia emotivo sia sociale. A questo proposito, dunque, è interessante la distinzione che, negli stessi anni, la psicologa statunitense Nancy Eisenberg fa tra comportamenti altruistici e comportamenti prosociali, sottolineando che i primi si fondano sul desiderio di determinare il benessere di un altro anche se questo dovesse andare contro i propri interessi personali (ad esempio, il gesto di un bambino che rinuncia a mangiare il proprio cioccolatino per donarlo all'amico); gli altri invece non comportano un "costo" per chi li compie, poiché possono determinare un beneficio all'altro e contemporaneamente a se stessi (ad esempio quando un bambino è felice di aiutare un compagno a rialzarsi dopo una caduta e a confortarlo per poi ricominciare a giocare insieme).

39) E. Il termine *resilienza*, oggi molto utilizzato, contiene in sé un concetto sul quale, in ambito psicologico, c'è stato e ancora c'è ampio dibattito, ma che sostanzialmente riporta all'idea di resistere alle difficoltà della vita senza farsene travolgere. Come efficacemente spiegato alla voce dedicata del *Nuovo dizionario di psicologia, psichiatria, psicoanalisi e neuroscienze*, di Umberto Galimberti, la parola *resilienza* deriva dal latino *resilire* che letteralmente significa "rimbalzare" e si riferisce in particolare alla "*proprietà dei metalli di riprendere la forma originaria dopo aver subito un colpo*". E, infatti, il concetto alla base della resilienza è proprio questo, cioè la capacità di restare noi stessi anche in situazioni critiche, di non farci travolgere e quindi "deformare" dai colpi duri, di trovare dentro di noi, nella nostra determinazione e creatività, le risorse per superare le avversità. Come fa notare Anna Oliviero Ferraris in *La forza d'animo* (Rizzoli 2003), "*il termine resilienza viene normalmente usato per indicare un tratto della personalità composto, in cui convergono fattori di varia natura – cognitivi, emotivi, familiari, sociali, educativi, esperienziali, maturativi – che con la loro azione congiunta mobilitano le risorse dei singoli, dei gruppi e delle comunità... Di fronte agli stress e ai colpi della vita, la resilienza dà luogo a risposte flessibili che si adattano alle diverse circostanze ed esigenze del momento*".

40) A. C'è ormai consenso unanime sull'idea che la creazione di un'atmosfera sociale, affettiva e relazionale serena e accogliente è una condizione essenziale per produrre un apprendimento significativo. Altrettanto chiaro e condiviso è che, per realizzarla nella pratica, un ruolo centrale è svolto dalla comunicazione, la quale deve essere in grado di favorire un reale scambio di informazioni ed esperienze, ma anche di idee e sentimenti, affinché nella piccola comunità costituita dalla classe si possa creare quella connessione tra persone alla base della socialità, della costruzione del sapere e dell'acquisizione delle competenze. Perché ciò si realizzi pienamente quindi, la capacità di comunicare deve esprimersi non solo nell'abilità di parlare con chiarezza ed espressività, ma anche, e prima ancora, di ascoltare attivamente. Con l'espressione *ascolto attivo* si fa dunque riferimento all'ascolto non solo e non tanto delle parole, ma soprattutto delle emozioni che animano chi si ha accanto, alla capacità di fare un passo indietro per creare, come sostiene Franco Lorenzoni, "*uno spazio vuoto*" che l'altro possa riempire prima di tutto del suo sentire, uno spazio dove si possa effettivamente realizzare quell'incontro vero che si chiama "comunicare". A tal proposito, un contributo rilevante è quello apportato da Thomas Gordon, noto per il metodo educativo che prende il suo nome, centrato sulla *comunicazione* e sull'*importanza delle relazioni* tra individui, con il fine di facilitare lo sviluppo di rapporti duraturi e significativi tra le persone, basati sulla reciproca soddisfazione e sulla risoluzione pacifica dei conflitti. Nel suo modello, Gordon pone particolare attenzione al rapporto tra educatore (insegnante o genitore), che definisce "facilitatore", ed educando (alunno o figlio). Il facilitatore è colui che, attraverso l'empatia, sostiene il processo di sviluppo e di crescita della persona e deve dunque essere, innanzitutto, un buon comunicatore, deve cioè possedere le due competenze che Gordon definisce "ascolto attivo" e "messaggio dell'io". Quest'ultima fa riferimento alla capacità di comunicare all'altro come ci si sente in una determinata circostanza e in che modo il suo comportamento ci causa un problema o ci fa star male senza farlo sentire accusato, ma piuttosto portandolo a riflettere sul nostro stato d'animo perché possa comprenderlo e immedesimarvisi. L'ascolto attivo, invece, è la competenza che viene ancora prima e consiste nel porsi in ascolto con le orecchie, ma anche con il cuore e con la mente, mostrandosi attenti, lanciando messaggi di accoglienza verbali e non verbali, per connettersi realmente con l'altro e perché questi possa percepire la nostra volontà e il nostro desiderio di comprendere i suoi bisogni.

Questionario 3
Creatività e pensiero divergente

1) **Chi ha coniato l'espressione *lateral thinking*?**
A. Ekman
B. Bruner
C. De Bono
D. Goleman
E. Guilford

2) **Cos'è il Programma di Pensiero CoRT?**
A. Un programma finalizzato alla preparazione di manager delle grandi imprese
B. Un software didattico per migliorare la memoria
C. Un programma per individuare i disturbi dell'apprendimento
D. Un programma didattico per migliorare le abilità di pensiero
E. Un software per affinare il "pensiero verticale"

3) **Un tipo di pensiero logico e sequenziale viene definito da Edward De Bono:**
A. verticale
B. laterale
C. orizzontale
D. aperto
E. stringente

4) **Chi è l'autore del volume *Il meccanismo della mente*?**
A. Osborn
B. Cannon
C. De Bono
D. Perkins
E. Freud

5) **Un noto scrittore italiano ha parlato di "errore creativo". Si tratta di:**
A. Bernardi
B. Eco
C. Rodari
D. Collodi
E. Calvino

6) Quale delle seguenti non è tra le fasi della teoria del processo creativo elaborata da Graham Wallas?
A. Incubazione
B. Illuminazione
C. Preparazione
D. Verifica
E. Buio

7) Quale tra i seguenti non è uno stadio della creatività per Robert J. Sternberg e Janet E. Davidson?
A. Confronto selettivo
B. Sia combinazione selettiva che codificazione selettiva
C. Preparazione selettiva
D. Combinazione selettiva
E. Codificazione selettiva

8) Quale delle seguenti non è tra le modalità che favorirebbero, secondo Sarnoff Mednick, la capacità associativa delle idee, che facilita a sua volta il pensiero creativo?
A. Mediazione
B. Combinazione selettiva
C. Associazione per somiglianza
D. Serendipità
E. Sia mediazione che serendipità

9) Quale delle seguenti è una tra le più conosciute tecniche didattiche mirate alla promozione della creatività?
A. Cooperative learning
B. Tutoring
C. Lezione frontale
D. Coping
E. Brainstorming

10) Chi fu il promotore della tecnica del *brainstorming*?
A. Osborn
B. Zinker
C. Arieti
D. De Bono
E. Mednick

11) Quale tra questi strumenti metodologici viene più utilizzato nell'ambito del *brainstorming*?
A. Gioco

B. Osservazione partecipata
C. Mappe mentali
D. Lezione frontale
E. Lezione interattiva

12) Che cos'è la sinettica?
A. Una tecnica spesso associata al brainstorming
B. Una mappa concettuale
C. Una tecnica di lezione frontale
D. Una mappa mentale
E. Uno schema riassuntivo

13) Il *concassage*:
A. è una tecnica didattica raffrontabile allo scaffolding
B. è una modalità di valutazione
C. è una tecnica didattica che promuove la creatività
D. corrisponde alla fase di raccolta-dati nel brainstorming
E. è una tecnica per stimolare le emozioni represse

14) Chi ha elaborato quella nota come "teoria multifattoriale"?
A. Thurstone
B. Spearman
C. Goleman
D. De Bono
E. Zinker

15) Quale tra le seguenti non è da considerarsi tra le abilità primarie individuate da Louis Leon Thurstone?
A. Efficienza corporea
B. Ragionamento
C. Visualizzazione spaziale
D. Abilità numerica
E. Fluidità verbale

16) La teoria multifattoriale di Louis Leon Thurstone si oppone alla teoria bifattoriale elaborata da:
A. lo stesso Thurstone, un decennio prima
B. Osborn
C. Freud
D. Spearman
E. Pavlov

17) Operazioni mentali, prodotti, contenuti ideativi sono le tre "categorie intellettive" individuate da:
A. De Bono
B. Thurstone
C. Pavlov
D. Guilford
E. Spearman

18) Quale tra le seguenti è un'opera di Joy Paul Guilford?
A. *Intelligenza Emotiva*
B. *Il senso di autoefficacia*
C. *Le capacità umane, loro natura e misurazione*
D. *La struttura dell'intelligenza*
E. *Capacità mentali fondamentali*

19) Chi ha sostenuto che la creatività ha il suo tratto distintivo in un atto che produce una sorta di sorpresa produttiva?
A. Erikson
B. De Bono
C. Bruner
D. Fromm
E. Guilford

20) Chi ha sostenuto che l'attività creatrice è frutto della mescolanza di *inventio* e *imitatio*?
A. Comenio
B. Guilford
C. Vygotskij
D. Cartesio
E. Bruner

21) Qual è il titolo dell'opera di Vygotskij in cui viene esplicitata la nozione di creatività?
A. *Intelligenza emotiva*
B. *Natura dell'intelligenza*
C. *Immaginazione e creatività nell'età infantile*
D. *Grammatica della fantasia*
E. *Capacità mentali fondamentali*

22) Chi ha parlato, nell'ambito delle teorie sulla creatività, di pensiero produttivo?
A. Vygotskij
B. Treffinger
C. Williams

D. Bruner
E. Torrance

23) Quale modello di apprendimento ha elaborato Patrick Dillon nel 2006?
A. Apprendimento cooperativo
B. Apprendimento creativo
C. Apprendimento facilitato
D. Apprendimento cognitivo
E. Apprendimento sociale

24) Chi è l'ideatore del test della creatività e del pensiero divergente?
A. Williams
B. Guilford
C. Torrance
D. Cannon
E. De Bono

25) Qual è stato l'"Anno europeo per la Creatività e l'Innovazione"?
A. 2011
B. 2009
C. 2004
D. 2001
E. 2006

26) *Sei cappelli per pensare* è:
A. il titolo di un'opera cinematografica sul tema della creatività
B. un racconto di Rodari sull'importanza della creatività
C. un saggio sul brainstorming
D. un progetto didattico attuato nelle scuole dell'infanzia per migliorare la creatività
E. una tecnica per il coaching creativo

27) Il TRIZ è:
A. un test per verificare la creatività di un determinato soggetto
B. una sindrome dei professionisti delle relazioni d'aiuto
C. un metodo per accrescere e promuovere l'intelligenza
D. una teoria per la soluzione di problemi inventivi
E. un test per verificare il QI

28) Qual è lo studioso che ha definito la creatività come bisociazione?
A. Torrance
B. Koestler
C. De Bono

D. Guilford
E. Williams

29) Di cosa è l'ideatore Tony Buzan?
A. Coaching
B. Mappa mentale
C. Bisociazione
D. Brainstorming
E. Docimologia

30) Chi è l'ideatore del metodo Papsa?
A. Jaoui
B. Geschka
C. Buzan
D. Dillon
E. De Bono

31) Quale, tra le seguenti, non rientra nelle tappe del processo creativo secondo Hubert Jaoui?
A. Percezione
B. Associazione
C. Produzione
D. Analisi
E. Selezione

32) Cos'è il *brainwriting*?
A. Un metodo scritto per lo sviluppo di idee
B. Nessuna delle risposte è corretta
C. Un disturbo dell'apprendimento
D. Una tecnica di insegnamento della scrittura
E. Una mappa concettuale

33) "La scuola concorre a sviluppare la potenziale creatività del fanciullo": in quale testo programmatico, per la prima volta, si fa riferimento a tale fondamentale necessità?
A. Riforma Gelmini (2009)
B. Programmi Didattici della Scuola Primaria (1985)
C. Riforma Moratti (2003)
D. Riforma dei cicli scolastici del 2010
E. Riforma Berlinguer (2000)

34) La didattica per progetti nasce grazie alle idee di:
A. Kilpatrick

B. Erikson
C. Laeng
D. Williams
E. Guilford

35) Nel 1968 fu ideato il TTCT, un test per la misurazione delle abilità di pensiero creativo. Il suo ideatore è:
A. Treffinger
B. Calvi
C. De Bono
D. Williams
E. Torrance

36) Il neologismo serendipità (*serendipity*) è immediatamente collegabile alla nozione di:
A. intuizione
B. equilibrio psichico
C. lapsus
D. associazione di idee
E. creatività artistica

37) È sinonimo di pensiero divergente:
A. pensiero produttivo
B. pensiero laterale
C. pensiero astratto
D. pensiero convergente
E. pensiero critico

38) Negli studi sull'intelligenza l'approccio cosiddetto funzionale:
A. ricostruisce i processi mentali che stanno alla base delle prestazioni
B. attribuisce importanza alle abilità cognitive, emotive e sociali
C. si basa sui test di misurazione dell'intelligenza di stampo tradizionale
D. considera l'intelligenza una capacità innata ed ereditaria
E. attribuisce importanza esclusivamente alle abilità cognitive

39) Quale tra le seguenti non è una delle caratteristiche del pensiero divergente secondo Joy Paul Guilford?
A. Originalità nel comportamento
B. Fluidità di pensiero
C. Abilità linguistico-letteraria
D. Flessibilità di pensiero
E. Nessuna delle precedenti

40) Sinonimo di pensiero verticale è:
A. produttivo
B. creativo
C. divergente
D. laterale
E. convergente

41) Quale tra i seguenti non è un grado del processo creativo elaborato da Rossman?
A. Incubazione
B. Sperimentazione
C. Osservazione di un bisogno
D. Invenzione, nascita della nuova idea
E. Analisi del bisogno

42) A quale tipo di pensiero corrisponde, secondo la teoria dei *Sei cappelli per pensare* di Edward De Bono, il cappello blu?
A. Nascita di nuove idee
B. Positività
C. Originalità
D. Monitoraggio, controllo
E. Emozioni

43) Cosa si intende per intelligenza cinestetica?
A. Abilità artistica
B. Abilità cognitiva intrapersonale
C. Abilità linguistica
D. Abilità matematica
E. Abilità motoria

44) Cosa si intende con il termine *expertise*?
A. La creatività
B. L'esperienza in uno specifico settore
C. La capacità di vedere le cose da un'altra prospettiva
D. La costanza nel portare a termine un lavoro
E. La capacità di sperimentazione

45) Chi ha parlato di pensiero produttivo e pensiero riproduttivo?
A. Wertheimer
B. Guilford e Thurstone
C. Gardner
D. Jung
E. Freud

46) Quale studioso ha parlato, nell'ambito della creatività, di associazioni remote?
A. Wertheimer
B. Freud
C. Mednick
D. Spearman
E. Guilford

47) Il problem solving consiste:
A. in un ragionamento fine a se stesso
B. in un improvviso atto intelligente
C. nella capacità di analisi di un problema
D. nell'individuazione, tra diverse strategie possibili, di quella migliore
E. in un quesito che ammette una o più soluzioni

48) Quale affermazione, tra le seguenti, è vera?
A. Osborn fu l'ideatore della strategia del tutoring
B. La fluidità è per Joy Paul Guilford una caratteristica del pensiero divergente
C. La matrice SWOT è un test per misurare il QI
D. Howard Gardner ha individuato cinque tipi di intelligenze
E. Sarnoff Mednick è l'autore dell'opera *Sei cappelli per pensare*

49) Il modello tripartito elaborato da Robert Sternberg individua le tre abilità fondamentali dell'intelligenza, ovvero:
A. emotiva, razionale, artistica
B. razionale, emotiva, creativa
C. linguistico-letteraria, matematica, motoria
D. analitica, creativa, pratica
E. nessuna delle precedenti

50) Il problem setting:
A. non necessita di stimoli creativi
B. sia A che E
C. nessuna risposta è corretta
D. è parte integrante del problem solving
E. è sinonimo di decision making

51) In che cosa consiste la matrice SWOT?
A. È un metodo per individuare punti di forza e punti di debolezza
B. È una strategia che assicura il buon esito di un progetto
C. Si tratta di un test per la misurazione del quoziente emotivo
D. È un test per rilevare i disturbi dell'apprendimento
E. Si tratta di un test per la misurazione del quoziente intellettivo

52) Una *solution map*:
A. non può essere adoperata in contesti didattici e formativi
B. è uno schema risolutivo di un dato problema
C. è rigorosamente in bianco e nero
D. è una mappa cognitivo-creativa
E. è un metodo didattico che studia la risoluzione di situazioni problematiche

53) La creatività:
A. è più presente nei soggetti femminili che maschili
B. è strettamente legata all'intelligenza
C. è l'elemento secondario per lo sviluppo cognitivo
D. è innata e non si può promuovere con l'educazione
E. si può sviluppare con l'educazione

54) Dire che la creatività artistica ha un'efficacia catartica vale a dire che:
A. ha una funzione pedagogica e didattica
B. ha sia una funzione ricreatrice che sociale
C. ha una funzione purificatrice e liberatrice
D. ha una funzione eminentemente ricreatrice
E. ha una funzione sociale

55) In cosa consiste il test di Paul Watzlawick sull'intelligenza creativa?
A. Nessuna risposta è corretta
B. Problema dei nove punti neri
C. Test a risposta multipla
D. Nel congiungere cinque punti neri su un foglio cercando di creare una forma non geometrica
E. Elaborazione di un origami a forma di cubo

56) Quale tra i seguenti non è da considerarsi sinonimo di pensiero creativo?
A. Pensiero produttivo
B. Nessuno di quelli indicati
C. Pensiero laterale
D. Pensiero divergente
E. Pensiero convergente

57) Chi considera la *flessibilità* tra le principali caratteristiche del pensiero divergente?
A. Nessuno degli autori indicati
B. De Bono
C. Wertheimer
D. Mednick
E. Guilford

58) Un soggetto che utilizza le informazioni di cui dispone per produrre soluzioni originali in modo autonomo è dotato di uno stile di apprendimento:
A. divergente
B. convergente
C. verbale
D. indipendente dal campo
E. analitico

59) Un soggetto dotato di uno stile di apprendimento verbale:
A. tende a soffermarsi sui particolari emotivi
B. tende a soffermarsi sui particolari quando osserva, scrive o legge
C. è logorroico
D. presta più attenzione agli stimoli linguistici
E. riesce a isolare i singoli elementi dalla totalità percettiva in cui sono inseriti

60) Bianco, rosso, nero, giallo, marrone, verde, blu: quale tra questi non è tra i colori dei *Sei cappelli per pensare* della teoria di De Bono?
A. Nero
B. Marrone
C. Bianco
D. Giallo
E. Verde

61) Il pensiero divergente:
A. è la capacità di produrre una gamma di possibili soluzioni per un dato problema
B. è un pensiero capace di risposte flessibili
C. coincide con un modo di pensare originale
D. è un modo particolare di pensare
E. tutte le precedenti

62) Chi, nel 1925, ha sviluppato un metodo di lavoro libero per gruppi considerandolo il miglior sistema per realizzare una forma di socializzazione in grado di rispondere pienamente alle esigenze di libero sviluppo del fanciullo?
A. Montessori
B. Vygotskij
C. Visalberghi
D. Decroly
E. Cousinet

63) Chi introdusse a scuola la tecnica della "Tipografia scolastica"?
A. Makarenko
B. Korczak
C. Claparède

D. Montessori
E. Freinet

64) Il Piano Dalton proponeva:
A. la scuola dei laboratori
B. l'istruzione individualizzata
C. di insegnare ad apprendere e di mettere l'allievo al centro del processo formativo
D. tutte le risposte precedenti
E. nessuna delle risposte precedenti

65) Che cosa si intende per stile cognitivo?
A. Una capacità innata di classificazione delle informazioni
B. Una parte del sistema nervoso
C. Una modalità di elaborazione dell'informazione che si manifesta in compiti diversi ed in settori diversi del comportamento
D. Una modalità di comportamento
E. La capacità di problem solving

66) *Imparare facendo* potrebbe essere considerato il motto della pedagogia che un noto pensatore teorizzò e realizzò nella sua scuola laboratorio. Chi era?
A. Dewey
B. Guilford
C. Ferrière
D. Claparède
E. Bruner

67) Diversamente da quanto avviene nei gruppi di lavoro tradizionali, nei gruppi cooperativi:
A. l'insegnante interviene solo se ci sono comportamenti negativi
B. si enfatizzano solo i risultati dei rapporti fra i membri del gruppo
C. l'insegnante osserva il lavoro del gruppo e interviene per orientare
D. l'insegnante in qualità di leader coordina e gestisce il lavoro di gruppo prendendone parte attiva
E. si ha un unico leader scelto formalmente o informalmente da tutti

68) Secondo numerosi studi classici della creatività umana, questa è contraddistinta dalle seguenti caratteristiche:
A. originalità, flessibilità, stravaganza, mutevolezza, autonomia
B. originalità, estemporaneità, flessibilità, duttilità, disinvoltura
C. originalità, vivacità, autonomia, flessibilità, apertura
D. originalità, estroversione, vivacità, apertura, progettazione
E. originalità, pertinenza, fluidità, flessibilità, elaborazione

69) "La creatività appartiene al fatto di essere vivi [...]. L'impulso creativo è pertanto qualcosa che è presente quando chicchessia – poppante, bambino, adolescente, adulto, vecchio – guarda in maniera sana una qualunque cosa o fa qualunque cosa deliberatamente, quale può essere quando gioca imbrattandosi con le feci, o prolunga l'atto del piangere per godere di un suono musicale. [La creatività è presente in tutti gli esseri umani, nelle persone con elevato livello cognitivo così come] nel vivere momento-per-momento di un bambino ritardato che è contento di respirare come lo è nell'ispirazione un architetto che improvvisamente sa che cosa è che lui desidera costruire". La seguente riflessione è da attribuirsi a:
A. Donald Winnicott
B. Margaret Mahler
C. Erich Fromm
D. Sigmund Freud
E. Anna Freud

70) Essere creativi "significa considerare tutto il processo vitale come un processo della nascita e non interpretare ogni fase della vita come una fase finale. Molti muoiono senza essere nati completamente. Creatività significa aver portato a termine la propria nascita prima di morire". Questa affermazione è di:
A. Erich Fromm
B. Abraham Maslow
C. Carl Rogers
D. Donald Winnicott
E. Rollo May

Risposte commentate

1) C. L'espressione *lateral thinking* (pensiero laterale) riferita alla capacità di risolvere i problemi mediante un approccio indiretto, proponendo cioè soluzioni diverse e alternative, che esulano dagli schemi logici tradizionali, in opposizione a un approccio più tradizionale e diretto, fu coniata negli anni '60 dallo studioso della creatività di origine maltese Edward De Bono. Docente presso le Università di Cambridge, Oxford, Londra e Harvard, De Bono ha fondato nel 2004 a Malta il *World Centre for New Thinking*, un'istituzione con la finalità di promuovere e diffondere il pensiero "creativo".

2) D. Proposto dallo studioso Edward De Bono nel 1973, il Programma di Pensiero CoRT è mirato a migliorare e affinare le abilità di pensiero. Questo programma di insegnamento (oggi utilizzato in numerosi Paesi del mondo e adottato nell'intero Stato del Venezuela) insegna le tecniche del pensiero emotivo ed è mirato alla promozione e allo sviluppo del "pensiero laterale".

3) A. Edward De Bono definì quella forma di pensiero classica, fondata sulla logica, sulla programmazione lineare di una sequenza di step da salire uno di seguito all'altro, "pensiero verticale", per distinguerlo dal "pensiero laterale", una modalità di pensiero che mira a risolvere i problemi mediante la ricerca di nuove prospettive capaci di rompere gli schemi abituali.

4) C. Il *meccanismo della mente*, del 1969, è l'opera in cui Edward De Bono, introduce e sostiene il concetto di *pensiero laterale*, spiegando che, a suo avviso, quando si cerca una soluzione veramente diversa e innovativa, che contribuisca cioè a un reale passo evolutivo rispetto alle condizioni preesistenti, si deve stravolgere il ragionamento, partire dal punto più lontano possibile, ribaltare i dati, mescolare le ipotesi, negare certe sicurezze e spingersi fino ad affidarsi ad associazioni di idee del tutto casuali. Si deve perciò abbandonare il *pensiero verticale*, cioè quello basato sulle deduzioni logiche, per entrare nella *lateralità* del pensiero creativo.

5) C. A parlare di "errore creativo" è stato Gianni Rodari (1920-1980), scrittore, pedagogista, giornalista italiano. Oltre ad essere autore di numerosi racconti per bambini, Rodari è considerato uno dei più accreditati teorici dell'arte di inventare storie. A questo proposito si veda il suo volume *Grammatica della fantasia. Introduzione all'arte di inventare storie*, pubblicato nel 1973, in cui l'autore esprime anche la propria visione sull'errore, al quale guarda come una possibilità verso l'apertura del mondo fantastico e creativo. "*Da un lapsus può nascere una storia, non è una novità. Se, battendo a macchina un articolo, mi capita di scrivere 'Lamponia' per 'Lapponia', ecco scoperto un nuovo paese profumato e boschereccio: sarebbe un peccato espellerlo dalle mappe del possibile con l'apposita gomma; meglio esplorarlo, da turisti della fantasia*".

6) E. Graham Wallas (*The Art of Thought*, 1926) ritiene che il processo creativo possa essere suddiviso in quattro fasi: 1) preparazione, 2) incubazione, 3) illuminazione e 4) verifica. La fase di preparazione si configura come un momento preliminare, durante il quale l'individuo raccoglie dati, pensa in modo libero, cerca e ascolta suggerimenti. Nel secondo momento, ovvero quello dell'incubazione, *"l'inventore cova le sue idee in germe come la gallina cova le sue uova o come l'organismo cova i suoi microbi prima dello scoppio della febbre"*. Il terzo momento è quello dell'illuminazione, *"dell'intuizione improvvisa... qualcosa tra un'impressione e una soluzione"*. A questo fa seguito, infine, il quarto momento, costituito dalla verifica.

7) C. Gli stadi della creatività sono, per Robert Sternberg e Janet E. Davidson (*Insight in the gifted*, in *Educational Psychologist* 18, 1983): 1. codificazione selettiva (identificazione dell'informazione in ingresso); 2. combinazione selettiva (organizzazione dei segmenti decodificati); 3. confronto selettivo (correlazione tra nuove informazioni e informazioni già presenti).

8) B. Sarnoff Mednick (*The associative basis of creativity*, "Psychological Review" 69, 1962) individua tre meccanismi che favoriscono le situazioni associative, importanti per lo sviluppo del pensiero creativo. Si tratta, per l'appunto, della *serendipità* (nell'ambito della quale le combinazioni avvengono, in modo fortuito, in un ambiente appropriato); *associazione per somiglianza* (quando due elementi evocano delle similarità nelle loro proprietà, negli stimoli da loro generati o funzioni); *mediazione* (quando due elementi lontani tra loro sono avvicinati da due elementi intermedi). La combinazione selettiva è invece uno degli stadi della creatività individuati da Robert J. Sternberg e Janet E. Davidson.

9) E. Una tra le più conosciute tecniche didattiche mirate alla promozione della creatività è il *brainstorming*, "tempesta cerebrale, tempesta di idee". Si tratta di una strategia didattica mirata a stimolare la creatività, utilizzando il gruppo classe come promotore di nuove proposte, idee, soluzioni. Consiste in una sorta di discussione di gruppo, per così dire, incrociata, guidata e coordinata da un moderatore con lo scopo di recuperare il maggior numero di idee possibili su un determinato argomento intorno al quale si vuole riflettere. Le idee raccolte durante il *brainstorming* vengono poi selezionate e vanno a costruire i nuclei tematici intorno ai quali articolare l'approfondimento, lo studio e la risoluzione di problemi.

10) A. La tecnica del *brainstorming* iniziò a diffondersi negli anni '50 del secolo scorso, grazie al dirigente pubblicitario americano Alex F. Osborn e al suo saggio *Applied Imagination*, in cui descrive questa metodologia, da lui sperimentata fin dalla fine degli anni '40, come strategia di *problem solving*. Il *brainstorming* ha trovato poi largo impiego in ambito didattico, ove viene utilizzato al fine di stimolare la creatività di gruppo ed è utile per far emergere idee orientate verso un obiettivo circoscritto.

11) C. Lo strumento metodologico più efficace nell'ambito di una sessione di *brainstorming* può essere rappresentato, per un docente, dalle mappe mentali (*mind maps*), strumenti diretti a stimolare l'inventiva, la memorizzazione, l'annotazione personale, una sorta di rappresentazione grafica del pensiero, il cui ideatore è stato il cognitivista inglese Tony

Buzan. Al giorno d'oggi esistono degli specifici software per la creazione di tali mappe, altra cosa rispetto alle mappe concettuali, da cui si differenziano per strutturazione, modelli realizzativi, ambiti di utilizzo.

12) A. La sinettica (tecnica di unione di elementi diversi) è una particolare tecnica creativa, fondata sul principio della concentrazione delle idee, elaborata dallo statunitense William Gordon nel 1961. A differenza del *brainstorming*, cui spesso è associata, tale metodologia tenta di stimolare la mente andando oltre gli spazi della libera associazione. Fondata sul pensiero analogico, la sinettica si può avvalere di diversi tipi di analogie, ad esempio con il mondo naturale, delle immagini, della fantasia, al fine di rivedere la questione su cui si sta riflettendo sotto aspetti diversi. Alla fine si riconducono le idee emerse alla problematica iniziale, allo scopo di formulare possibili soluzioni.

13) C. Il termine *concassage*, traducibile in italiano come tecnica della frantumazione, è una metodologia, applicata anche in ambito didattico, mirata a frammentare e ricomporre in modo nuovo gli elementi fondanti di un'idea e/o di una particolare problematica. Principio del *concassage* è il rovesciamento continuo della questione oggetto d'analisi, mediante un cambiamento del punto di vista, per poi tirare le somme di tale deformazione. È dunque una pratica che consente di osservare alcune problematiche da angolazioni nuove, promuovendo il pensiero creativo del discente.

14) A. A elaborare quella nota come *teoria multifattoriale* è stato Louis Leon Thurstone (1887-1955), il quale ha portato avanti, nei suoi studi (cfr. *Analisi Multifattoriale*, 1931; *Capacità mentali fondamentali*, 1938), un'analisi sulla struttura dell'intelligenza. Superando la teoria bifattoriale precedentemente proposta da Spearman (1863-1945), lo studioso americano ipotizza che la performance offerta in un test dipenderebbe da sette abilità primarie, le quali si combinano tra loro e determinano diverse attività di pensiero.

15) A. Louis Leon Thurstone ha sostenuto che i risultati ottenuti da un soggetto nei vari test non possono essere influenzati dall'intelligenza generale, piuttosto da quelle che lui stesso definisce "abilità primarie" e identifica in: abilità numerica (fattore N); comprensione verbale (fattore V); fluidità verbale (fattore W); memoria meccanica o associativa (fattore M); ragionamento (fattore R); velocità percettiva (fattore P); visualizzazione spaziale (fattore S).

16) D. La teoria multifattoriale di Louis Leon Thurstone si contrappone alla teoria bifattoriale di Charles Spearman (1904) secondo la quale ogni prestazione cognitiva agiscono due fattori, ovvero un *fattore g*, generale, che interviene in tutte le performance cognitive, e un *fattore s*, caratteristico invece di una determinata abilità cognitiva. La prestazione offerta in uno specifico test di intelligenza scaturirebbe dunque dall'intervento di una capacità mentale generale (g) e di un'attitudine mentale specifica (s).

17) D. Joy Paul Guilford (1897-1987) ha elaborato un modello multifattoriale e creativo dell'intelligenza: lo studioso, sostenendo che non vi sono relazioni tra le diverse capacità di un individuo, ha individuato tre categorie intellettive comprendenti ognuna un certo numero di abilità: 1) *operazioni mentali* (cognizione, ipotesi, memoria, capacità di scelta e di verifica, produzione del pensiero convergente e, in particolare, produzione del pensiero divergente); 2) *prodotti* (operazioni mentali applicate ai contenuti che si suddividono in unità, classi, relazioni, sistemi, trasformazioni, relazioni ed implicazioni); 3) *contenuti ideativi*, che si configurano non solo come schemi (colore, suono e forma della realtà) o come simboli (disegni, lettere dell'alfabeto, segni convenzionali), ma anche come forme semantiche (contenuti espressi in parole) e come schemi comportamentali (intenzioni, azioni, sentimenti).

18) D. Le due opere più significative di Joy Paul Guilford sono *Natura dell'intelligenza* (1967) e, appunto, *La struttura dell'intelligenza* (1969).

19) C. A parlare di sorpresa produttiva, *effective surprise*, è Jerome Bruner (1915-2016), psicologo statunitense che ha contribuito in modo fondamentale allo sviluppo della psicologia cognitiva. Per quanto concerne l'idea di creatività di Bruner (*Processes of Cognitive Growth: Infancy*, 1968), essa ha il suo segno distintivo in un atto che produce, appunto, una sorta di sorpresa, identificabile come l'"inatteso" che colpisce l'osservatore con stupore e meraviglia, portandolo al di là dei modi comuni di sperimentare il mondo. Secondo Bruner la creatività non è da considerarsi un fatto eccezionale o bizzarro, ma sua caratteristica fondamentale sarebbe l'ovvietà, e dopo un primo momento di stupore di fronte alla sorpresa produttiva, essa viene considerata del tutto naturale.

20) C. Nel 1972 Lev S. Vygotskij ha sottolineato come il fondamento dell'attività creatrice consista nel muoversi tra un'attività riproduttrice, identificabile, dunque, come *imitatio*, e un'attività combinatrice o creativa in senso stretto (*inventio*). La creatività consisterebbe pertanto, per lo psicologo sovietico, nel combinare il vecchio in nuovi legami.

21) C. L'opera di Vygotskij in cui l'autore descrive la sua visione in merito alla creatività è *Immaginazione e creatività nell'età infantile* (1972).

22) B. La nozione di creatività come pensiero produttivo (*productive thinking*) è stata elaborata nel 1990 da Donald J. Treffinger. I fondamenti del pensiero produttivo sono per lo studioso statunitense le conoscenze di base (non solo meccaniche, ma con un certo grado di *expertise*), informazioni, strategie, capacità intellettuali, motivazione, sistemi di regolazione e controllo; le abilità specifiche del pensiero creativo e le capacità di pensiero critico rappresentano le competenze intermedie; le strategie di problem solving e decision making sono le competenze finali del *productive thinking*.

23) B. Il modello di apprendimento elaborato dallo studioso britannico Patrick Dillon nel 2006 è quello del *creative learning* (ovvero dell'apprendimento creativo). Tale modello si fonda sui seguenti elementi: conoscenza, attività, pensiero analogico; mescolamento concettuale; contesto, richieste, strumenti. Lo studioso sottolinea, inoltre, l'importanza delle occasioni di condivisione, di azione, di partecipazione emotiva.

24) A. L'autore del Test della Creatività e pensiero Divergente (TCD) è lo studioso Frank Williams (cfr. F. Williams, tr. it. *TCD. Test della creatività e del pensiero divergente*, "Materiali di diagnosi funzionale", Centro Studi Erickson, 1994). Attraverso l'analisi di 4 fattori cognitivo-divergenti del pensiero creativo e di 4 fattori emotivo-divergenti della personalità creativa, con questo test viene stilato un profilo accurato della creatività di bambini e ragazzi. Oltre a verificare la flessibilità e l'originalità delle risposte, qui viene dato spazio anche alla disponibilità verso il rischio, la curiosità, l'immaginazione e la complessità.

25) B. L'Anno Europeo della Creatività e Innovazione (*European Year of Creativity and Innovation* - EYCI) è stato il 2009. Obiettivo dell'iniziativa, promossa dalla Commissione Europea per la Cultura e l'Istruzione, è stato quello di promuovere la consapevolezza dell'importanza della creatività e dell'innovazione in quanto competenze fondamentali per lo sviluppo personale, sociale ed economico.

26) E. *Sei cappelli per pensare* è il titolo del libro scritto dallo psicologo Edward De Bono nel 1991, in cui l'autore descrive dettagliatamente la particolare tecnica di *coaching* da lui elaborata. Lo studioso sostiene che esaminare un problema da più punti di vista, corrispondenti a sei tipologie di pensiero (logica, emozioni, negatività, positività, creatività, controllo) e rappresentate da sei cappelli di diversi colori (bianco, rosso, nero, giallo, verde, blu), consenta di oltrepassare i confini abituali in cui circoscriviamo i nostri pensieri, permettendoci di trovare nuove e inaspettate soluzioni e idee.

27) D. TRIZ è un acronimo russo che sta per *Teoriya Resheniya Izobreatatelskikh Zadatch* (Teoria per la Soluzione dei Problemi Inventivi). È un metodo sviluppato da Genrikh Saulovich Altshuller (1926-1998), impiegato all'Ufficio Brevetti, giornalista e scrittore. Dall'esame di più di duecentomila brevetti Altshuller dedusse che solo una piccola parte delle invenzioni sono basate su soluzioni realmente innovative e le classificò sulla base delle modalità e dei principi creativi mediante i quali erano state realizzate. Altshuller individuò pertanto modelli attraverso i quali risolvere dei problemi, mediante azioni ricorrenti e modalità creative tipiche, tracciando in tal modo una vera e propria teoria dell'invenzione, avente lo scopo di codificare, rendendolo così ripetibile e riutilizzabile, il processo creativo in ambito tecnico e tecnologico.

28) B. Nella sua opera *L'atto della creazione* (1964) Arthur Koestler, scrittore e filosofo ungherese naturalizzato britannico, nell'identificare il fenomeno dell'associazione creativa, chiama appunto "bisociazione" l'operazione che riunisce due schemi di riferimento, contesti associativi o strutture di ragionamento normalmente ritenute inconciliabili.

29) B. Lo psicologo inglese Tony Buzan (1942), autore di saggi sull'apprendimento e la memoria, si è occupato in particolare di mappe mentali, strumenti finalizzati all'annotazione in chiave personale e alla memorizzazione.

30) A. Il metodo Papsa, che si configura come una tecnica di *problem solving* fondata sulla creatività, è stato proposto da Hubert Jaoui, esperto di Creatività Applicata e fondatore, nel 1973, del GIMCA (Gruppo Innovazione Management Creatività Applicata). È autore di saggi sulla creatività, l'innovazione e lo sviluppo personale.

31) B. L'approccio creativo proposto da Hubert Jaoui prevede un'articolazione in cinque tappe: la sigla Papsa nasce, infatti, dalla lettera iniziale di ciascuna fase, ovvero Percezione, Analisi, Produzione, Selezione, Applicazione. Il metodo Jaoui prevede una fase convergente e una fase divergente, articolazione, questa, che consente di accogliere nuove idee senza censurarle a priori. Si parte, dunque, dalla Percezione dell'obiettivo nelle sue sfaccettature e, passando per l'Analisi (scomposizione e ricomposizione dell'obiettivo) e la Produzione (individuazione di idee per raggiungere l'obiettivo), si giunge infine alla Selezione (atto creativo, nell'ambito del quale avviene la scelta dell'idea che potrebbe portare alla soluzione) e all'ideazione di modalità pratiche per la messa in atto di quanto deciso (Applicazione). L'Associazione non è contemplata in quest'articolazione.

32) A. Il *brainwriting* è un metodo scritto di sviluppo delle idee. Si tratta di una tecnica molto simile al *brainstorming* (sostanzialmente una versione grafica di quest'ultimo) applicata in particolare nei casi in cui il gruppo è poco coeso e/o dove i partecipanti siano poco propensi o abituati a parlare in pubblico. Il *brainwriting* prevede difatti che le idee prodotte non vengano immediatamente rese note al gruppo ma siano scritte su carta (un foglio di carta comune su cui tutti appuntano le proprie idee o un foglio personale). Tale tecnica viene utilizzata anche per evitare che la riflessione su un determinato problema venga dominata da singoli o piccoli gruppi.

33) B. Nei Programmi Didattici della Scuola Primaria (D.P.R. 12 febbraio 1985, n. 104), per la prima volta nella storia della scuola, si fa riferimento all'importanza dello sviluppo della creatività dei bambini. In particolare, si mette in evidenza come le funzioni motorie, cognitive e affettive, sinergicamente, debbano promuovere lo sviluppo della personalità del fanciullo e, come, inoltre, l'attenzione alla creatività debba mirare a far sì che il fanciullo conquisti la consapevolezza di sé e delle proprie possibilità, diventando progressivamente autonomo nell'uso delle conoscenze sul piano personale e sociale.

34) A. La didattica per progetti trova le sue origini nelle idee di William Heard Kilpatrick che già, nel 1918, identificò gli elementi distintivi di una didattica finalizzata ad incentivare la partecipazione attiva dello studente. Si tratta di una metodologia particolarmente importante per la promozione e lo sviluppo del pensiero laterale, dalla fase di avviamento del percorso, laddove è prevista l'esplorazione creativa delle ipotesi progettuali, alla realizzazione pratica del progetto, nell'ambito della quale il tentativo di mettere in atto strategie diversificate e vederne i relativi effetti concorre alla promozione di un pensiero produttivo.

35) E. L'ideatore del TTCT (*Torrance Test Creative Thinking*) fu, nel 1968, Ellis Paul Torrance, psicologo americano. Il test è mirato alla misurazione delle abilità di pensiero creativo e di *problem solving* mediante l'esame delle dimensioni attitudinali relative alla creatività, ovvero *fluency* (le idee più significative), *flexibility* (le differenti categorie delle risposte rilevanti), *originality* (l'originalità statistica delle risposte) ed *elaboration* (la presenza di "dettagli" nelle risposte).

36) D. Il termine *serendipità* deriva dall'antico nome persiano dello Sri Lanka e dalla fiaba *Tre Principi di Serendippo* di Cristoforo Armeno, i cui protagonisti riescono a salvarsi grazie a una serie di indizi che scoprono solo apparentemente per caso, ma in realtà grazie alla loro acutezza e allo spirito di osservazione di cui sono dotati. Per Sarnoff Mednick, studioso delle basi associative che sono a fondamento della creatività, la serendipità sarebbe una delle modalità che favorisce le associazioni di idee alla base della creatività, e si identifica come una prassi nella quale le combinazioni avvengono, appunto, in modo fortuito e casuale, in un ambiente di stimoli appropriati a produrre nuove associazioni.

37) B. La nozione di pensiero laterale (*lateral thinking*), coniata dallo psicologo maltese Edward De Bono negli anni '60 del Novecento, in contrapposizione a quella di pensiero verticale (cioè logico e razionale), è molto simile a quella di pensiero divergente, e fa riferimento a una modalità di *problem solving* improntata su un approccio indiretto (ovvero basata sulla osservazione di un problema da diverse e nuove angolazioni), andando oltre quella che sembrerebbe l'unica ipotesi di soluzione possibile: da qui il termine *laterale* indicherebbe proprio l'idea del discostarsi da quella che è, invece, una logica sequenziale e scontata nella risoluzione di un problema.

38) B. Negli studi sull'intelligenza vi sono diversi filoni teorici. L'approccio psicometrico considera l'intelligenza una capacità innata ed ereditaria e si basa sulla pratica dei test di misura dell'intelligenza; l'approccio cognitivo ricostruisce i processi mentali che sono alla base delle prestazioni; l'approccio funzionale considera invece l'intelligenza una sorta di strumento adattivo e conferisce un ruolo primario non solo alle abilità cognitive, ma anche emotive e sociali.

39) C. Nell'ambito dei suoi studi sul pensiero divergente, lo psicologo americano Joy Paul Guilford ha individuato i seguenti fattori: *fluidità o speditezza del pensiero* (tipica di un soggetto in grado di manifestare senza sforzo le proprie idee e descrivere gli eventi con un lessico ricco e scorrevole); *flessibilità di pensiero o facilità ideativa* (caratteristica di un soggetto che non ha problemi ad abbandonare gli schemi di pensiero consueti); *originalità o stranezza nel comportamento* (propria di soggetti che con facilità offrono risposte intelligenti a situazioni difficili ed intricate).

40) E. Il pensiero cosiddetto "verticale" si potrebbe anche definire "convergente". È una tipologia di pensiero logico, sequenziale, deduttivo che si fonda sulla programmazione lineare di una serie di gradini logici da prendere in considerazione uno dopo l'altro. Il pensiero verticale e convergente è tipico della mente dotata di una logica stringente e orientata verso risposte ben definite e inequivocabili.

41) A. Joseph Rossman, autore del volume *The Psychology of the Inventor* (1931), dopo aver esaminato il processo creativo di 710 inventori, ha ampliato i quattro stadi del processo creativo di Graham Wallas a sette gradi, ovvero: 1) osservazione di un bisogno; 2) analisi del bisogno; 3) rassegna di tutte le informazioni disponibili; 4) formulazione di tutte le soluzioni oggettive; 5) analisi critica delle soluzioni; 6) invenzione; 7) sperimentazione. L'incubazione è invece parte integrante della teoria di Wallas, di cui costituisce il secondo momento, successivo alla preparazione e precedente all'illuminazione.

42) D. Nella teoria dei *Sei cappelli per pensare* elaborata da Edward De Bono nel 1991, il cappello blu rappresenta il controllo e il monitoraggio, è quello cioè che trasmette calma, equilibrio e autocontrollo. Per questa ragione è anche il cappello che viene indossato sia all'inizio sia alla fine di tutto il processo di pensiero: all'inizio, per decidere quale dei cappelli indosseremo e stabilire quale ordine dovremo seguire, alla fine, per organizzare tutti gli spunti emersi e prendere una decisione. Il cappello blu rappresenta, dunque, il pensiero strutturato, quello che ci guida a ogni passo, sottolineando le alternative, proponendo nuove strategie e mantenendo il controllo in ogni sequenza, in modo da non farci perdere la strada o farci restare bloccati.

43) E. L'intelligenza cinestetica – uno dei sette tipi di intelligenza individuato dallo studioso americano Howard Gardner – è legata all'abilità motoria e alla capacità di ricercare soluzioni grazie all'abilità corporea. Il contributo di Gardner è fondamentale per la storia degli studi sulla creatività: egli ha difatti sostenuto che ogni soggetto ha attitudini specifiche e personali e non è dotato di una intelligenza generale perfettamente misurabile con i test tradizionali. Ognuno è infatti per Gardner dotato di particolari propensioni legate a determinate aree di conoscenza nelle quali sarà più creativo. Partendo da questo assunto, Gardner ha studiato lo sviluppo delle capacità artistiche nei bambini e la progettazione di strumenti per il miglioramento dell'apprendimento e della creatività attraverso un insegnamento/valutazione ad hoc.

44) B. Come spiegano Daniel Goleman, Michael Ray e Paul Kaufman nel testo *Lo spirito creativo. Imparare a liberare le idee* (2001), l'*expertise*, cioè il *know how* e l'esperienza in uno specifico settore, è, di fondamentale importanza per la promozione della creatività nei discenti, unito anche ad altri fattori, quali la passione, la costanza, il controllo dell'ansia, la capacità di vedere le cose in un modo diverso e nuovo, la disposizione a correre dei rischi.

45) A. Tra gli studiosi della Gestalt, Max Wertheimer (Praga, 1880 – New York, 1943) propone la distinzione tra il *pensiero riproduttivo*, cioè quello che registra e riproduce le cose sempre allo stesso modo, quindi in maniera meccanica, e il *pensiero produttivo*, che invece coglie il significato (cioè la struttura) di una situazione ed è in grado di riformularla in termini nuovi, a seconda delle esigenze che di volta in volta si presentano, ponendosi dunque come un tipo di pensiero creativo.

46) C. Sarnoff Mednick ha proposto, negli anni '60 del secolo scorso, la possibilità di identificare la creatività con la capacità di stabilire delle "associazioni remote", ovvero di mettere insieme in modo utile idee solitamente non collegate tra loro, combinando in maniera nuova e inconsueta elementi disparati che sembrerebbero avere inizialmente poco in comune tra loro.

47) D. Quella del *problem solving* è una strategia messa in atto per trovare, mediante metodologie ad hoc, soluzioni appropriate ad un determinato problema, tentando di individuare, attraverso le strategie possibili, la soluzione migliore. Tale strategia si può articolare in diverse fasi: *problem posing* o *problem finding*, cioè il momento in cui si individua un problema nuovo o nascosto e si identificano le coordinate spazio-temporali; *problem setting*, cioè il momento in cui si definisce la difficoltà come problema risolvibile e si individuano persone, oggetti coinvolti, ciò su cui si può intervenire; *problem solving* propriamente detto, cioè il momento in cui si elaborano le strategie di risoluzione; *decision making*, cioè il momento in cui si sceglie la soluzione più adatta ed efficace; *decision taking*, cioè il momento finale, in cui si applicano le decisioni prese.

48) B. Per Joy Paul Guilford, uno dei principali aspetti che caratterizzano il pensiero divergente è la *fluidità*, cioè la capacità di produrre un gran numero di idee, a prescindere dalla loro validità, qualità o adeguatezza al fine della risoluzione del problema. Quanto più numerose e varie sono le idee e le ipotesi prodotte, tanto più grande è la possibilità che una di queste sia in grado di portare allo scioglimento del problema.

49) D. Nell'opera *The Triarchic Mind. A New Theory of Human Intelligence* (1988), Robert Sternberg sottolinea come l'intelligenza si articoli in tre modalità fondamentali: analitica, creativa e pratica. L'intelligenza analitica riguarda la capacità di analizzare, di valutare, di esprimere giudizi. L'intelligenza creativa è di stampo intuitivo e si manifesta nella capacità di ideazione, scoperta, immaginazione. L'intelligenza pratica è connessa con l'abilità di adoperare strumenti, mettere in atto procedure e progetti.

50) D. Il *problem setting*, che consiste nella identificazione di un bisogno o un disagio come problema concreto, è parte integrante della strategia del *problem solving*. In questa fase avviene la delimitazione del problema e l'individuazione di ciò su cui si può indirizzare il proprio intervento. Di fondamentale importanza, nell'ambito del *problem setting*, l'utilizzo di strumenti specifici della qualità e della stimolazione del pensiero, quali la matrice SWOT, i *Sei cappelli per pensare* di De Bono, il *brainstorming* di Osborn.

51) A. La matrice SWOT, altrimenti detta analisi SWOT, nasce da un'idea di Albert Humphrey, coordinatore di un progetto di ricerca presso la Stanford University negli anni '60 del secolo scorso. Si tratta di una metodologia di pianificazione applicata per la valutazione sistematica e strategica dei punti di forza (*strengths*), di debolezza (*weaknesses*), delle eventuali opportunità (*opportunities*) e dei rischi (*threats*) di qualsiasi progetto decisionale mirato al raggiungimento di un obiettivo. Si tratta di una metodologia che trova oggi larga applicazione non solo in ambito aziendale, ma anche in organizzazioni no profit, unità governative e, sempre più spesso, in ambito didattico, al fine di valutare fattori interni ed esterni favorevoli e/o sfavorevoli per il raggiungimento di un determinato obiettivo.

52) D. La *solution map* è una sorta di ibrido tra la mappa concettuale e la mappa mentale. Per la struttura, di tipo gerarchico e associativo, la geometria radiale e l'uso dell'evocatività può infatti essere assimilata a una mappa mentale; le descrizioni testuali estese e l'impiego di codifiche iconiche, cromatiche e testuali la assimilano invece a una mappa concettuale. Una *solution map*, nata come mappa mentale, può, raccogliendo idee e spunti, strutturando e sistematizzando informazioni, trasformarsi in una mappa cognitiva. Caratteristica precipua di una *solution map* è la realizzazione in forma digitale, attraverso l'impiego di software che ne agevolano la fruizione. Mappe di questo tipo vengono impiegate, oltre che in ambito aziendale, anche nella formazione per la gestione di progetti.

53) E. La creatività non dipende solo dall'intelligenza e deve essere promossa e sviluppata con l'educazione. Compresa l'importanza della creatività nello sviluppo della personalità del figlio o dell'allievo, ogni genitore e insegnante dovrebbe creare le condizioni affinché venga stimolato e promosso lo spirito creativo. È bene che in ambito didattico l'alunno in possesso del pensiero divergente non venga visto come personaggio scomodo e diverso, ma incoraggiato, assicurandogli fiducia indipendentemente dalle condizioni del momento. L'allievo, percependo questo clima di sicurezza, acquisisce autostima e si abitua, da un lato, a superare gradualmente gli eventuali disagi psicologici e, dall'altro, a realizzare, attraverso delle attività creative, la sua personalità.

54) C. Dire che la creatività artistica ha un'efficacia catartica (dal greco *katharsis* = purificazione) vale a dire che essa ha una funzione liberatrice ed emancipatrice. L'arte è difatti un'attività creativa che si configura come la risultante dell'intercomunicazione tra l'essenza delle cose e la libera espressività dell'artista: è, dunque, sfogo e scarica emozionale, comprensione intellettuale della realtà, recupero della libertà di azione ed ispirazione dell'artista.

55) B. Paul Watzlawick (1921-2007), esponente della Scuola di Palo Alto e fondatore dell'approccio sistemico, elaborò, nell'ambito degli esperimenti mirati a testare l'intelligenza creativa, un problema noto come dei "nove punti neri", consistente nel congiungere nove punti presenti su un foglio con quattro linee rette senza mai staccare la penna dal foglio.

56) E. Con l'aggettivo "convergente" si designa una tipologia di pensiero che prevede, nell'ambito della risoluzione di un problema, la possibilità di un percorso di carattere logico e improntato sulla razionalità, sequenziale e deduttivo, fondato sulla applicazione meccanica di regole e su una analisi metodica dei dati a disposizione. È particolarmente adatto a problemi di tipo chiuso, che prevedono cioè un'unica possibilità di soluzione. Con gli aggettivi divergente, laterale e produttivo ci si riferisce invece ad una tipologia di pensiero creativo, alternativo, originale, sollecitato da particolari situazioni che prevedono più e alternative modalità di risoluzione.

57) E. La flessibilità, ovvero la capacità di passare da una successione di idee (catena) all'altra, da una categoria di elementi ad un'altra è, secondo Guilford (1967), uno tra i principali aspetti che contraddistinguono il pensiero divergente. Gli altri sono: fluidità (capacità di produrre tante idee), originalità (capacità di trovare idee insolite), elaborazione (capacità di percorrere sino in fondo la linea intrapresa), valutazione (capacità di selezionare l'idea più pertinente allo scopo).

58) A. Un soggetto dotato di uno stile di apprendimento "divergente" è in grado di impiegare le informazioni a disposizione per "divergere" in modo autonomo, personale, imprevedibile, producendo soluzioni creative e originali.

59) D. Un soggetto dotato di uno stile di apprendimento "verbale", nel memorizzare determinati dati, tende a prestare più attenzione alle parole e, in generale, agli stimoli linguistici. Un soggetto che tende, invece, a soffermarsi sui particolari quando osserva, scrive o legge, è dotato di uno stile analitico; un soggetto in grado di isolare i singoli elementi dalla totalità percettiva in cui sono inseriti ha uno stile di apprendimento "indipendente dal campo".

60) B. Tra i colori della teoria dei "sei cappelli" di Edward De Bono, formulata nell'opera *Sei cappelli per pensare* (1991), non è presente il marrone. In questa attività orientata all'esame di un problema, ogni cappello rappresenta una diversa tipologia di pensiero: il cappello bianco indica l'oggettività dei dati; il cappello verde simboleggia la fantasia e la voce delle idee; il cappello giallo concerne le valutazioni positive e costruttive; il nero, per converso, esprime tutte le valutazioni negative; il rosso è il punto di vista emotivo; il blu concerne l'organizzazione e la traduzione in pratica delle idee.

61) E. Il pensiero divergente è un modo particolare di pensare, un modo di pensare che implica "originalità" e "fluidità", che rompe con i modelli esistenti introducendo qualcosa di nuovo. In altre parole, è un pensiero capace di risposte flessibili e soluzioni molteplici ed originali.

62) E. Roger Cousinet, nel 1925, nello sviluppare "un metodo di lavoro libero per gruppi", adegua il modello educativo della scuola alle esigenze di socializzazione degli allievi, i quali vengono divisi in gruppi di cinque o sei membri, ciascuno dei quali ha all'interno dell'aula un proprio angolo di lavoro in cui sono radunati tutti gli strumenti necessari, quali lavagna, scaffali, libri, schedari, collezioni e così via. Il maestro suggerisce agli allievi gli argomenti, fornisce loro i materiali di documentazione, illustra le regole di lavoro, ma gli allievi sono liberi di scegliere come condurre il loro lavoro. Cousinet voleva dimostrare che per mezzo del lavoro di gruppo gli scolari hanno la possibilità di acquisire una coscienza sociale, all'interno della quale l'attività didattica è il risultato di una integrazione degli sforzi di ciascun allievo con gli sforzi del gruppo-classe.

63) E. Célestin Freinet, maestro e pedagogista, mise da parte i testi ed elaborò delle "tecniche" pedagogiche (egli stesso insisteva sul termine, alludendo all'uso di nuovi strumenti operativi, diverso dal metodo, di solito astratto): il "Testo libero"; il "Giornale Scolastico"; il "Calcolo vivente" e la "Tipografia scolastica", la più nota delle sue tecniche.

64) D. Il Piano Dalton – teorizzato e sperimentato da Helen Parkhurst negli Stati Uniti attorno agli anni Venti – mantiene oggi un'indiscutibile vitalità pedagogica per via delle sue due architravi didattiche a sostegno di un progetto di scuola rispettoso dei bisogni e delle attitudini degli allievi. Prima architrave: la scuola dei laboratori. Seconda architrave: l'istruzione individualizzata. Questo modello di programmazione ha il merito di lasciare in gestione cognitiva al discente le varie fasi dell'attività di ricerca-scoperta culturale nell'ambito dei contenuti canonici dei programmi didattici.

65) C. Per stile cognitivo si intende, generalmente, una modalità di elaborazione dell'informazione che si manifesta in compiti diversi ed in settori diversi del comportamento. Vi sono casi in cui lo stile cognitivo viene indicato, anche dal senso comune, come una caratteristica fondamentale capace di influire non solo sugli aspetti operativo-mentali, ma anche sull'intera personalità del soggetto.

66) A. Alla fine del Novecento si afferma, anche a opera del filosofo John Dewey (1859-1952), l'attivismo pedagogico, un metodo educativo che si prefigge di creare un modello di *scuola non convenzionale*, focalizzata cioè non più sul docente, ma sull'allievo e sulle sue esigenze, all'interno della quale il compito dell'insegnante non è quello di trasmettere aride conoscenze, bensì di guidare il discente nel processo di apprendimento, stimolandolo alla socializzazione e al confronto mediante la progettazione e la realizzazione di laboratori e lavori di gruppo. Secondo Dewey, alla base delle attività che la scuola propone deve esserci l'esperienza, che va realizzata mediante un'azione pratica. L'aspetto conoscitivo puramente teorico e astratto, infatti, resta svilito se non è corroborato dall'esperienza, anzi, è proprio da questa che occorre partire, per la sua capacità di attribuire significati a tutto ciò che si conosce teoricamente. Sulla base di tale convinzione, nel suo testo *Democrazia ed educazione*, del 1916, Dewey introduce il concetto di *learning by doing*, sostenendo che l'apprendimento attraverso il fare aiuta il fanciullo a organizzare la sua conoscenza, a sviluppare la propria creatività e ad alimentare la propria motivazione, grazie all'opportunità di proporre al maestro situazioni problematiche da lui inventate e codificate, al fine di poterle risolvere con un approccio pratico.

67) C. L'insegnante è sempre il mediatore dell'apprendimento e quindi esercita una funzione di controllo e di orientamento dell'andamento del lavoro, intervenendo per chiarire il compito o per ridefinire le modalità di gestione del gruppo, qualora sia necessario. Il gruppo non è quindi lasciato a se stesso né affidato a un unico leader; il lavoro cooperativo si caratterizza infatti, tra le altre cose, anche per la leadership flessibile, stabilita sulla base delle competenze necessarie al conseguimento del risultato stabilito. Il gruppo cooperativo persegue l'obiettivo sia di migliorare i rapporti tra i componenti sia di conseguire i previsti obiettivi di apprendimento.

68) E. L'originalità è la capacità di produrre cose nuove e non banali. La pertinenza si riferisce alle produzioni, che non devono essere prive di senso ma adeguate e dotate di una loro coerenza. La fluidità è la capacità di produrre, a partire da uno stimolo dato, un notevole numero di alternative o soluzioni. La flessibilità, connessa e conseguente alla fluidità, è la capacità di variare le categorie ideative, ma anche di governare l'incertezza e di non lasciarsi disorientare dalla complessità o anche da un iniziale disordine. Questo tratto comprende anche la capacità di inoltrarsi in nuovi ambiti, dunque di affrontare i rischi connessi mostrandosi autonomi. L'elaborazione è la capacità di analizzare in modo molto dettagliato e approfondito ciò che si è prodotto. Tutte le altre alternative combinano convinzioni di senso comune in merito alla creatività.

69) A. Si tratta di Donald Woods Winnicott (1896-1971), medico e psicoanalista inglese, noto per aver studiato – in modo particolare – le relazioni oggettuali (suo il concetto di oggetto transizionale) e la funzione di *holding* (contenimento) della madre rispetto alle angosce del bambino (la citazione riportata nella domanda è tratta da *Gioco e realtà*, Armando Editore, Roma, 1971, pp. 123-125).

70) A. Erich Fromm (1922-1980) è stato uno psicoanalista e un sociologo tedesco, benché sia divenuto cittadino statunitense nel 1940. Il suo pensiero è riconducibile al cosiddetto "Umanesimo normativo". Fromm, infatti, sostiene che: 1. esista una natura umana universale; 2. la specie uomo si possa definire, oltre che in termini fisici, anche in termini psichici; 3. sia possibile rilevare scientificamente e descrivere in termini positivi tale natura umana. Nella visione di Fromm, lo scopo primario della scienza dell'uomo è quello di giungere ad elaborare la definizione di essere umano. Nel suo celebre lavoro *Psicoanalisi della società contemporanea*, lo studioso tedesco-americano elabora una teoria secondo la quale l'intera società può essere malata. Fromm, infatti, pone l'accento sul ruolo che l'ambiente gioca in relazione allo sviluppo della malattia psichica individuale. In altri termini, se la società è malata può condizionare gli individui sani e portarli fino alla malattia (il brano presentato è tratto da E. Fromm, *L'atteggiamento creativo*, in H.H. Anderson (a cura di), *La creatività e le sue prospettive*, La Scuola, Brescia, 1972).

Parte Terza
Competenze didattico-metodologiche

SOMMARIO

Questionario 1   Didattica generale e speciale

Questionario 1
Didattica generale e speciale

1) **Cosa s'intende con l'espressione *learning by doing*?**
A. Apprendere per ottenere la padronanza del sapere
B. Imparare facendo
C. Imparare per soluzione di problemi
D. Imparare per tentativi ed errori
E. Imparare a fare

2) **Nella scuola della programmazione è vincente:**
A. una procedura *intenzionale*
B. una procedura *non intenzionale*
C. una procedura *spontanea*
D. una procedura *indiretta*
E. nessuna delle precedenti

3) **Quale tipo di valutazione viene realizzato prima dell'attuazione di un progetto formativo, in quanto finalizzato a verificare in primo luogo la fattibilità e la pertinenza dell'intervento educativo?**
A. La valutazione intermedia
B. La valutazione sommativa
C. La valutazione *in itinere*
D. La valutazione *ex ante*
E. La valutazione finale

4) **Gli *indicatori di qualità dell'integrazione* sono:**
A. indicatori strutturali, di processo, di risultato
B. indicatori contestuali, personali, relazionali
C. indicatori medico-psicologici, pedagogici, socio-culturali
D. indicatori interni alla persona e all'ambiente
E. indicatori relazionali, pedagogici, di contesto

5) **Quando si applica il *Cooperative Learning* come metodologia didattica la valutazione:**
A. non è possibile, poiché non si può identificare il lavoro di ciascuno
B. non è applicata, per non innescare dinamiche competitive nel gruppo
C. è di gruppo, senza alcun riferimento all'impegno individuale

D.   è duplice, in quanto investe il lavoro individuale e di gruppo
E.   è mirata al solo lavoro individuale per farlo emergere dal gruppo

6) **Nel processo di insegnamento-apprendimento la misurazione assolve la funzione di:**
A.   regolare il processo di apprendimento
B.   formulare un giudizio sui risultati raggiunti
C.   valutare la prestazione di tutti gli allievi
D.   accertare il conseguimento degli obiettivi
E.   valutare la qualità dell'insegnamento

7) **Il *mastery learning* è:**
A.   una tecnica di lettura veloce dei testi
B.   una strategia di insegnamento individualizzato
C.   un metodo di valutazione del gruppo classe
D.   la capacità di apprendere attraverso l'esempio dell'insegnante
E.   una metodologia di valutazione dell'apprendimento

8) **Quale tra le seguenti fasi non fa parte del *mastery learning*?**
A.   La fase di associazione
B.   La fase di recupero
C.   La determinazione degli obiettivi cognitivi
D.   La valutazione formativa
E.   La suddivisione della materia in unità didattiche

9) **Con la definizione di "individualizzazione dell'insegnamento" si intende:**
A.   una situazione di apprendimento nella quale viene privilegiato il lavoro individuale degli studenti
B.   una modalità di insegnamento individuale
C.   una condizione di insegnamento-apprendimento nella quale viene assicurato il rapporto uno a uno docente/studente
D.   una strategia didattica che consente di adattare i contenuti disciplinari alle capacità cognitive dello studente medio
E.   una strategia didattica che consente di adattare l'insegnamento alle caratteristiche individuali degli studenti

10) **Un *prompt*:**
A.   è una metodologia di studio che consente all'allievo di richiamare in memoria tutte le sue conoscenze pregresse rispetto a un determinato tema
B.   è una tecnica di apprendimento utilizzata nel lavoro di gruppo, che consiste in una catena di domande e risposte utili per avviare la discussione
C.   è un sistema di valutazione che permette al docente di misurare in modo oggettivo la conoscenza degli allievi, attraverso una batteria di domande a risposta chiusa

D. può essere definito come uno stimolo, fornito dal docente all'allievo, il cui scopo è appunto quello di stimolare e facilitare la risposta
E. rappresenta uno stile cognitivo osservabile in quegli allievi caratterizzati da una elevata capacità di comprensione e di espressione dei concetti complessi

11) Il *fading* è una strategia comportamentale che agisce per mezzo:
A. della diversificazione delle competenze
B. dell'osservazione diretta del modello
C. dell'attenuazione graduale dello stimolo
D. del graduale modellamento della competenza
E. dell'evidenziamento graduale dello stimolo

12) La tecnica che prevede un soggetto che osserva e un soggetto esperto definito modello è nota come procedura di:
A. modellaggio
B. modellistica
C. modellatura
D. modellamento
E. imprinting

13) Nella tecnica di concatenamento (*chaining*) i comportamenti complessi suddivisi in segmenti sono appresi:
A. unitariamente (tutti i segmenti sono sottoposti ad un solo processo di apprendimento)
B. nessuna risposta è corretta
C. alternativamente (si alternano casualmente apprendimenti singoli e apprendimenti unitari)
D. distintamente (ciascun segmento è sottoposto ad un distinto processo di apprendimento)
E. retroattivamente (si decide la scansione degli apprendimenti dopo la stimolazione iniziale)

14) Esistono due diverse tipologie di *chaining*:
A. anticipatore e funzionale
B. antecedente e retroattivo
C. anterogrado e funzionale
D. anterogrado e retrogrado
E. anticipatore e retrogrado
F.

15) Nell'ambito della progettazione didattica, le finalità sono:
A. dei punti di vista condivisi collegialmente dai docenti
B. dei criteri da seguire per la programmazione

C. degli obiettivi allargati
D. delle linee guida, degli orientamenti, dei principi d'azione
E. degli orientamenti educativi

16) Indicare quale tra questi è un obiettivo specifico di apprendimento formulato correttamente:
A. dato un insieme di cubi colorati, Chiara è in grado di raggruppare i cubi di colore uguale
B. alla fine dell'anno tutti i bambini saranno prevedibilmente abbastanza autonomi
C. Marco, 2 anni e 5 mesi, alla fine di ottobre avrà maturato certe forme di socializzazione
D. al termine dell'unità didattica tutti i bambini avranno interiorizzato i concetti esposti
E. nessuno dei precedenti obiettivi è formulato correttamente

17) Per *microteaching* si intende una procedura di:
A. insegnamento individualizzato
B. definizione di sotto-obiettivi di insegnamento utilizzabile essenzialmente nella fase della progettazione
C. osservazione, controllo e analisi del comportamento dell'insegnante utilizzata soprattutto in ambito formativo
D. insegnamento per piccoli gruppi omogenei di alunni da utilizzarsi quando i compiti si rivelano difficili
E. supervisione del processo di apprendimento da affidare a specifiche tecniche di videoregistrazione

18) Per progettazione si intende:
A. un'attività di preparazione per la realizzazione di un intervento di cambiamento della situazione attuale
B. l'organizzazione degli interventi formativi che si attuano in un qualunque contesto scolastico
C. un piano di attività finalizzate e formalizzate in azioni specifiche
D. la definizione delle linee generali di una data attività
E. l'organizzazione delle attività il cui svolgimento è previsto per l'anno scolastico

19) Con la locuzione *Learned Helplessness* si intende:
A. senso di impotenza appreso
B. apprendimento tra pari in gruppo
C. incapacità di apprendere il senso di impotenza
D. mutuo aiuto reciproco tra pari
E. senso di inefficacia e di disistima

20) In cosa consiste il metodo della *Task Analysis* (analisi del compito)?

A. Nella scomposizione di un compito al fine di ottenere un diagramma di flusso che permetta di ottenere la soluzione a tale compito
B. Nell'analisi di un problema mediante un atteggiamento di problem solving
C. Nella scomposizione di un comportamento complesso in una sequenza di step più semplici
D. Nell'analisi delle possibili risposte ad una medesima questione
E. Nell'analisi delle diverse reazioni a un trauma indotto

21) Quale tra queste non è una modalità di apprendimento?
A. Osservazione
B. Osmosi
C. Imitazione
D. Per prove ed errori
E. Condizionamento

22) Quando si parla di obiettivi si fa riferimento a:
A. i risultati di apprendimento degli allievi
B. gli scopi che gli insegnanti si propongono
C. gli scopi e i fini previsti dalla scuola
D. le linee guida contenute nelle Indicazioni Nazionali
E. gli scopi dell'offerta formativa

23) Cosa si intende per valutazione formativa?
A. Una valutazione che renda conto dell'andamento globale dell'alunno nel corso dell'intero anno scolastico
B. Una valutazione che sia utile alla crescita dell'alunno
C. Una valutazione della formazione degli insegnanti
D. Una valutazione di tipo formale
E. Una valutazione svolta all'inizio dell'anno scolastico per capire i livelli di partenza degli alunni

24) Riguardo all'apprendimento della lettura, un approccio didattico basato sulla metacognizione ha come obiettivo principale di sviluppare, consolidare, incrementare nell'allievo:
A. un approccio critico nei confronti della lettura
B. un sano atteggiamento nei confronti della lettura
C. un'apertura rispetto ai propri problemi di lettura
D. la consapevolezza degli scopi della lettura
E. la capacità di leggere

25) I programmi di apprendimento senza errori lineari sono:
A. metodiche di valutazione retroattive

- B. strategie di motivazione della lettura e della scrittura
- C. procedure di facilitazione dell'apprendimento
- D. tecniche di controllo dell'iperattività
- E. tecniche di elaborazione e semplificazione degli obiettivi

26) Che cosa è il *Cooperative Learning*?
- A. Un metodo didattico in cui un compagno più esperto aiuta un altro in difficoltà
- B. Una tecnica di gestione dei comportamenti degli alunni
- C. Una modalità di apprendimento in gruppo
- D. Una modalità di insegnamento
- E. Una cooperativa sociale

27) L'espressione italiana *modellaggio* è riconducibile al termine anglosassone:
- A. chaining
- B. fading
- C. shaping
- D. modeling
- E. scaffolding

28) Per mezzo del modellaggio possono essere padroneggiate:
- A. solo competenze complesse che sono inizialmente nel repertorio potenziale del soggetto
- B. anche competenze complesse che sono inizialmente al di fuori del repertorio potenziale del soggetto
- C. competenze semplici e complesse purché siano inizialmente nel repertorio potenziale del soggetto
- D. anche competenze semplici a patto che siano inizialmente nel repertorio potenziale del soggetto
- E. solo competenze semplici che sono inizialmente al di fuori del repertorio potenziale del soggetto

29) Lo *shaping* è una tecnica che si fonda su programmi di:
- A. gestione informatizzata del compito
- B. controllo alternato della risposta
- C. rinforzamento sistematico
- D. osservazione di un altro soggetto
- E. stimolazione sistematica

30) Il modello di apprendimento scolastico elaborato da B.S. Bloom prende in considerazione le seguenti variabili:
- A. personalità dell'allievo, qualità dell'insegnamento, obiettivi di apprendimento
- B. dimensione della personalità dell'allievo, dimensione della personalità dell'insegnante, compito di apprendimento

C. comportamenti cognitivi d'ingresso, caratteristiche affettive d'ingresso, qualità dell'istruzione
D. prerequisiti specifici, prerequisiti generali, concetto di sé scolastico e concetto di sé generale
E. comportamenti d'ingresso dell'allievo, obiettivi dell'apprendimento, qualità dell'insegnamento erogato

31) Il termine *scaffolding* è stato elaborato dal seguente studioso:
A. Piaget
B. Bruner
C. Vygotskij
D. Bloom
E. Skinner

32) Il modello delle classi aperte deve essere considerato come:
A. una strategia
B. un'attività
C. una procedura
D. un metodo
E. un'iniziativa

33) Le unità di apprendimento si presentano come modello basilare:
A. per indicare il curricolo di uno studente nel suo ciclo di studi
B. per definire con chiarezza i criteri di valutazione
C. per indicare il progetto annuale delle attività scolastiche
D. per l'organizzazione del curricolo
E. per tenere conto delle esigenze dei singoli alunni

34) La programmazione per obiettivi può, ancora oggi, intervenire a sostegno dei nuovi compiti e delle nuove esigenze cui la scuola deve rispondere, poiché consente di:
A. effettuare una chiara declinazione in riferimento ai bisogni generali
B. definire e perseguire gli obiettivi delle unità di apprendimento
C. cogliere e indicare la relazione tra i bisogni generali, i prerequisiti e le competenze attese in uscita
D. tutte le risposte precedenti
E. nessuna delle risposte precedenti

35) Una precisa formulazione degli obiettivi è condizione essenziale:
A. per definire chiari criteri di valutazione e costruire adeguate prove di verifica
B. per facilitare la comunicazione tra tutti i soggetti del mondo scolastico
C. per selezionare contenuti, metodi, strumenti della progettazione didattica

D. per orientare gli studenti portando la loro attenzione sui risultati dei processi di apprendimento
E. tutte le risposte sono corrette

36) Quale tipo di programmazione pone l'attenzione sulla qualità dei processi cognitivi, sulla sollecitazione e acquisizione di condotte mentali e, quindi, i suoi obiettivi non sono di prodotto, ma di tipo processuale?
A. La programmazione per obiettivi
B. La programmazione disciplinare
C. La programmazione tradizionale
D. La programmazione per principi procedurali
E. La programmazione curricolare

37) Gli obiettivi di un percorso formativo:
A. tutte le risposte sono corrette
B. definiscono la macrostruttura del corso e delle unità didattiche, descrivendo le conoscenze e le capacità che il discente acquisirà alla fine di un corso di formazione
C. permettono la pianificazione del percorso formativo del discente, descrivendo le competenze che acquisirà e fornendo la visione della professionalità maturata
D. forniscono una visione complessiva delle finalità dell'intervento formativo, descrivendo il risultato che l'organizzazione potrà raggiungere grazie ad esso
E. definiscono la struttura di un *learning object* descrivendo le conoscenze e capacità che il discente acquisirà alla fine della fruizione di un singolo modulo o attività didattica

38) Gli indicatori che più frequentemente vengono utilizzati per condurre la valutazione ex post riguardano:
A. l'innovazione e la trasferibilità dell'esperienza in altri contesti e con altri target di riferimento
B. l'efficacia (rapporto obiettivi-risultati), l'efficienza (rapporto obiettivi-risultati-costi), l'innovazione e la trasferibilità dell'esperienza in altri contesti e con altri target di riferimento
C. l'innovazione e l'efficienza
D. l'efficacia (rapporto obiettivi-risultati) e l'efficienza (rapporto obiettivi- risultati-costi)
E. l'efficacia (rapporto obiettivi-risultati) e la trasferibilità dell'esperienza in altri contesti e con altri target di riferimento

39) La programmazione per concetti:
A. è l'attività che pone gli alunni in grado di costruire il disegno reticolare della disciplina da apprendere

B. è sinonimo della programmazione per obiettivi
C. fu formulata da Comenio nella *Didactica Magna*
D. si basa sulla motivazione dell'educando
E. viene utilizzata nella Didattica Speciale

40) Con l'espressione *strategia didattica* si intende:
A. l'insieme degli elementi di conoscenza, decisione e attività necessari per promuovere l'apprendimento
B. un programma di istruzione
C. il lavoro di équipe dei docenti
D. un documento del PEI
E. un obiettivo della programmazione didattica

41) Nel processo didattico la valutazione svolge diverse funzioni, tra queste vi è anche quella:
A. euristica
B. diagnostica
C. regolamentativa
D. argomentativa
E. psicodinamica

42) Le fasi di preparazione per la realizzazione della procedura di tutoring sono:
A. addestramento del tutor, sperimentazione in situazione classe, osservazione e feedback, eventuali modifiche
B. introduzione teorica, addestramento del tutor, eventuali modifiche
C. addestramento del tutor, simulazione in situazione controllata, applicazione e feedback, eventuali modifiche
D. introduzione teorica, scelta di strategie didattiche, applicazione e feedback, eventuali modifiche
E. selezione del tutor, addestramento del tutor, progettazione, applicazione in classe, valutazione degli alunni

43) Per la realizzazione di un insegnamento che possa essere definito efficace è condizione indispensabile:
A. la disponibilità di adeguate strumentazioni multimediali
B. la capacità di elaborare un progetto didattico sistematico
C. la partecipazione dell'insegnante di sostegno
D. la scelta di materiali didattici strutturati e non strutturati
E. la partecipazione di insegnanti curriculari e di sostegno

44) Nelle difficoltà di apprendimento le tecnologie informatiche:
A. sono disfunzionali in quanto potrebbero sviare l'attenzione dell'apprendente

B. sono dannose in quanto accentuano i disturbi già presenti nel soggetto
C. sono utili strumenti di ausilio per raggiungere l'autonomia formativa
D. sono utili ma solo nei primi anni di scuola
E. sono utili solo negli ultimi anni di scuola

45) Attualmente nell'educazione delle persone sorde uno degli approcci più utilizzati e considerati efficaci è il metodo:
A. bimodale
B. Mézières
C. orogestuale
D. Klinsmann
E. cooperativo

46) Quali tra i seguenti tipi di sostegno sono ritenuti possibili dalla letteratura scientifica?
A. A ping pong, di confine, di sfondo
B. Di rinforzo
C. Nessuna delle alternative è corretta
D. Di accompagnamento, di controrisposta, della mano anonima
E. A ping pong, di confine, di sfondo, di accompagnamento, di controrisposta, della mano anonima

47) I dispositivi e gli accorgimenti che consentono l'uso delle tecnologie informatiche alle persone con disabilità sono definiti come:
A. accessibilità informatica
B. viabilità informatica
C. superabilità informatica
D. agibilità informatica
E. facilitazione informatica

48) Gli ausili informatici possono essere distinti in:
A. ausili di accesso, autonomia e controllo
B. ausili di accesso, autonomia e riabilitazione
C. ausili di input, funzionamento e output
D. ausili di accesso, conservazione e stabilizzazione
E. ausili di accesso, configurazione e riabilitazione

49) La barra braille è un tipico esempio di ausilio per la disabilità:
A. motoria
B. cognitiva
C. visiva
D. uditiva
E. intellettiva

50) La didattica speciale si caratterizza per la sua:
A. aspecificità, connotandosi come un settore scientifico disciplinare trasversale
B. specificità, rivolgendo la propria azione esclusivamente ai soggetti con disabilità
C. specificità, rivolgendo la propria azione a tutti gli alunni per promuovere l'integrazione
D. nessuna delle risposte è corretta
E. aspecificità, connotandosi come una nuova disciplina poco strutturata e non indipendente

51) Il compito della didattica speciale è quello di:
A. permettere l'apprendimento di concetti molto complessi
B. rendere sempre più speciale ogni forma di intervento educativo
C. acquisire strumenti, procedure e strategie da altri domini scientifici
D. rispondere ai bisogni educativi speciali in modo unico e indifferenziato
E. ripristinare forme di intervento specialistiche differenziate

52) In ambiente educativo speciale un elemento qualificante la professionalità docente è rappresentato dalla capacità di:
A. procedere secondo un metodo sperimentato e consolidato nel tempo
B. articolare una pluralità di procedure flessibili e differenziate
C. imporre una procedura universalmente valida
D. dirigere l'intervento in base alle esperienze professionali positive documentate nel tempo
E. contribuire al miglioramento della qualità delle relazioni interpersonali in contesti differenziati

53) Quando l'offerta didattica è finalizzata a portare tutti gli allievi al raggiungimento degli obiettivi comuni mediante la modificazione e l'adattamento delle strategie didattiche si parla di:
A. individualizzazione
B. mastery learning
C. personalizzazione
D. facilitazione
E. inclusione

54) Per un allievo che presenta difficoltà nell'apprendimento si decide di costruire un percorso didattico finalizzato al raggiungimento di obiettivi diversi da quelli del gruppo classe. In questo caso siamo in presenza di un percorso:
A. razionalizzato
B. deviato
C. personalizzato
D. ridotto
E. individualizzato

55) I dati psicosociali che si acquisiscono nella Diagnosi Funzionale riguardano:
A. gli aspetti caratteriali del soggetto
B. i dati anagrafici e le caratteristiche del nucleo familiare
C. il contesto ambientale e la valutazione dei prerequisiti
D. il tipo di disturbo o patologia accertati e i dati anagrafici
E. l'analisi dello sviluppo potenziale a breve termine

56) Affinché possa essere redatta una diagnosi (ad esempio di disturbo specifico di apprendimento) occorre che siano presi in considerazione:
A. criteri di inclusione e fattori di esclusione
B. variabili differenziali e punti di inclusione
C. criterio di vicinanza e fattori di intimità
D. criteri di esclusione e fattori di rischio
E. fattori di discriminazione e criteri di isolamento

57) L'utilizzazione della *Task Analysis* nella progettazione di un percorso didattico contribuisce a migliorare la qualità dell'insegnamento in quanto anche dopo l'espletamento del compito assegnato e in sede di verifica permette di:
A. identificare con precisione ciò che non va nell'allievo e ha ostacolato il raggiungimento del livello accettabile di padronanza
B. identificare i disturbi specifici dell'apprendimento
C. ricavare dati sommativi per valutare le cause che possono aver prodotto un insuccesso nel percorso di apprendimento
D. scoprire con precisione ciò che non ha funzionato in un compito e ha ostacolato il raggiungimento del livello criteriale di padronanza
E. descrivere globalmente le caratteristiche del compito eseguito e analizzare le concause esterne

58) La funzione fondamentale dell'analisi del compito (*Task Analysis*) è quella di permettere al docente di:
A. assistere il tutor e collaborare alla sperimentazione in classe
B. accorpare parti separate in un'unica parte da far conseguire globalmente
C. scandire e suddividere un compito nelle sue componenti di base
D. frammentare casualmente un compito facilitando i processi intuitivi
E. lasciare all'allievo la piena libertà di apprendere ciò che vuole

59) Le caratteristiche fisiche, psichiche, sociali e affettive di un alunno disabile, le difficoltà di apprendimento conseguenti alla situazione di disabilità e le possibilità di recupero sono indicate:
A. nel Profilo Dinamico Funzionale
B. nel piano dell'offerta formativa
C. nel piano individuale di studi

D. nella scheda individuale di valutazione
E. nella relazione di disabilità

60) Nella definizione di una diagnosi cosa evidenziano i fattori di esclusione?
A. L'isolabilità del soggetto rispetto agli altri gruppi di lavoro
B. L'isolabilità dell'insegnante di sostegno rispetto alla scuola
C. L'isolabilità del soggetto rispetto agli altri compagni
D. L'isolabilità del disturbo rispetto ad altre difficoltà
E. L'isolabilità del soggetto rispetto all'insegnante

61) Se gli insegnanti credono che un alunno sia meno dotato degli altri lo tratteranno, anche inconsapevolmente, in modo diverso dagli altri, e il bambino interiorizzerà il giudizio comportandosi di conseguenza. Il fenomeno così descritto è chiamato:
A. effetto Pigmalione o profezia che si autoavvera
B. effetto ignoranza
C. nessuna delle altre alternative è corretta
D. effetto educativo negativo
E. effetto Gelb

62) Secondo C. Rogers, la relazione educativa esige da parte dell'insegnante un atteggiamento:
A. di disponibilità e simpatia
B. di accettazione incondizionata delle condotte dell'allievo
C. di autenticità, congruenza e ascolto empatico
D. di pazienza e intelligenza
E. di disciplina e dedizione

63) Gli elementi che caratterizzano la professionalità dell'insegnante derivano da:
A. conoscenze teoriche adeguate, in aree disciplinari e nel campo delle scienze dell'educazione e da una matura capacità di analizzare la propria esperienza
B. la conoscenza rigorosa della propria disciplina
C. una buona competenza psicopedagogica
D. l'abilità dell'insegnante nella gestione della classe
E. l'esperienza

64) Nella vita scolastica quotidiana vengono richieste ai docenti, oltre ad un'accurata preparazione disciplinare e una conoscenza puntuale delle più recenti metodologie didattiche, competenze comunicative che diventano la prerogativa indispensabile per la creazione di una buona interazione, come:
A. l'empatia
B. la simpatia
C. l'apatia
D. la telepatia
E. l'ascolto passivo

65) Che cosa si intende per "tutoring"?
A. Un supporto individualizzato dato dall'insegnante agli allievi più in difficoltà
B. Una richiesta di supporto da parte dell'allievo
C. Una modalità di apprendimento tra pari
D. Una metodologia didattica che prevede il coinvolgimento diretto dell'insegnante
E. Un tipo di attività volta a formare gli insegnanti

66) La comunicazione didattica è una forma di comunicazione che si caratterizza perché:
A. è specialistica, mirata e tecnica
B. è orientata, sistematica e intenzionale
C. è tecnica, generale, specifica
D. è focalizzata sui contenuti e veicola saperi
E. è divulgativa, ampia e accurata

67) Il Linguaggio Giraffa, che propone un approccio comunicativo e relazionale centrato sulla non violenza e sulla non direttività, è stato elaborato da:
A. Burrhus Skinner
B. Virginia Volterra
C. Margaret Mead
D. Thomas Gordon
E. Marshall Rosenberg

68) Le persone che esercitano professioni di aiuto sono frequentemente esposte ad elevati livelli di stress, il cui esito può essere patologico nel caso in cui non riescano a gestirli e a rispondervi adeguatamente. Tali esiti patologici determinano:
A. Post Traumatic Stress Disorder
B. la PAS
C. Drop-out
D. Burnout
E. Tourette Syndrome

69) La programmazione è l'espressione:
A. di una didattica spontaneista
B. di una didattica incidentale
C. di una didattica casuale
D. di una didattica pianificata
E. di una didattica tradizionale

70) Si definisce *formazione a distanza* quel tipo di processo di insegnamento/apprendimento:
A. che si attua quando i docenti e i discenti sono presenti fisicamente nello stesso luogo e nello stesso momento, ma svolgono i loro rispettivi ruoli in luoghi e in tempi differenti

B. che si attua quando i docenti e i discenti non sono presenti fisicamente nello stesso luogo e nello stesso momento, ma svolgono i loro rispettivi ruoli in luoghi e in tempi uguali
C. che si attua quando i docenti e i discenti non sono presenti fisicamente nello stesso luogo e nello stesso momento, ma svolgono i loro rispettivi ruoli in luoghi e in tempi differenti
D. che si attua quando i discenti non sono presenti fisicamente nello stesso luogo e nello stesso momento ma svolgono i loro ruoli in luoghi e in tempi differenti
E. nessuna delle precedenti risposte è corretta

71) Che cosa si intende per *rinforzatore informativo* o *feedback*?
A. Rinforzare il soggetto
B. Fornire informazioni precise e immediate sul risultato di un comportamento del soggetto
C. Fornire informazioni precise e immediate sul risultato di un comportamento dell'insegnante
D. Una competenza dell'insegnante
E. Una competenza dell'alunno

72) I livelli della didattica metacognitiva sono:
A. tre
B. due
C. quattro
D. cinque
E. sei

73) L'integrazione di qualità è:
A. una qualità negativa appartenente alla persona in difficoltà
B. una qualità negativa che si manifesta nelle azioni della società nei confronti del singolo
C. una qualità positiva a seguito di uno specifico intervento
D. una qualità positiva nei diversi campi di espressione della persona in difficoltà
E. non è fattore positivo

74) Gli obiettivi di prestazione o specifici riguardano:
A. gli intenti propri dell'istituzione formativa a livello nazionale e locale
B. i comportamenti (abilità, conoscenze, ecc.) attesi dall'allievo al termine del compito
C. i requisiti minimi posseduti dall'allievo ancor prima di intraprendere un'attività
D. le richieste dell'istituzione scolastica promulgate mediante la stesura del PTOF
E. indicatori internazionali di valutazione degli apprendimenti

75) Indicare quale delle seguenti locuzioni descrive un obiettivo di prestazione:
A. ritagliare un cartoncino rosso
B. conoscere la differenza tra i colori

C. capire la differenza tra due colori
D. sapere quale è il rosso
E. nessuna delle precedenti

76) Che cosa si intende con il termine *metacognizione*?
A. La dimensione del pensiero che consente al soggetto di *conoscere il futuro*
B. La dimensione del pensiero che consente al soggetto di *conoscere il proprio conoscere*
C. La dimensione del pensiero che consente al soggetto di *conoscere gli stati emotivi*
D. Un'abilità dell'intelligenza emotiva
E. Un'abilità dell'intelligenza logica

77) Mediante la tecnica del *prompting* l'insegnante può fornire all'allievo:
A. una stimolazione a fare di più per compensare il deficit d'apprendimento
B. una guida al compito di apprendimento
C. un modello da osservare per apprendere
D. una serie di passi del compito suddivisi in sequenza logica
E. una serie di istruzioni puntuali sul compito assegnato

78) Secondo Olmetti Peja, per mezzo del modellaggio possono essere padroneggiate:
A. solo competenze semplici che sono inizialmente al di fuori dal repertorio potenziale del soggetto
B. solo competenze complesse che sono inizialmente nel repertorio potenziale del soggetto
C. anche competenze semplici a patto che siano inizialmente nel repertorio potenziale del soggetto
D. anche competenze complesse che sono inizialmente al di fuori dal repertorio potenziale del soggetto
E. qualunque tipo di competenza

79) Un tipo di pensiero logico e sequenziale viene definito da De Bono:
A. laterale
B. orizzontale
C. verticale
D. stringente
E. diagonale

80) La didattica laboratoriale:
A. può avvenire esclusivamente all'esterno degli istituti scolastici
B. può essere messa in atto solo con l'ausilio di esperti esterni
C. è riservata agli allievi della scuola dell'infanzia ed elementare
D. può talora essere messa in atto anche in un'aula
E. può essere applicata solo alle discipline STEM

81) La didattica laboratoriale:
A. si attua sul campo e non richiede una particolare progettazione da parte del docente
B. non necessita di indicazioni didattiche differenziate
C. necessita di metodologie diversificate
D. presuppone necessariamente, per essere attuata, la presenza di una scuola dotata di *atelier*, biblioteche, aule multimediali, ecc.
E. è indicata esclusivamente per il primo ciclo di istruzione

82) Se si insegna ad un alunno, fornendogli un aiuto fisico (prompt fisico), a ritagliare della carta e, gradatamente, si attenua tale aiuto fino ad arrivare a indicare solo verbalmente l'attività, si sta applicando la tecnica:
A. del *prompting*
B. dello *shaping*
C. del *chaining*
D. del *fading*
E. dal *modeling*

83) Il PNSD o Piano Nazionale per la Scuola Digitale introdotto dalla Legge 107/2015 prevede:
A. Azioni e strategie dirette a favorire l'uso delle tecnologie nella didattica e a potenziare le competenze dei docenti e degli studenti sul piano digitale
B. Azioni e strategie dirette a favorire l'uso di percorsi didattici alternativi
C. Azioni e strategie dirette a favorire l'uso di percorsi didattici personalizzati
D. Azioni e strategie dirette a favorire l'uso delle tecnologie nella didattica e a potenziare le competenze esclusivamente dei docenti sul piano digitale
E. l'introduzione delle LIM in tutte le scuole

84) Quale fra i seguenti NON rientra fra i compiti dei cosiddetti "animatori digitali"?
A. Stimolare la formazione interna alla scuola negli ambiti del PNSD
B. Favorire la partecipazione e stimolare il protagonismo degli studenti nell'organizzazione di workshop e altre attività
C. Individuare soluzioni metodologiche e tecnologiche per la digitalizzazione del PTOF
D. Individuare soluzioni metodologiche e tecnologiche sostenibili da diffondere all'interno degli ambienti della scuola
E. Stimolare il protagonismo degli studenti

85) Quale delle seguenti NON costituisce una condizione perché gli istituti scolastici possano utilizzare come libri di testo materiale didattico digitale autonomamente elaborato?
A. L'opera didattica sia registrata alla SIAE
B. L'opera didattica sia registrata con licenza che consenta la condivisione e la distribuzione gratuite

C. Un docente supervisore garantisca la qualità dell'opera sotto il profilo scientifico e didattico
D. L'opera sia resa disponibile a tutte le scuole statali, anche adoperando piattaforme digitali nell'ambito di progetti pilota del Piano Nazionale Scuola Digitale
E. Il materiale realizzato sia scientificamente validato

86) Nel *mastery learning* i percorsi didattici vengono suddivisi in:
A. percorsi
B. concetti chiave
C. unità
D. segmenti essenziali chiamati *frame*
E. tracce

87) Cosa significa modalità *white board*?
A. Schermo bianco
B. Lavagna interattiva
C. Lavagna digitale
D. Lavagna multimediale
E. Tablet

88) Cosa sono i libri sonori?
A. Programmi software per l'ascolto dei suoni
B. Programmi software accompagnati da un testo con font di grandi dimensioni
C. Programmi software per visualizzare le immagini
D. Programmi software per attività di studio
E. Materiali didattici per la scuola dell'infanzia

89) Nello studio delle lingue straniere, i metodi audio-visivi si basano sull'uso di:
A. tecnologie multimediali
B. registrazioni di dialoghi simulati non autentici
C. una grammatica esplicita e deduttiva
D. dialoghi autentici associati ad immagini
E. spiegazioni dei docenti

90) Cosa significa LIM?
A. Lavagna Interattiva Multimediale
B. Laboratorio Interattivo Multifunzionale
C. Lavagna Interattiva Multiuso
D. Laboratorio Interattivo Multiculturale
E. Lavagna Interattiva Multiculturale

91) Quale elemento non fa parte della LIM?
A. Touch screen
B. Penna elettronica
C. Tasto destro del mouse
D. Proiettore
E. Una superficie interattiva

92) Quando si parla di "Educazione ai, per e con i media" si fa riferimento a:
A. Media Education
B. Education Technology
C. Media Literacy
D. Edutainment
E. Techno Education

93) Le «cianfrusaglie senza brevetto» erano il materiale didattico della scuola di:
A. Maria Montessori
B. Ernesto Codignola
C. Ferrante Aporti
D. Rosa e Carolina Agazzi
E. Nessuna delle alternative è corretta

94) Cosa si intende per «scuola orientativa»?
A. Una scuola che favorisce la comprensione della realtà e di se stessi
B. Una scuola che favorisce l'inserimento sociale
C. Una scuola che procura un lavoro
D. Una scuola che privilegia l'attività pratica
E. Una scuola che insegna le nozioni

95) Indicare il significato di PTOF:
A. Piano Triennale dell'Offerta Formativa
B. Procedura Triennale di Organizzazione Formativa
C. Processo Temporaneo di Omologazione Formativa
D. Progetto Territoriale per l'Orientamento Familiare
E. Piano Temporaneo dell'Offerta Formativa

96) Cosa si intende per *lifelong learning*?
A. Il progetto alla base dell'Università della terza età
B. Un progetto di recupero di adulti analfabeti
C. Una metodologia di insegnamento che produce apprendimenti duraturi
D. Una formazione che dura tutta la vita
E. Una metodologia di memorizzazione duratura

97) Un sussidio didattico è:
A. una sovvenzione per scuole situate in aree depresse
B. qualsiasi strumento usato nel processo d'insegnamento-apprendimento
C. un aiuto economico ad allievi disagiati
D. un corso di recupero
E. un supporto al recupero di debiti formativi

98) Un *learning management system* (LMS) è:
A. una piattaforma interattiva a scopo prevalentemente didattico, sviluppata in uno dei linguaggi di programmazione specifici per il web che può utilizzare anche un database per la gestione degli utenti e dei contenuti
B. la codifica per sviluppare linguaggi specifici multimediali
C. un programma didattico cui il docente partecipa, ma non può creare contenuti
D. un ambiente didattico che consente ai soli docenti di scambiarsi dati relativi agli alunni
E. una componente dell'hard disk

99) I *learning objects* (oggetti di apprendimento) sono:
A. moduli didattici le cui proprietà principali sono l'interattività e la multimedialità, rivolti all'apprendimento di un concetto ben focalizzato
B. piattaforme didattiche centrate su obiettivi di apprendimento plurimi
C. piattaforme pensate per poter accedere contemporaneamente a più oggetti di apprendimento
D. moduli che rispondono a una logica formativa collaborativa
E. materiali finalizzati allo sviluppo dell'intelligenza astratta

100) Il *circle-time* è una metodologia educativa e didattica che si attua con la disposizione a cerchio dei componenti, così che ciascuno possa avere l'attenzione di tutti ed è finalizzata in particolare a:
A. stimolare l'inclusione, eliminando le disparità tra alunni e insegnante
B. sviluppare la creatività
C. consentire al docente di controllare meglio la classe
D. sviluppare il pensiero divergente
E. evitare che gli studenti degli ultimi banchi si distraggano

Risposte commentate

1) B. *Learning by doing* significa "imparare facendo", cioè "apprendere attraverso il fare". Ad approfondire questo fondamentale concetto è stato John Dewey nell'opera *Democrazia ed educazione* del 1916, riprendendolo dal lavoro condotto con sua figlia Evelyn l'anno precedente e intitolato *Schools of Tomorrow*. Partendo dal concetto di esperienza e di "scuola attiva", Dewey sostiene che l'apprendimento attraverso il fare aiuta il fanciullo a organizzare la sua conoscenza e non è sostituibile con lezioni frontali o con l'apprendimento da un testo. Pur restando, infatti, degli strumenti utili e importanti per apprendere, secondo l'autore, i libri vanno affiancati dall'esperienza, poiché questa ha l'importante capacità di favorire la vocazione attiva del bambino. In tal modo, l'apprendimento non diventa un semplice strumento per superare un test, ma piuttosto si traduce in un bagaglio utile nella vita reale. Dewey sottolinea, inoltre, che promuovere l'apprendimento attraverso il fare si rivela anche un'occasione per sviluppare la creatività e la motivazione degli alunni, i quali hanno l'opportunità di proporre al maestro delle situazioni problematiche da loro stessi inventate e codificate, per poterle risolvere con un approccio pratico e originale.

2) A. La programmazione, oggi, va intesa come uno strumento essenziale per lavorare in maniera *intenzionale*, al fine di rendere la scuola un luogo deputato non solo all'istruzione, ma anche all'educazione e all'apprendimento. Nell'ambito della programmazione didattica, infatti, il concetto di *intenzionalità* si esprime nell'obiettivo di garantire una corrispondenza tra l'insegnamento proposto e i bisogni della persona che apprende, affinché questa possa efficacemente acquisire delle conoscenze e delle competenze specifiche, organizzare ciò che apprende anche in contesti diversi dalla scuola e, contestualmente, svilupparsi pienamente secondo le proprie caratteristiche personali. Fare una programmazione intenzionale nella scuola di oggi significa, dunque, creare un quadro in cui, sulla base delle indicazioni ministeriali e partendo dal contesto specifico, siano chiaramente tracciate le linee di lavoro da seguire, l'impostazione che si vuole dare alla scuola e l'idea di bambino o ragazzo che si sceglie come riferimento, senza trascurare le sue concrete e reali esperienze pregresse. In tal modo la programmazione si pone come una guida *ricca* di riferimenti e di suggerimenti per la conduzione del lavoro in classe; *flessibile*, perché modificabile *in itinere*, grazie alla valutazione periodica, per adattarsi meglio ai bisogni formativi, alle motivazioni e ai ritmi di sviluppo degli studenti; *essenziale* per rendere la scuola un ambiente intenzionalmente organizzato per l'apprendimento, dove l'allievo può acquisire saperi, abilità e competenze specifiche, ma anche organizzare le esperienze spontanee e occasionali che compie in altri contesti per ampliare il proprio apprendimento e sviluppare una vita di relazione significativa.

3) D. La *valutazione ex ante* viene realizzata prima dell'attuazione di un progetto formativo ed è finalizzata a verificare innanzitutto la fattibilità e la pertinenza dell'intervento educativo. Per questa ragione essa è strettamente legata all'analisi dei bisogni dei soggetti, del contesto e della committenza.

4) A. Seguendo le indicazioni fornite da Salvatore Nocera (*cfr.* S. Nocera, *Il diritto all'integrazione nella scuola dell'Autonomia. Gli alunni in situazione di handicap nella normativa scolastica italiana*, Erickson, Trento, 2001), tra i più attenti studiosi dell'integrazione scolastica in Italia, sono da definirsi indicatori di qualità dell'integrazione:
– gli *indicatori strutturali*: il contesto in cui si realizza l'integrazione (ad esempio: il numero massimo di alunni nella classe in cui si effettua l'integrazione, la presenza, fin dall'inizio dell'anno, di un insegnante specializzato per le attività di sostegno, la presenza nella scuola di collaboratori scolastici di ambo i sessi per l'assistenza, la costituzione nella scuola di un gruppo di lavoro di Istituto, lo stanziamento in bilancio di diverse risorse finanziarie idonee per acquisto o godimento in uso di sussidi e ausili didattici, e così via);
– gli *indicatori di processo*: descrivono gli aspetti di rilievo nel progredire dell'evento (ad esempio la formulazione di una diagnosi funzionale e la formulazione di un Piano Educativo Personalizzato, ecc.);
– gli *indicatori di risultato*: descrivono il guadagno ottenuto dagli allievi attraverso l'azione educativa adottata (ad esempio: la crescita del profitto negli apprendimenti delle diverse aree disciplinari, la capacità di comunicazione acquisita e di socializzazione realizzata, i rapporti interpersonali raggiunti fra insegnanti e compagni di classe, ecc.).
Gli indicatori di qualità possono essere *assenti, insufficienti, minimi* o *ottimali*. In quest'ottica consentono non solo di valutare l'integrazione nella sua generalità ma permettono anche di valutarne i costi rispetto al sistema generale di istruzione e, in particolare, di chiarire gli obiettivi qualitativi da raggiungere (si veda anche, per un approfondimento, il volume D. Ianes, M. Tortello (a cura di), *La qualità dell'integrazione scolastica. Disabilità, disturbi dell'apprendimento e differenze individuali*, Erickson, Trento, 1999).

5) D. L'applicazione del *Cooperative Learning* prevede l'impegno di ogni componente del gruppo, in base a un'organizzazione delle attività che tenga conto delle competenze di ciascuno. Il contributo individuale è però finalizzato al raggiungimento di un obiettivo esplicitamente condiviso nel gruppo. L'impegno richiesto al singolo è dichiarato e definito, pertanto non si annulla nel lavoro di gruppo ed è valutabile. È, inoltre, oggetto di valutazione il prodotto che lo sforzo collettivo ha generato.

6) D. Attraverso la misurazione si accerta se e in che misura, rispetto agli standard previsti nella definizione dell'obiettivo, è stato raggiunto l'obiettivo stesso da parte degli allievi. La valutazione è invece il giudizio sui risultati della misurazione. Il controllo invece è il complesso delle operazioni che comprende sia la misurazione sia la valutazione e agisce come regolatore del processo di insegnamento-apprendimento (in proposito si veda un classico: Gattullo M., *Didattica e Docimologia. Misurazione e valutazione nella scuola*, Armando, Roma, 1968).

7) B. Il *mastery learning* o *apprendimento per la padronanza* è un metodo didattico elaborato da un gruppo di studiosi coordinati da Benjamin S. Bloom, a partire da un'essenziale premessa, ovvero che è possibile determinare situazioni di apprendimento nelle quali fino al 90% degli studenti può padroneggiare ciò che viene insegnato, a patto che ci sia un'adeguata progettazione da parte degli insegnanti, capace di tenere in debito conto le caratteristiche e le conoscenze individuali di ciascuno studente. Il *mastery learning* si definisce, quindi, come un metodo di insegnamento individualizzato, che permette agli alunni di assumersi la responsabilità del proprio apprendimento e si pone come obiettivo lo sviluppo di abilità metacognitive attraverso l'organizzazione dei processi di apprendimento sulla base delle differenze interindividuali dei soggetti in formazione. Per raggiungere questo risultato, e ottenere cioè il massimo livello di individualizzazione dell'apprendimento, questo metodo prevede percorsi didattici suddivisi in segmenti essenziali, detti *frame*, che contengono informazioni e contenuti minimi, la cui acquisizione da parte dello studente deve essere valutata *in itinere*, poiché è proprio a partire dal risultato individuale di tale valutazione che è possibile stabilire se per quel singolo studente sia necessario ricorrere ad attività di recupero ed esercitazioni o, al contrario, sia possibile saltare alcuni dei *frame* successivi per arrivare direttamente a quelli più complessi o, ancora, proporre attività di approfondimento sui contenuti di un particolare *frame*.

8) **A.** Le fasi del *mastery learning* sono: a) la suddivisione della materia in unità didattiche; b) la previsione dei tempi complessivi necessari per ottenere una diffusa padronanza di tali unità; c) la determinazione degli obiettivi cognitivi che si intendono conquistare, attraverso l'utilizzazione di una scala tassonomica; d) un'accurata predisposizione dei materiali didattici che contengono i contenuti informativi che si vogliono fare apprendere; e) la valutazione formativa; f) la fase di recupero: predisposizione di itinerari di apprendimento alternativi per quegli allievi che non hanno superato la prova della valutazione formativa.

9) **E.** I due termini *individualizzazione* e *personalizzazione* sono molto presenti nella didattica attuale e, talvolta, vengono impropriamente usati come sinonimi, pur presentando invece una differenza di significato sostanziale se associati all'azione formativa. Come spiega Davide Maria Cammisuli nel suo testo del 2016, *Contributi di didattica speciale. Competenze, strumenti operativi e linee guida metodologico-didattiche per il docente specializzato al sostegno* (Editoriale Anicia), "*l'azione formativa individualizzata pone obiettivi comuni per tutti i componenti del gruppo-classe ma è concepita adattando le metodologie in funzione delle caratteristiche individuali dei discenti, con l'obiettivo di assicurare a tutti il conseguimento delle competenze fondamentali del curricolo, comportando quindi attenzione alle differenze individuali in rapporto a una pluralità di dimensioni. L'azione formativa personalizzata ha, in più, l'obiettivo di dare a ciascun alunno l'opportunità di sviluppare al meglio le proprie potenzialità e, quindi, può porsi obiettivi diversi per ciascun discente, essendo strettamente legata a quella specifica e unica persona a cui ci rivolgiamo*". Per *individualizzazione* del processo di apprendimento si intende quindi, a partire dalla definizione di contenuti comuni, la possibilità di assegnare tempi e metodologie di apprendimento diversi ai singoli alunni, in base alle esigenze e allo stile di apprendimento ad ognuno più congeniale. Per *personalizzazione* dei processi di apprendimento, invece, s'intende la possibilità di elaborare piani di studio ad hoc per ogni alunno, cioè contenenti parti comuni, ma anche parti personalizzate: non si tratta, dunque, di intervenire soltanto sui tempi e sugli stili di apprendimento, ma anche sui contenuti.

10) **D.** Il *prompting* è una strategia comportamentale che consiste nel fornire alla persona uno o più stimoli sotto forma di *prompt*, cioè "aiuti", in modo che questi rendano possibile il verificarsi di un comportamento desiderato. I *prompt* possono essere, dunque, definiti come uno stimolo – fornito dal docente all'allievo – il cui scopo è appunto quello di stimolare e facilitare la risposta desiderata. Ad esempio, se nel chiedere a un alunno di prendere un libro sullo scaffale, gli si indica la mensola esatta su cui è riposto; il *prompt* costituito dall'indicare con la mano la specifica mensola rafforza la richiesta e rende più probabile che lo studente riesca a trovare subito il libro e a prenderlo. I *prompt* sono solitamente sintetici e percettivamente evidenti, vengono proposti contestualmente alla prestazione richiesta e possono ricondursi ad alcune tipologie principali. I *Prompt verbali* sono le indicazioni date oralmente per facilitare la comprensione del compito e la risposta comportamentale (*"Per apparecchiare la tavola hai bisogno di stendere la tovaglia sul tavolo, mettere i piatti e i bicchieri, aggiungere tovaglioli e posate..."*, continuando fino a elencare tutti i passaggi necessari), possono essere completi (quando ad esempio viene fatta una domanda fornendo anche la risposta: *"Quante sono le dita di due mani? Dieci"*) o parziali (*"Quante sono le dita di due mani? D..."*). I *Prompt gestuali* sono i gesti fatti per indicare, mimare, annuire o qualsiasi altra azione che possa favorire la comprensione del compito e facilitare la risposta desiderata (*"Prendi il quaderno blu su quel banco!"*, indicando il banco a cui si fa riferimento), ma possono anche essere gesti fatti per ridurre o interrompere dei comportamenti non desiderati (ad esempio fare il gesto dell'Alt con la mano per fermare una corsa). I *Prompt fisici* consistono in un aiuto dato appunto fisicamente, ad esempio chiedere a un alunno di piegarsi con il busto in avanti fino a toccarsi le punte dei piedi e aiutarlo a compierlo *completamente*, accompagnandolo cioè con la mano dietro la schiena fino al completamento del movimento richiesto, oppure *parzialmente*, accompagnandolo solo nella fase iniziale del movimento. I *Prompt dimostrativi* sono quegli stimoli forniti mostrando come si svolge un compito, ponendosi, dunque, come modello da imitare (ad esempio quando si chiede a un alunno di battere le mani e si mostra come fare). Tutti i *prompt* costituiscono delle strategie molto utili, ma perché siano realmente efficaci vanno usati tenendo sempre ben presente che il loro uso va progressivamente ridotto man mano che si constata la crescente autonomia dello studente nel rispondere adeguatamente alla richiesta senza alcun aiuto.

11) C. Il *fading*, che letteralmente significa "dissolvenza", è una strategia comportamentale strettamente connessa al *prompting*, poiché consiste nella graduale attenuazione di uno stimolo, cioè di un *prompt*, fino alla sua completa eliminazione, al fine di favorire la progressiva autonomia della persona che apprende nell'esecuzione del comportamento che le è richiesto. L'aspetto della gradualità è fondamentale perché permette di controllare il processo di attenuazione dello stimolo a partire dalle necessità di chi apprende e dal suo livello di autonomia, affinché la progressiva dissolvenza del *prompt* fino alla sua totale eliminazione sia vissuta naturalmente e non come improvvisa mancanza.

12) D. Il modellamento (*modeling*) è una procedura mediante la quale un soggetto, chiamato osservatore, apprende determinati comportamenti ed abilità osservando un secondo soggetto – esperto e socialmente riconosciuto con tale funzione – chiamato modello.

13) D. Il *chaining* rientra tra le procedure che si possono utilizzare per modificare un comportamento e creare, dunque, un apprendimento. Noto in italiano come *concatenamento*, consiste nel suddividere delle operazioni complesse in unità più piccole, costituite dai singoli passaggi, per poi collegarle l'una all'altra in un'unica catena (*chain*) secondo delle precise condizioni: 1) ogni anello della catena deve essere appreso dapprima separatamente; 2) ogni anello deve essere collocato nel posto giusto; 3) ogni anello deve essere contiguo, ossia strettamente connesso a quello precedente e a quello successivo; 4) la sequenza di atti deve essere ripetuta fino a quando non è emessa in modo autonomo dal soggetto; 5) il concatenamento deve essere costantemente sostenuto da rinforzatori. In tal modo si costruisce una catena comportamentale, cioè una sequenza di comportamenti più semplici che concatenati insieme danno origine a comportamenti complessi.

14) D. Il *chaining* o *concatenamento* può essere *anterogrado* o *retrogrado*. Si definisce *anterogrado* o "in avanti", quando, dopo aver individuato i comportamenti semplici che costituiscono gli anelli della catena e averli opportunamente concatenati, si insegna il comportamento nel suo ordine naturale, partendo cioè dal primo passaggio e passando al successivo solo quando quello precedente è stato appreso con un buon grado di precisione, fino ad arrivare all'ultimo. Si definisce invece *retrogrado* o "all'indietro", quando l'educatore compie tutti i passaggi lasciando solo l'ultimo al soggetto che apprende, per poi procedere all'indietro lungo la catena man mano che ciascun passaggio viene appreso con un buon grado di precisione.

15) D. In campo educativo, per programmare è necessario individuare le finalità e gli obiettivi dell'intervento pedagogico. In tal senso, le finalità si presentano come delle linee di intervento che fungono da bussola per l'orientamento e che muovono l'azione educativa.

16) A. Procedendo per esclusione, possiamo affermare che:
– l'obiettivo B non è specifico di apprendimento in quanto esplicita una probabilità difficilmente verificabile ed include termini vaghi (prevedibilmente) e poco precisi (abbastanza);
– l'obiettivo D include un verbo, interiorizzare, che non esprime un'azione osservabile;
– l'obiettivo C è, ancora una volta, poco chiaro, in quanto non esplicita quali siano le certe forme di socializzazione che il bambino dovrà acquisire.
In questo caso possiamo affermare che chi ha elaborato tale obiettivo non ha compiuto un'analisi del compito individuandone le unità costitutive. Pertanto, l'unico obiettivo ben formulato corrisponde alla lettera A, poiché espresso in termini corretti, misurabili, verificabili e che esprimono realmente un compito di prestazione.

17) C. Il *microteaching* è una procedura di osservazione, controllo e analisi del comportamento insegnante che viene utilizzata in particolare nelle fasi di formazione degli insegnanti stessi, allo scopo di insegnare a insegnare. Si avvale per questo di simulazioni in situazioni controllate, le quali vengono videoregistrate per essere poi oggetto di discussione e riflessione grazie alla presenza di un supervisore esperto. È stata ideata e sperimentata negli anni Sessanta presso l'Università di Stanford (in proposito si veda: D. Allen, K. Ryan, *Analisi dell'insegnamento*, La Scuola, Brescia, 1974).

18) A. La progettazione è un'attività di preparazione per la realizzazione di un intervento di cambiamento della situazione attuale. Si tratta, dunque, di un processo di elaborazione che deve tener conto di tutte le dimensioni della situazione di partenza (inclusa la conoscenza disponibile).

19) A. Con *Learned Helplessness* (LH) si intende il senso di impotenza appreso. Si riferisce alle conseguenze cognitive ed emotive derivanti dall'esposizione a stimoli o eventi negativi che sono incontrollabili. Si caratterizza per la passività del soggetto dinanzi a compiti che sarebbero anche alla sua portata.

Nei soggetti che manifestano il senso di impotenza appreso in letteratura sono stati spesso riscontrati:
– deficit motivazionali, che si evidenziano in un progressivo decremento della motivazione rispetto alla possibilità di attivare nuovi comportamenti;
– deficit cognitivi, che si esprimono nella difficoltà del soggetto di acquisire nuove conoscenze o abilità;
– deficit emozionali, che si evidenziano nello sviluppo di una progressiva frustrazione il cui esito più estremo può essere una vera e propria depressione.

20) C. Il metodo della *Task Analysis*, utilizzato prevalentemente ma non esclusivamente in psicologia comportamentale, permette di scomporre un comportamento complesso, e pertanto difficile da insegnare, in una sequenza di comportamenti più semplici che conduce al raggiungimento dell'obiettivo. Si rivela un metodo molto utile per favorire l'apprendimento di comportamenti complessi alle persone con disabilità.

21) B. L'osmosi è un processo di diffusione di un liquido da una zona a maggiore concentrazione ad una a minore concentrazione. Non ha quindi niente a che vedere con l'apprendimento.

22) A. Con il termine obiettivi si fa riferimento ai risultati dell'apprendimento. I fini dell'educazione, infatti, esprimono i valori di una data cultura e società e guidano le finalità generali e specifiche dell'istituzione educativa. I termini scopo, meta, finalità sono sinonimi e non hanno connotazione operativa, caratteristica invece degli obiettivi, che descrivono con verbi d'azione i risultati conseguiti dagli allievi.

23) B. La valutazione formativa differisce da quella sommativa in quanto la raccolta delle informazioni è usata per migliorare gli apprendimenti e non per fornire un mero bilancio delle performance dello studente. Gli studi mostrano che la valutazione formativa è una delle strategie più efficaci per promuovere alti livelli nei risultati degli allievi, per sviluppare le loro capacità di "imparare ad imparare", così come per raggiungere dei risultati più omogenei nella classe.

24) D. L'obiettivo primario è certamente quello di aiutare il soggetto ad autoregolare il proprio approccio alla lettura, quindi di sviluppare, consolidare e incrementare la sua consapevolezza in merito agli scopi della lettura.

25) C. I programmi di apprendimento senza errori lineari sono delle procedure di facilitazione dell'apprendimento che prevedono l'utilizzo di materiali-stimolo facilitati e facilitanti i quali, se ben scelti ed utilizzati, impediscono all'alunno di sbagliare. L'obiettivo di ridurre la possibilità d'errore consente di incrementare nell'alunno l'autostima e il senso di autoefficacia.

26) C. Il *Cooperative Learning* (apprendimento cooperativo) è un metodo che coinvolge gli alunni in un lavoro di gruppo al fine di raggiungere un obiettivo comune. Affinché il lavoro di gruppo possa realmente considerarsi un *Cooperative Learning* deve soddisfare i seguenti criteri:

– *interdipendenza positiva*. Gli studenti devono fare affidamento gli uni sugli altri per raggiungere lo scopo finale;
– *responsabilità individuale*. Ciascun membro del gruppo è, al contempo, insieme e unità, deve quindi rendere conto sia di quanto ha appreso sia della propria parte di lavoro;
– *interazione face-to-face*. Il lavoro deve essere svolto in modo interattivo, arricchendosi di possibilità di confronto, ascolto reciproco, correzione e revisione;
– uso appropriato delle abilità relazionali. Il *Cooperative Learning* costituisce una importante occasione per la gestione dei conflitti, l'accettazione delle proposte diverse, lo sviluppo della fiducia nelle capacità proprie e altrui;
– valutazione del lavoro. Periodicamente e con sistematicità i membri del gruppo devono valutare il lavoro svolto al fine di migliorarne la qualità.

27) C. Il modellaggio o *shaping* è una tecnica cognitivo-comportamentale utilizzata per sviluppare un comportamento, anche complesso, non presente nel repertorio iniziale di un soggetto attraverso l'acquisizione e il rinforzo di comportamenti sempre più vicini a quello desiderato. Per riuscire a metterlo in pratica è necessario scomporre il target rappresentato dal comportamento che si vuol fare apprendere (detto anche "comportamento meta") in tanti piccoli sotto-target, al fine di ridurre l'aspettativa della persona che apprende e mantenere in lei uno stato di serenità in tutto il percorso che la condurrà verso l'acquisizione del comportamento finale. Proprio per questa caratteristica, lo *shaping* o modellaggio è uno strumento che si rivela particolarmente utile per favorire diversi tipi di apprendimento (cognitivo, motorio, linguistico e molto altro) anche in persone che presentano problematiche di un certo rilievo.

28) B. Come hanno messo in evidenza gli studi cognitivi-comportamentali, per mezzo del modellaggio le persone riescono a padroneggiare abilità complesse che sono – nella situazione iniziale – al di fuori del loro repertorio potenziale.

29) C. Essendo lo *shaping* una tecnica finalizzata a promuovere un graduale miglioramento di abilità complesse nel repertorio comportamentale dell'allievo con difficoltà nell'apprendimento, si fonda su programmi di rinforzamento sistematico di tutte le risposte che si avvicinano al comportamento-meta desiderato.

30) C. Il modello ideato da B.S. Bloom e dal gruppo del *Mastery learning* già sul finire degli anni Sessanta e divulgato in Italia negli anni Settanta (anche grazie al volume *Caratteristiche umane e apprendimento scolastico*, 1979) prende in considerazione studi di macro e di microlivello. Le variabili considerate e analizzate da Bloom sono:
– i comportamenti cognitivi d'ingresso. Si tratta delle acquisizioni prerequisite possedute dall'allievo rispetto a uno specifico compito (*task*). La loro conoscenza è fondamentale, in quanto l'allievo porta con sé la sua storia personale di sviluppo e apprendimento ogni qualvolta affronta un determinato compito;
– le caratteristiche affettive d'ingresso. Per utilizzare le parole dello stesso Bloom, si intende con tale locuzione una "*complessa mescolanza di interesse, atteggiamento e opinione di se stessi*" che l'allievo manifesta – a livello percettivo – nei confronti del compito che deve intraprendere;
– la qualità dell'istruzione: secondo la teoria di Bloom al centro dell'insegnamento vi è l'organizzazione dell'apprendimento. Una buona qualità dell'istruzione può annullare le

caratteristiche "negative" iniziali dello studente benché, mancando della necessaria analisi delle altre due variabili, è difficile che ciò accada. Secondo la definizione di Bloom la qualità dell'istruzione riguarda: i *suggerimenti*, cioè le *istruzioni* fornite al soggetto che apprende; la *partecipazione* dell'allievo all'attività di apprendimento; il *rinforzo* e il *sistema di feedback* e di correttivi.

31) B. Il termine *scaffolding* (dall'inglese *scaffold*: "impalcatura o ponteggio") è stato introdotto in ambito psicologico da Jerome Bruner in un noto articolo del 1976 firmato insieme a David Wood e Gail Ross (*The role of tutoring in problem solving*, in "Journal of Child Psychology and Psychiatry", 17, 1976, pp. 89-100). Al pari dell'impalcatura utilizzata nell'edilizia, lo *scaffolding*, nel processo di insegnamento-apprendimento, è il sostegno che una figura più esperta (un adulto o un pari) offre ad un soggetto che apprende. Questo è, di fatto, sostenuto e accompagnato durante il suo percorso e, in tal modo, incrementa gradualmente la propria competenza fino a padroneggiare i "contenuti" dell'apprendimento e a non avere più bisogno del sostegno esterno. Tale azione di sostegno è, a tutti gli effetti, una forma di tutoraggio, che necessita di un costante feedback per essere adeguata all'evoluzione del soggetto in apprendimento ed è particolarmente efficace in quelle che Vygotskij definisce "zone di sviluppo prossimale", cioè delle condizioni cognitive in cui il sostegno di una persona più esperta può aiutare il soggetto nello svolgimento di compiti che da solo ancora non riuscirebbe a portare a termine, guidandolo nel passaggio verso un nuovo stadio cognitivo e aiutandolo ad acquisire consapevolezza su ciò che ha appreso e come. In tal senso, quindi, lo *scaffolding* non va inteso solo come un sostegno intellettuale o tecnico, ma piuttosto come un più ampio supporto emotivo e sociale capace di incidere significativamente sull'autoefficacia e l'autostima.

32) A. Le classi aperte sono state introdotte in Italia con l'istituzione della scuola a tempo pieno come *strategia* utile a raggiungere due obiettivi principali: l'individualizzazione dell'insegnamento e la gestione collegiale della didattica. Non costituiscono quindi semplicemente un'iniziativa o un'attività, e neppure possono essere identificate soltanto come metodo di lavoro.

33) D. Le unità di apprendimento si presentano come modello basilare per l'organizzazione del curricolo. Il loro processo costitutivo si compone a partire dalla fase predecisionale dell'ideazione, passando per quella attiva dello sviluppo e approdando a quella postdecisionale del controllo e della documentazione.

34) D. La programmazione per obiettivi interviene a sostegno dei nuovi compiti e delle nuove esigenze cui la scuola deve rispondere, poiché consente di definire e perseguire gli obiettivi delle unità di apprendimento, ne permette una chiara declinazione in riferimento ai bisogni generali, consente di cogliere e indicare la relazione tra i bisogni generali, i prerequisiti e le competenze attese in uscita. Permette la definizione e il controllo dell'attuazione processuale, anche attraverso il riferimento a tavole tassonomiche, non intese come rigida gerarchizzazione, ma come mappa di orientamento della qualità degli apprendimenti.

35) E. Una precisa formulazione degli obiettivi è condizione essenziale per selezionare contenuti, metodi, strumenti della progettazione didattica; per definire chiari criteri di valutazione e costruire adeguate prove di verifica; per orientare gli studenti portando la loro attenzione sui risultati dei processi di apprendimento e per facilitare la comunicazione tra tutti i soggetti del mondo scolastico.

36) **D.** La programmazione per principi procedurali pone l'attenzione sulla qualità dei processi cognitivi, sulla sollecitazione e acquisizione di condotte mentali e, quindi, i suoi obiettivi non sono di prodotto, ma di tipo processuale. Tale modello individua come mete dell'insegnamento la trasmissione di ciò che ha valore, l'apprendimento secondo criteri inerenti alla natura stessa dei saperi, lo sviluppo delle capacità critiche dell'alunno.

37) **C.** Gli obiettivi di un percorso formativo sono quelli che permettono la pianificazione del percorso formativo del discente, descrivendo le competenze che acquisirà e fornendo la visione della professionalità maturata; diversamente, gli obiettivi di livello organizzativo forniscono una visione complessiva delle finalità dell'intervento formativo, descrivendo il risultato che l'organizzazione potrà raggiungere grazie ad esso; gli obiettivi formativi del corso definiscono, invece, la macrostruttura del corso stesso e delle unità didattiche, descrivendo le conoscenze e le capacità che il discente acquisirà alla fine; gli obiettivi didattici del modulo (o attività didattica), infine, definiscono la struttura di un *Learning Object*, descrivendo le conoscenze e le capacità che il discente acquisirà alla fine della fruizione di un singolo modulo o attività didattica.

38) **B.** Gli indicatori che più frequentemente vengono utilizzati per condurre la valutazione ex post riguardano: 1) l'efficacia (rapporto obiettivi-risultati); 2) l'efficienza (rapporto obiettivi-risultati-costi); 3) l'innovazione e soprattutto 4) la trasferibilità dell'esperienza in altri contesti e con altri target di riferimento.

39) **A.** La programmazione per concetti è l'attività che pone gli alunni in grado di costruire il disegno reticolare della disciplina da apprendere. Questa sorta di disegno suggerisce una visualizzazione del concetto stesso attraverso lo spazio, e da qui deriva l'importanza della rappresentazione grafica che rende percepibile il concetto attraverso la simultaneità delle connessioni che comporta.

40) **A.** Con l'espressione *strategie didattiche* (più precisamente: strategie di insegnamento e di apprendimento) si intende un insieme di operazioni e di risorse pedagogiche che sono utilizzate, in modo pianificato e all'interno di un contesto pedagogico, allo scopo di favorire il conseguimento degli obiettivi di apprendimento attesi.

41) **B.** La valutazione diagnostica riguarda la fase iniziale del processo di insegnamento-apprendimento e consiste nell'analisi attenta dei prerequisiti generali e specifici cognitivi, affettivi, psicomotori, relazionali. Sostiene quindi la presa di decisioni sugli obiettivi da prevedere e si collega con la valutazione formativa, la cui risultanza deve portare a un adeguamento dell'insegnamento per renderlo idoneo e funzionale alle esigenze emerse. Le altre alternative non esistono come funzioni della valutazione. Esistono invece in letteratura altre funzioni attribuite alla valutazione, tra queste rientrano: regolativa, esplicativa, prognostica, formativa, sommativa.

42) **C.** L'introduzione della figura del tutor nella pratica educativo-didattica non può essere improvvisata e occorre provvedere a una opportuna preparazione di coloro che assolvono tale compito. Il tutor segue quindi un percorso di addestramento che lo prepara sia relativamente al compito sia sulle modalità di presentazione idonee. Tale addestramento deve precedere l'applicazione del tutoring in situazione e quindi avviene in situazione controllata attraverso l'uso di strumenti quali il *microteaching*. La sequenza d'intervento simulata può così ricevere un feedback tempestivo, in base al quale applicare le opportune modifiche alla procedura precedentemente attuata.

43) B. Come suggerisce Tomassucci Fontana "*la possibilità di 'mettere a segno' una didattica efficace per tutti coloro che ne fruiranno è collegata direttamente con la capacità di compiere le analisi, gli accertamenti, le scelte che consentono di elaborare un design didattico razionalizzato*" (L. Tomassucci Fontana, *Far Lezione*, La Nuova Italia, Firenze, 1997). Senza questo disegno razionale e organizzato le scelte metodologiche e strumentali, per quanto ricche e articolate, non garantiscono l'efficacia del processo.

44) C. La tecnologia informatica svolge oggi – unitamente e trasversalmente ad altri sistemi simbolico-culturali – la funzione di amplificatore. Può essere, infatti, considerata come un:
– amplificatore cognitivo, mediante l'azione di ipertesti e di percorsi individualizzati;
– amplificatore cooperativo, dando vita a comunità virtuali in rete telematica;
– amplificatore informativo, attirando le persone su Internet e richiamando la loro attenzione sulla massa enorme di dati di cui la rete dispone;
– amplificatore espressivo, ponendosi come punto d'incontro fra multimedialità e multisensorialità.

45) A. Nell'educazione delle persone sorde, uno degli approcci attualmente più utilizzati e considerati efficaci è il metodo bimodale, ideato e divulgato dalla psicolinguista Virginia Volterra, che prevede l'uso di gesto e parola contemporaneamente e fin dal primo anno di vita del bambino. Questo metodo si avvale dell'Italiano Segnato (IS): il soggetto è dunque esposto ad un'unica lingua, l'italiano, veicolata contemporaneamente in due modalità, segni e parole. Come rileva Tamara Zappaterra: "*l'obiettivo di questo metodo è quello di utilizzare la comunicazione gestuale per giungere a una migliore competenza nella lingua sia parlata sia scritta*" (T. Zappaterra, *Braille e gli altri*, Unicopli, Milano, 2003, p. 75).

46) E. Facendo riferimento al pensiero di George Downing (*Il corpo e la parola*, Astrolabio, Roma, 1995), lo studioso Andrea Canevaro indica le seguenti forme di sostegno (A. Canevaro, *Pedagogia speciale. La riduzione dell'handicap*, Mondadori, Milano, 1999, pp. 66-67):
– il sostegno di accompagnamento, che si riferisce alla gestione di una situazione complessa o difficile, affrontata avendo una persona conosciuta che ne condivide il carico;
– il sostegno di controrisposta, equivalente ad un prompt fisico che permette al soggetto di raggiungere un obiettivo al di fuori della sua portata;
– il sostegno della mano anonima, che ha una connotazione situazionale e fa riferimento ad un preciso contesto sociale, in cui una persona si trova ad essere vicina ad un'altra che ha bisogno di aiuto ed è disponibile a fornirlo (aiutare un disabile a salire su un autobus). È bene che la persona con disabilità sia abituata a variare le diverse forme di aiuto, poiché fare riferimento ad un solo sostegno fiduciario può comportare delle limitazioni (ad esempio, l'assenza dell'accompagnatore abituale equivale a rimanere in casa e a non usci-

re per la passeggiata, per la scuola, per il lavoro...). Quindi, una gestione articolata delle varie tipologie di sostegno favorisce la progressiva riduzione dell'handicap;
- il sostegno a ping pong, che si fonda sulla reciprocità. Il soggetto non riceve soltanto, ma fornisce aiuto. Siamo all'interno di una progettualità educativa di cui i protagonisti sono informati (si pensi al tutoring). Questo aspetto è pedagogicamente rilevante, poiché la mutualità dell'aiuto apre la strada alla gestione consapevole dell'atto di aiutare;
- il sostegno di confine, che è assimilabile ad una tensione di cambiamento (cambiare i propri confini) ma avendo la garanzia della presenza esperta di un riferimento. Si pensi, ad esempio, alle conquiste di autonomia delle persone con disabilità che possono rivedere, commentare, rileggere, con un supervisore, le azioni compiute, le opzioni scelte e quant'altro;
- il sostegno di sfondo, che è l'elemento integratore di tutti gli altri tipi di sostegno, poiché è il frutto dei vissuti personali e delle realtà materiali che accompagnano la vicenda umana del soggetto con disabilità.

47) A. Si usa il termine *accessibilità* quando si fa riferimento ai dispositivi e agli accorgimenti che consentono l'uso del mezzo informatico da parte delle persone con disabilità o in difficoltà.

48) B. Gli ausili informatici possono essere distinti in:
- ausili di accesso, che permettono di accedere ai servizi di una rete e alle postazioni informatiche;
- ausili di autonomia, che permettono la gestione del quotidiano;
- ausili di riabilitazione, che hanno funzione di intervento, di sostegno, di integrazione e di cura.

49) C. La Barra Braille, insieme alla Sintesi Vocale, allo Screen Reader, alle Stampanti Braille, all'Optacon, allo Scanner e ai Sistemi OCR, ai Videoingranditori, agli Ingranditori per Computer, costituisce un esempio di ausilio per la disabilità visiva.

50) C. L'integrazione, per definizione, non è un processo che coinvolge solo l'allievo con Bisogni Educativi Speciali, bensì prevede la collaborazione e la partecipazione di tutto il gruppo classe. Di conseguenza, la Didattica Speciale si caratterizza per la sua attenzione a tutti gli alunni, nel rispetto e nel riconoscimento dei bisogni del singolo nelle sue specificità da cogliere e valorizzare.

51) B. Parafrasando Ferdinando Montuschi, possiamo affermare che il compito della Didattica Speciale è quello di rendere speciale ogni intervento didattico trasformando in patrimonio comune la capacità di cogliere i problemi, le competenze nell'affrontarli, la padronanza nell'ipotizzare opzioni nelle risposte educative (per approfondimenti si veda: F. Montuschi, *Fare ed essere. Il prezzo della gratuità nell'educazione*, Cittadella, Assisi, 1997).

52) B. In ambiente educativo speciale si richiede all'insegnante di riferirsi ad una programmazione individualizzata che sia, al tempo stesso, ben costruita e flessibile al cambiamento. La programmazione deve poter essere adattata al bisogno speciale in un momento speciale, mettendo sempre al centro l'alunno e la sua crescita.

53) A. Un'offerta didattica individualizzata cerca di adattarsi ai bisogni di un singolo alunno, riconoscendoli e modificando le varie strategie di insegnamento-apprendimento per riuscire a portarlo il più vicino possibile al raggiungimento degli obiettivi comuni a tutto il gruppo classe (D. Ianes, A. Canevaro, *Facciamo il punto su... l'integrazione*, Erickson, Trento, 2008). Individualizzare l'insegnamento significa, dunque, differenziare i percorsi didattici per raggiungere dei traguardi comuni a tutti gli alunni (M. Baldacci, *Personalizzazione o individualizzazione?*, Erickson, Trento, 2006).

54) C. Personalizzare un percorso didattico significa diversificare le mete formative per favorire la promozione delle potenzialità individuali, ponendo quindi per ognuno obiettivi differenti (M. Baldacci, *Personalizzazione o individualizzazione?*, Erickson, Trento, 2006). L'obiettivo della personalizzazione non è quello di raggiungere nei modi più adatti un fine comune (individualizzazione) ma di costruire un percorso mirato a fini personali, anche del tutto diversi da quelli degli altri studenti/alunni. Ciò vale non solo per i soggetti con difficoltà di apprendimento, ma anche (soprattutto secondo alcuni studiosi) per i plusdotati o i cosiddetti *gifted*, ossia i ragazzi che manifestano talenti eccezionali.

55) B. La legge del 12 febbraio 1992 n. 104 fa rientrare la Diagnosi Funzionale tra i tre strumenti indicati per favorire il processo di integrazione, insieme al Profilo Dinamico Funzionale e al Piano Educativo Individualizzato. Come recita l'articolo 3, comma 1 del D.P.R. 24 febbraio 1994, poi modificato con D.P.C.M. del 23 febbraio 2006, la Diagnosi Funzionale è "*la descrizione analitica della compromissione funzionale dello stato psicofisico dell'alunno in situazione di handicap, al momento in cui accede alla struttura sanitaria per conseguire gli interventi previsti dalla legge n. 104 del 1992*". Tale descrizione viene redatta da una unità multidisciplinare, composta da specialisti in ambito sia medico che sociale. I primi, cioè il medico specialista nella patologia segnalata, il neuropsichiatra infantile e il terapista della riabilitazione, si occupano della valutazione degli aspetti clinici, gli altri, cioè gli operatori sociali, si interessano invece della parte psico-sociale e redigono una relazione in cui sono compresi "i dati anagrafici del soggetto" e "i dati relativi alle caratteristiche del nucleo familiare".

56) A. Per redigere una diagnosi è necessario individuare criteri di inclusione e criteri di esclusione. Nel caso dei DSA, secondo Cornoldi e Tressoldi i criteri di inclusione sono essenzialmente tre: I) deviazione rispetto al proprio gruppo di riferimento; II) ritardo rispetto alla propria fascia scolastica; III) discrepanza tra un punteggio di abilità intellettiva e un punteggio di apprendimento. I fattori di esclusione, invece, concernono: la presenza di handicap sensoriali, motori e mentali; lo svantaggio sociale e l'influenza di aspetti emotivi (per approfondimenti si veda: C. Cornoldi (a cura di), *I Disturbi dell'Apprendimento*, Il Mulino, Bologna, 1991).

57) D. La *Task Analysis*, grazie alla dettagliata descrizione dei passi procedurali e delle capacità richieste (in termini di saperi e di competenze), permette di isolare anche in sede di verifica quegli aspetti del compito che non sono stati raggiunti o padroneggiati in modo da favorire la scelta di interventi compensativi più efficaci. L'attenzione è posta sulle caratteristiche del compito e non dell'allievo che apprende.

58) C. La suddivisione del compito nelle sue componenti di base consente all'insegnante di individuare per ciascuna unità i prerequisiti che gli alunni devono possedere e di condurre gradualmente all'apprendimento procedendo dal semplice al complesso.

59) A. Il Profilo Dinamico Funzionale è, insieme alla Diagnosi Funzionale e al Piano Educativo Individualizzato, uno dei tre strumenti indicati dalla legge del 12 febbraio 1992 n. 104, per favorire il processo di integrazione. Come specificato nell'articolo 12, comma 5, il Profilo Dinamico Funzionale "*indica le caratteristiche fisiche, psichiche e sociali ed affettive dell'alunno e pone in rilievo sia le difficoltà di apprendimento conseguenti alla situazione di handicap e le possibilità di recupero, sia le capacità possedute che devono essere sostenute, sollecitate e progressivamente rafforzate e sviluppate nel rispetto delle scelte culturali della persona handicappata*". Dal 2008, il Profilo Dinamico Funzionale è parte integrante della Diagnosi Funzionale e viene redatto contestualmente a quest'ultima, con la partecipazione congiunta "*dei genitori della persona handicappata, degli operatori delle unità sanitarie locali e, per ciascun grado di scuola, del personale insegnante specializzato della scuola, con la partecipazione dell'insegnante operatore psico-pedagogico individuato secondo criteri stabiliti dal Ministro della pubblica istruzione*" (Legge n. 104 del 1992 articolo 12, comma 5).

60) D. Nella definizione di una diagnosi, i fattori di esclusione ci consentono di isolare il disturbo rispetto ad altre possibili difficoltà.

61) A. A Robert Rosenthal è attribuita la teorizzazione del cosiddetto effetto Pigmalione, noto anche come "effetto Rosenthal". Si tratta dell'applicazione in pedagogia dell'idea classica sulla "profezia che si autorealizza" il cui assunto di base può essere così sintetizzato: se gli insegnanti credono che un bambino sia meno dotato, lo tratteranno, anche inconsciamente, in modo diverso dagli altri; il bambino interiorizzerà il giudizio e si comporterà di conseguenza. Si instaura così un circolo vizioso per cui il bambino tenderà a divenire nel tempo proprio come l'insegnante lo aveva immaginato.

62) C. Secondo C. Rogers, l'educatore o il terapeuta ha il compito di intervenire laddove c'è incongruenza tra la percezione che il soggetto ha di se stesso e quella che altri hanno di lui. Tale incongruenza è un indicatore di immaturità psicologica sulla quale è necessario intervenire innanzitutto favorendo l'aumento dell'autostima. Perché ciò sia possibile risulta fondamentale la creazione di un rapporto con l'educatore fondato sull'autenticità e sull'ascolto empatico che ricrei la congruenza tra la percezione del soggetto e la realtà esterna.

63) A. Gli elementi che caratterizzano la professionalità dell'insegnante derivano da conoscenze teoriche adeguate, in aree disciplinari e nel campo delle scienze dell'educazione e da una matura capacità di analizzare la propria esperienza. L'insegnante è un professionista che sa, che sa insegnare, che sa intessere corrette e buone relazioni con gli allievi, che agisce in piena autonomia secondo l'etica della responsabilità individuale e quella di una rigorosa deontologia professionale.

64) A. Nella vita scolastica quotidiana vengono richieste ai docenti, oltre ad un'accurata preparazione disciplinare e ad una conoscenza puntuale delle più recenti metodologie didattiche, alcune specifiche competenze comunicative che diventano la prerogativa indispensabile per la creazione di una buona interazione. Tra queste l'empatia, ossia *"la capacità di comprendere il modo di essere-nel-mondo di un altro dal di dentro, riuscendo ad immedesimarsi nella sua condizione e a penetrare la sua dimensione di interiorità"* è sicuramente una delle più importanti. L'empatia è una dimensione dell'intelligenza emotiva che consiste nel riuscire a mettersi nei panni di un altro, ovvero a immedesimarsi nei suoi stati d'animo e nei suoi pensieri sulla base della capacità di comprenderne i segnali emozionali, assumerne la prospettiva soggettiva e condividerne i sentimenti.

65) C. Il tutoring è un metodo che si basa sull'approccio cooperativo dell'apprendimento. Un allievo più esperto (tutor) guida e supporta un compagno nella risoluzione di un compito di apprendimento. Tale approccio ha l'obiettivo di rendere gli alunni attivi nel proprio processo formativo, offrendo loro maggiori opportunità di confronto e collaborazione nella risoluzione di problemi.

66) B. La comunicazione didattica si prefigge lo scopo di raggiungere degli obiettivi predefiniti, in vista dei quali vengono selezionate procedure e strumenti utili a rendere il processo comunicativo efficace ed efficiente.

67) E. Il Linguaggio Giraffa è stato ideato da Marshall B. Rosenberg (1934), uno psicologo statunitense fondatore dei Centri per la Comunicazione non violenta in tutto il mondo. I suoi principi si ispirano a studiosi come Carl Rogers e Abraham Maslow, ma anche a figure quali Martin Buber. Avvalendosi della metafora della giraffa (che ha il cuore grande e il collo lungo, capace di vedere molto al di là) e dello sciacallo (che invece è un violento predatore), è riuscito a divulgare e a rendere facilmente comprensibili anche ai non addetti ai lavori alcuni concetti chiave della comunicazione e alcune tecniche della relazione interpersonale. Il Linguaggio Giraffa *"porta l'attenzione, attraverso un ascolto fatto col cuore e un parlare dettato dal cuore, su sentimenti ed emozioni, desideri, bisogni e relativi valori di riferimento; ci mette in contatto, cioè con la vita e l'energia che è in noi e negli altri e favorisce un dialogo più profondo, costruttivo e soddisfacente di quelli a cui forse siamo abituati normalmente. Questo modo di entrare in relazione con noi stessi e con gli altri ci permette di avere grande chiarezza su ciò che proviamo veramente, di riconoscere e poi di esprimere i nostri bisogni e sentimenti, di conoscere l'origine di questo nostro sentire e di esprimere richieste precise e concrete, il che aumenta la possibilità che i nostri bisogni vengano soddisfatti. Ci aiuta a preferire l'osservazione e la descrizione alla valutazione e alla critica, il che diminuisce considerevolmente la possibilità che il nostro interlocutore si senta ferito e reagisca in modo aggressivo"*. (Per un approfondimento si leggano, tra i tanti di M. Rosenberg, almeno: *Le parole sono finestre (oppure muri). Introduzione alla comunicazione non violenta*, Esserci, Reggio Emilia, 2003; *Educare con la comunicazione non violenta*, Esserci, Reggio Emilia, 2010).

68) D. La sindrome da *burnout* rappresenta una reazione patologica riscontrabile in soggetti che esercitano professioni d'aiuto e che vengono sopraffatti dai fattori stressogeni cui sono esposti. Secondo alcuni autori vi sono diverse dimensioni della sindrome:
1) deterioramento dell'impegno nei confronti del lavoro;
2) deterioramento delle emozioni originariamente associate al lavoro;

3) un problema di adattamento tra persona e lavoro, a causa delle eccessive richieste di quest'ultimo.

Vi sono poi anche delle fasi tipiche di sviluppo del *burnout*:
1) entusiasmo idealistico (ad esempio la scelta del lavoro di aiuto);
2) stagnazione (divergenza tra aspettative iniziali e realtà lavorativa);
3) frustrazione (emergere di sentimenti di inutilità, inadeguatezza, insoddisfazione, ecc.);
4) apatia (presenza di una diffusa indifferenza da molti vissuta anche come vera e propria morte professionale) (per un approfondimento si veda *Insegnanti, salute negata e verità nascoste - 100 storie di burnout in cattedra*, Edises edizioni, Napoli, 2019).

69) D. La programmazione è l'espressione di una didattica pianificata, in quanto essa è la procedura investita del compito di contestualizzare (modellare, declinare, adattare) il programma ministeriale alle variabili espresse dai singoli plessi scolastici: i livelli-capacità degli allievi, la disponibilità degli spazi, gli stili dei docenti, le culture locali, ecc. La programmazione è antagonista implacabile nei confronti delle pratiche didattiche spontaneiste, estemporanee, casuali.

70) C. Si definisce *formazione a distanza* quel tipo di processo di insegnamento/apprendimento che si attua quando i docenti e i discenti non sono presenti fisicamente nello stesso luogo e nello stesso momento, ma svolgono i loro rispettivi ruoli in luoghi e in tempi differenti.

71) B. Si tratta di un'informazione di ritorno o *feedback* (secondo la teoria cibernetica della *retroalimentazione*) mediante la quale l'insegnante conferma/modifica il comportamento/la prestazione dell'allievo rispetto all'obiettivo atteso e precedentemente comunicato.

72) C. Sono quattro, ed esattamente: 1. conoscenza sul funzionamento cognitivo generale (teoria della mente); 2. autoconsapevolezza del proprio funzionamento cognitivo (consapevolezza personale); 3. uso generalizzato di strategie di autoregolazione cognitiva (autodirezione); 4. variabili psicologiche di mediazione (*locus of control*, senso di autoefficacia, attribuzioni e credenze generali e specifiche, autostima, motivazione).

73) D. Il percorso di integrazione può ritenersi tale solo se tiene conto di tutte le realtà nelle quali il soggetto vive ed agisce. Le agenzie educative quali la famiglia, la scuola, l'associazione sportiva, culturale, religiosa, ecc. devono collaborare e condividere gli stessi strumenti e le stesse strategie educative per poter essere realmente funzionali a tale percorso.

74) B. Gli obiettivi di prestazione o specifici riguardano la prestazione richiesta/attesa all'/dall'allievo. La formulazione dell'obiettivo è la descrizione della conoscenza e/o dell'abilità (*performance*) attesa e oggettivamente perseguibile dal soggetto che apprende e riscontrabile dall'insegnante.

75) A. Un obiettivo di prestazione, secondo R.M. Gagné e L.J. Briggs (*cfr.Fondamenti di progettazione didattica*, SEI, Torino, 1990) esplicita le abilità intellettuali intese come descrittori di comportamenti cognitivi, quindi azioni/verbi che possiamo individuare nelle classiche tassonomie (*conoscere, comprendere, applicare, analizzare, sintetizzare,* *valutare*, secondo Bloom; *discriminare, concettualizzare, conoscere regole, risolvere problemi, generalizzare*, secondo Gagné). Tra le proposte, l'unica rispondente alle caratteristiche sopra riportate è quella di ritagliare un cartoncino rosso.

76) B. Con il termine *metacognizione* si intende la dimensione del pensiero che consente al soggetto di *conoscere il proprio conoscere*, ovvero, di riflettere sui propri comportamenti cognitivi, di averne dunque consapevolezza, di mettere in atto strategie per ottimizzare i propri apprendimenti e controllare i propri processi cognitivi, regolandoli in funzione degli oggetti e dei contesti di esperienza.

77) B. Il *prompting* è una tecnica di controllo dello stimolo mediante la quale si favorisce l'emissione di comportamenti adeguati, attenuando nel contempo quella dei comportamenti inadeguati. La traduzione italiana potrebbe essere "suggerimento". Sul piano didattico ha una funzione di guida al compito di apprendimento (ciò si può realizzare con maggiore facilità se l'insegnante ha eseguito una buona *Task Analysis*).

78) D. Come hanno messo in evidenza gli studi cognitivi-comportamentali, per mezzo del *modellaggio* le persone riescono a padroneggiare abilità complesse che sono – nella situazione iniziale – al di fuori del loro repertorio potenziale.

79) C. E. De Bono definì quella forma di pensiero classica, fondata sulla logica, sulla programmazione lineare di una sequenza di step da salire uno di seguito all'altro "pensiero verticale", per distinguerlo da quello che lo studioso definisce "pensiero laterale", una modalità di pensiero che mira a risolvere i problemi mediante la ricerca di nuove prospettive che rompono gli schemi abituali.

80) B. La *didattica laboratoriale* (metodologia dei laboratori) prevede la realizzazione di contesti (luoghi, strumenti, materiali) per la promozione dei processi formativi fondati sulla metodologia della ricerca: pertanto il laboratorio non è da intendersi solo come uno spazio fisico attrezzato *ad hoc* al fine di una determinata produzione, ma come *luogo mentale, situazione, modalità di lavoro*. Tale metodologia può pertanto essere messa in atto sia in aula sia in laboratorio, interno (biblioteche, *atelier*) o esterno (parchi, musei) all'istituto scolastico. Particolare importanza assumono, nell'ambito di tale metodo didattico, la motivazione, la curiosità, la creatività, la partecipazione, la qualità della relazione educativa.

81) C. La *didattica laboratoriale* non può prescindere da una particolare cura nella creazione e nella progettazione del percorso didattico, necessitando peraltro di indicazioni didattiche differenziate, adattate agli stili cognitivi dei diversi alunni, e di metodologie di insegnamento e di valutazione diversificate e adeguate alle modalità di apprendimento del singolo allievo, dando spazio alla sua creatività, promuovendone l'autosufficienza, l'autostima, l'autonomia culturale ed emotiva.

82) D. Il *fading* è una procedura utile a favorire la discriminazione dello stimolo. Si caratterizza per il fatto di portare la persona alla risposta corretta attraverso modificazioni graduali dello stimolo. In genere si parte da una situazione nella quale è stato introdotto un *prompt* che viene progressivamente attenuato, per essere alla fine eliminato. È di fondamentale importanza attenersi scrupolosamente al principio della gradualità. Questa tecnica, nelle sue complesse articolazioni, è molto utile con compiti di tipo cognitivo, specie con i bambini svantaggiati. Il *prompting* (suggerimento) è una tecnica di controllo dello stimolo mediante la quale si favorisce l'emissione di comportamenti adeguati, attenuando nel contempo quella di comportamenti inadeguati. Il *chaining* è una tecnica mediante la quale comportamenti complessi vengono suddivisi in segmenti, ognuno dei quali viene sottoposto ad un distinto processo d'apprendimento. Lo *shaping* consiste nel rinforzare quei comportamenti che sempre più si approssimano a quello desiderato.

83) A. Il Piano Nazionale Scuola Digitale (PNSD) è il documento di indirizzo del Ministero dell'Istruzione per il lancio di una strategia complessiva di innovazione della scuola italiana e per un nuovo posizionamento del suo sistema educativo nell'era digitale. La Legge 107/2015 ha dato incarico al MIUR di adottare, in sinergia con la programmazione europea e regionale e con il Progetto strategico nazionale per la banda ultralarga, un Piano nazionale per la scuola digitale; a loro volta le scuole, all'interno dei loro Piani triennali, attivano azioni coerenti con tale Piano. L'obiettivo è quello di promuovere un percorso condiviso di innovazione culturale, organizzativa, sociale e istituzionale che dia nuova energia, nuove connessioni, nuove capacità alla scuola italiana.

84) C. L'animatore digitale è un docente a tempo indeterminato, individuato ai sensi della normativa vigente dall'istituzione scolastica, che ha il compito di favorire il processo di digitalizzazione nelle scuole, nonché quello di diffondere politiche legate all'innovazione didattica attraverso azioni di accompagnamento e di sostegno al Piano nazionale per la scuola digitale sul territorio, nonché attraverso la creazione di gruppi di lavoro e il coinvolgimento di tutto il personale della scuola. In particolare, l'animatore digitale si occupa di:
- stimolare la formazione interna alla scuola negli ambiti del PNSD, attraverso l'organizzazione di laboratori formativi;
- favorire la partecipazione e stimolare il protagonismo degli studenti nell'organizzazione di workshop e altre attività, anche strutturate, sui temi del PNSD;
- individuare soluzioni metodologiche e tecnologiche sostenibili da diffondere all'interno degli ambienti della scuola.

85) A. Il decreto legge 104/2013, all'art. 6 ("Contenimento del costo dei libri scolastici e dei materiali didattici integrativi") prevede che:
- a decorrere dall'anno scolastico 2014-2015 gli istituti scolastici possano elaborare materiale didattico digitale per specifiche discipline, da utilizzare come libri di testo;
- l'elaborazione di ogni prodotto sia affidata ad un docente supervisore che garantisca, anche avvalendosi di altri docenti, la qualità dell'opera sotto il profilo scientifico e didattico;
- l'opera didattica sia registrata con licenza che consenta la condivisione e la distribuzione gratuite;
- essa sia successivamente inviata al MIUR e resa disponibile a tutte le scuole statali, anche adoperando piattaforme digitali prodotte da reti nazionali di istituti scolastici e nell'ambito di progetti pilota del Piano Nazionale Scuola Digitale del MIUR per l'azione "Editoria Digitale Scolastica".

86) D. I *frames* sono segmenti essenziali che contengono informazioni e contenuti minimi, la cui acquisizione da parte dello studente viene immediatamente verificata. In base al risultato ottenuto è possibile stabilire se lo studente abbia necessità di attività di recupero, di saltare dei *frames* o di approfondirne altri.

87) C. La modalità *white board* permette di trasformare la LIM in lavagna digitale e di scegliere una serie di comandi come per esempio: il tratto della penna, l'evidenziatore, le cartelle dove si sono salvati i file o le mappe semantiche.

88) B. Sono definiti libri sonori i programmi software accompagnati da un testo con font di grandi dimensioni per facilitare la lettura agli alunni con disturbi specifici di apprendimento.

89) D. I *metodi audio-visivi o MAV o anche SGAV (Strutturo-Globali-Audio-Visivi)* si sono affermati in Francia per lo studio del francese come L2, a seguito delle ricerche del *Centre de recherche et d'étude pour la diffusion du français*. In questi metodi si utilizzano in modo combinato suoni ed immagini. Le immagini sono costituite da una serie di fotogrammi in sequenze preconfezionate proiettate in modo sincronico con il testo di un dialogo in situazione, registrato e fatto ascoltare all'allievo. Lo studente ha il ruolo di spettatore che osserva e ricostruisce sotto l'aiuto dell'insegnante. Successivamente, reimpiega le frasi ascoltate e passa ad eseguire una produzione libera e spontanea.

90) A. LIM sta per *Lavagna Interattiva Multimediale* ed è uno strumento multimediale molto utile nella pratica didattica quotidiana.

91) D. Gli elementi presenti nella LIM sono: touch screen, penna elettronica; tasto destro del mouse o pulsante situato sulla penna.

92) A. L'informazione può essere reperita ormai con facilità grazie alle moderne reti di computer, pertanto al *know-how* ("conosci-come", ossia la conoscenza del modo con cui applicare le procedure) e al *know-what* ("conosci-cosa", ossia la conoscenza stessa dell'informazione) si affianca un nuovo paradigma conoscitivo, detto *know-where* ("conosci-dove", ossia sapere dove andare a reperire le informazioni utili). È esperienza comune che il World Wide Web, attraverso la miriade di pagine che mette a disposizione dei navigatori, possa essere una fonte inesauribile di conoscenza. Ma esso può diffondere anche una serie di informazioni di dubbia scientificità, messe a disposizione da utenti, non sempre qualificati; per tale motivo sono necessari una lettura critica e un serio vaglio delle fonti (si parla sempre più spesso di *Media Education*, ossia educazione ai mezzi di comunicazione).

93) D. All'inizio del Novecento si diffonde il metodo delle sorelle Rosa e Carolina Agazzi, che a Mompiano, nel bresciano, avviano una nuova esperienza pedagogica, riproducendo ludicamente, con l'uso delle «cianfrusaglie», le attività quotidiane di vita pratica, di lavoro domestico e artigianale, e sviluppando le abilità e il senso dell'ordine.

94) A. Il concetto fondamentale di una scuola orientativa è basato sulla convinzione che la scuola favorisce la comprensione della realtà e di se stessi; è in poche parole una scuola che vuole creare una cultura orientativa.

95) A. P.T.O.F. indica il Piano Triennale dell'Offerta Formativa, il documento fondamentale costitutivo dell'identità culturale e progettuale delle Istituzioni scolastiche. Ogni istituzione scolastica redige il proprio PTOF nel modo e nella forma che ritiene più opportuna e che riflette, indubbiamente, il rapporto che l'istituzione ha saputo instaurare con gli studenti, le famiglie e gli Enti territoriali.

96) D. *Lifelong learning* è una formazione che dura tutta la vita. L'espressione *lifelong education* (da noi *educazione permanente*), ampiamente presente nel dibattito culturale degli anni Settanta, si è quasi all'improvviso eclissata dalla scena per riemergere a metà degli anni Novanta configurandosi come *lifelong learning*.

97) B. I sussidi didattici sono gli oggetti, gli strumenti, le attrezzature, i materiali (strutturati e non) compresi i mezzi audiovisivi e informatici che possono facilitare l'autonomia, la comunicazione e il processo di apprendimento. Tra questi notevole importanza assumono le nuove tecnologie per le numerose e innovative potenzialità che offrono anche nel campo educativo e della didattica delle singole discipline.

98) A. Un *learning management system* (LMS) è una piattaforma interattiva a scopo prevalentemente didattico, sviluppata in uno dei linguaggi di programmazione specifici per il web. La codifica che permette di sviluppare le pagine web dinamiche della piattaforma è già predisposta, pertanto chi gestisce quest'ultima (l'amministratore) non deve preoccuparsi di aspetti tecnici, relativi ai linguaggi di programmazione o alla gestione del database, ma deve semplicemente curarsi di organizzare i contenuti e personalizzare l'aspetto grafico della piattaforma.

99) A. Oltre all'interattività e alla multimedialità, il *learning object* presenta anche altre caratteristiche: è un'unità di apprendimento autoconsistente, coerente e completa; è costituito da contenuti essenziali, piccoli approfondimenti e verifiche; spesso permette il tracciamento dell'attività dello studente ed è incentrato su di un concetto piuttosto specifico; è un oggetto chiuso e rigidamente strutturato, che non è concepito per essere arricchito o alimentato da altri contenuti.

100) B. Il *circle-time* è una metodologia educativa e didattica che stimola l'inclusione, elimina le disparità tra alunni e insegnante poiché il docente farà parte del cerchio e sarà allo stesso livello degli alunni, favorisce le competenze individuali valorizzando le potenzialità e le diversità di ciascun alunno. Fornisce un momento per ascoltare, sviluppare l'attenzione, promuovere la comunicazione orale e apprendere nuovi concetti e abilità. Ideato durante gli anni Settanta, studiato e messo a punto da Abraham Maslow e Carl Rogers, è una metodologia utilizzata dai docenti nelle scuole italiane di ogni ordine e grado.

Parte Quarta

Competenze in lingua inglese e informatica

SOMMARIO

Questionario 1 — Inglese
Questionario 2 — Informatica

Questionario 1
Inglese

1) I first met Robert at school. I ... him for twenty years.
A. have been knowing
B. knew
C. have known
D. had known
E. known

2) He has not come yet. He ... something in the car.
A. must have forgotten
B. can have forgotten
C. will have forgotten
D. should have forgotten
E. should

3) Jack will be able to do it. He always gets ... a difficulty.
A. over
B. on
C. up
D. in
E. at

4) A *Pun* is:
A. the same as a proverb
B. a humorous ambiguous expression
C. a very short poem
D. a type of rock music
E. a kind of fruit

5) She was ... out of 115 applications for the position of Managing Director.
A. short-changed
B. short-listed
C. short taken
D. short-sighted
E. short-broken

6) My brother was always picking ... me when we were children.
A. up
B. out
C. to
D. on
E. over

7) It was kind ... to warn you.
A. for him
B. of him
C. as to him
D. from him
E. to him

8) Which is the closest English equivalent of the Italian idiomatic expression "*in bocca al lupo*"?
A. Enter the lion's den!
B. Break a leg!
C. The best of happiness!
D. Cry wolf!
E. Think wolf

9) Larger companies sometimes ... smaller, often loss-making companies.
A. put over
B. take over
C. take down
D. put down
E. put out

10) There's a knock on the door of your flat. Your brother, sitting next to you says: "That'll be Jerry". What does the modal verb 'will' express here?
A. Promise
B. Future intention
C. Likelihood/probability
D. Desire/wish
E. Like

11) "To make someone unhappy" is to:
A. get on someone's nerves
B. get somebody down
C. get on with somebody
D. get over somebody
E. none is correct

12) She still hasn't got ... in London.
A. use to living
B. use to live
C. used to living
D. used to live
E. use living

13) *Ellipsis* in grammatical analysis refers to:
A. a part of a structure to be underlined
B. a part of a structure which has been omitted
C. any part of a structure
D. a pronoun
E. a verb

14) Due to extreme weather conditions the mountain road was ...
A. impassable
B. inoperable
C. impregnable
D. impossible
E. free

15) I won't go out ... he telephones me.
A. for all
B. even then
C. unless
D. because of
E. if thug

16) Decide which sentence is correct.
A. I lost some money on my way to home
B. She is much more intelligent than you imagine
C. He went to his room and has read the newspaper there
D. The doctor has been visited his patients
E. None of them

17) Decide which sentence is correct.
A. My little brother made a toy castle out of wood and plastic
B. Her friends all sent for a letter to the newspaper
C. She never heard nothing all night
D. He saved his money in order for to buy a car
E. None of them

18) **Decide which sentence is correct.**
A. They had not been looking for no gold
B. I managed to sell less six tickets
C. My mother lent the book to one of our neighbours
D. My brother put a scarf on himself before going out
E. None of them

19) **We wanted to have a break so we:**
A. stopped to have a cup of coffee
B. stopped for having a cup of coffee
C. stopped to having a cup of coffee
D. stopped having a cup of coffee
E. stop have a cup of coffee

20) **The headmaster ... yesterday on the matter of the school trip.**
A. was decided
B. has decided
C. decided
D. has been deciding
E. decides

21) **Which part of the Indo-European language family does English belong to?**
A. Celtic
B. Romance
C. Gaelic
D. Germanic
E. Latin

22) **The film ... in France.**
A. made
B. are made
C. was made
D. is making
E. make

23) **This book ... by Manzoni.**
A. is written
B. was wrote
C. writes
D. was written
E. written

24) My son wanted ... a hotel.
A. booking
B. to book
C. to booking
D. book
E. booked

25) If I hadn't missed the bus, ... to school.
A. I would walk
B. I'd walked
C. I'd have had to walk
D. I had to walk
E. I have walked

26) This ... for three years ever since the Smiths came along.
A. went on
B. will go on
C. was going on
D. would go on
E. will

27) I don't mind ... you that I am angry.
A. telling
B. saying
C. to say
D. I told to
E. I tell

28) You ... believed the weather forecast.
A. Mightn't have
B. Will not
C. Shouldn't have
D. Are not
E. Should

29) "It's very late, it's time ...".
A. we left
B. to leaving
C. we will leave
D. we are going to leave
E. we would leave

30) He is going to work after he ... school.
A. have left
B. B. leaved
C. C. leaves
D. D. left
E. E. leave

31) ... watch the football match tonight.
A. I don't rather
B. I rather
C. I rather not
D. I'd rather not
E. I rather then

32) We ... our boss ... a pay rise.
A. kept / on
B. made / up
C. set / up
D. talked / into
E. kept / into

33) Salif Keita, Youssou Ndour, Chiwoniso, Acheng', Abura, Malouma, Maieiway and Baaba Maal were among the many African stars in Dakar on 16-20 May to record a song urging Africans to do everything in their power to hold and reverse the spread of HIV/AIDS and ... extreme poverty by 2015.
A. divide
B. halve
C. rise
D. support
E. get up

34) 34) After the signing of the Montreal Protocol, which is administered by the United Nations Environment Program (UNEP), governments and business made giant ... in converting industries to ozone-friendly chemicals.
A. strides
B. walks
C. stairs
D. marches
E. put out

35) Hourly news bulletins keep the public ... of current affairs.
A. afloat

B. abreast
C. afresh
D. afield
E. afound

36) Which is the closest English equivalent of the Italian idiomatic expression "*tocca ferro!*"?
A. Buy iron!
B. Call it luck!
C. Hop it!
D. Get up
E. Touch wood!

37) Which of the following is another generic name for a scholarly periodical?
A. Issue
B. Volume
C. Edition
D. Journal
E. Newspaper

38) Which of the following sentences is correct?
A. When you have enough money, I suggest you was buying a new washing machine
B. When you have enough money, I suggest you are going buy a new washing machine
C. When you have enough money, I suggest you have bought a new washing machine
D. When you have enough money, I suggest you buy a new washing machine
E. When you have enough money, I suggest you should have buy a new washing machine

39) Don't worry! I ... you.
A. 'll help
B. help
C. helps
D. am helping
E. helped

40) In no circumstances ... this light switch.
A. you must turn onto
B. you must put at
C. must you put at
D. must you turn on
E. must you get on

41) Choose the best sentence.
A. The weapons lying in the field, showing where the battle had taken place
B. The weapons laying in the field, showing where the battle had taken place
C. The weapons lay in the field, showing where the battle had taken place
D. The weapons lying in the field, to show where the battle had taken place
E. The weapons lying in the field, have shown the battle takes place

42) By next year we ... to speak Italian fluently.
A. used
B. will be able
C. can
D. needn't
E. spoken

43) I'm afraid a rise in salary is ... just now.
A. out of sight
B. out of the question
C. out of date
D. out of mind
E. on of date

44) He was out of breath because he ...
A. has been running
B. had been running
C. was been running
D. runs
E. run

45) What ... this change of mind?
A. brought up
B. brought about
C. brought down
D. brought in
E. brought out

46) He ... and it drives me up the wall.
A. always contradicted me
B. always is contradicting me
C. is always contradicting me
D. contradicts me always
E. contradict me always

47) I don't think he'll ever ... his wife's death.
A. get under
B. get over
C. get through
D. get by
E. get into

48) You've exaggerated with your diet. You're as thin ...
A. as a shovel
B. as a cat
C. as a snowflake
D. as a rake
E. as a dog

49) "He is like a cat on hot bricks" means:
A. He's making a lot of noise
B. He is jumping around like a cat
C. He's making a terrible noise
D. He's very nervous and can't keep still
E. None of them

50) He asked me ... talking.
A. stopping
B. stop
C. to stop
D. stopped
E. stops

Risposte commentate

1) C. Il tempo chiamato *present perfect* quando è accompagnato da *for* o da *since* ("da" in italiano) si usa per indicare azioni, condizioni e stati che cominciano nel passato e continuano nel presente. La preposizione *for* (*da* in italiano) indica questo tipo di periodo temporale.

2) A. Il verbo modale *must* viene usato qui per esprimere una deduzione o una conclusione.

3) A. Le risposte presentano preposizioni da abbinare a *get*, un verbo che ha molti significati diversi in vari contesti. La prima frase dell'esempio indica che Jack sarà in grado di farlo. Per questo motivo, *get over* (superare) è la risposta giusta per rendere il significato "Jack supera sempre le difficoltà".

4) B. Il *pun* è un gioco di parole che utilizza le ambiguità della lingua. Un esempio che va bene sia in inglese che in italiano potrebbe essere "un diplomatico è una persona che disarma, anche se il suo Paese non lo fa", sfruttando il significato metaforico di "disarmare" insieme a quello concreto.

5) B. L'espressione *short-listed* fa riferimento a un elenco delle persone più meritevoli in un elenco completo di tutti i candidati per un premio o per un posto di lavoro. Naturalmente, la *short list* è più breve della lista intera, da cui il nome.

6) D. In molti casi in inglese quando un verbo viene seguito da una preposizione, l'espressione che risulta ha un significato nuovo e spesso non prevedibile dal significato del verbo o della preposizione. *Pick on* significa "infastidire, attaccare briga, prendersela".

7) B. Una delle maggiori difficoltà per gli apprendenti dell'inglese è quella di individuare quale preposizione deve seguire un aggettivo o un verbo. Conviene sempre imparare l'aggettivo o il verbo insieme alla sua preposizione.

8) B. Questo "augurio" in inglese viene usato nel teatro, dove la superstizione proibisce l'augurio aperto di buona fortuna. Spezzare una gamba sarebbe disastroso per un attore in scena; descrivere l'evento peggiore che possa succedere è quindi accettabile come augurio positivo. Nei paesi anglosassoni è invece considerato gentile augurare buona fortuna ad una persona che va a fare un esame.

9) B. *Take over* significa assumere la direzione di qualcosa.

10) C. Nel contesto descritto, il verbo modale *will* esprime la probabilità che alla porta ci sia Jerry.

11) B. Il verbo *get* fa parte di moltissime espressioni. Fra le varie possibilità, l'unica che esprime "rendere qualcuno triste" è *get somebody down*.

12) C. L'espressione *get used to* traduce il verbo italiano "abituarsi a". La forma *"get used to* + verbo nella forma in *-ing"* esprime un cambiamento di stato rispetto all'espressione *"be used to* + verbo nella forma in *-ing"* ("essere abituato a"). Quest'ultima espressione si confonde facilmente con *used to*, che invece viene impiegato insieme all'infinito per indicare un'azione che era abituale nel passato. *Be/get* non precedono *used to* nella forma con questo secondo significato.

13) B. L'ellissi è l'omissione di una parte della frase, un fenomeno molto comune in inglese. Per esempio, nella frase *You know English well, but George doesn't* viene omesso *speak English well* alla fine dell'enunciato giacché può essere sottinteso nel contesto.

14) A. L'unico di questi aggettivi con il prefisso *im/in* che possa essere appropriato al contesto di una strada di montagna e alle condizioni estreme del tempo descritte è *impassable*, che significa "intransitabile, impraticabile". È un *false friend*; infatti, la parola "impassibile" si traduce con *impassive*.

15) C. È appropriato usare l'avverbio *unless* se è possibile sostituirlo nella frase con l'espressione *except if*, che viene tradotta con "a meno che". L'uso di questo avverbio è in genere limitato a situazioni di messa in guardia. In un periodo al futuro, il verbo a cui si accompagna deve essere usato in forma base.

16) B. In italiano, la frase assume il seguente significato: "Ella è molto più intelligente di quanto tu possa immaginare".

17) A. In italiano, la frase assume il seguente significato: "Il mio fratellino ha fatto un castello giocattolo di legno e plastica".

18) C. In italiano, la frase assume il seguente significato: "Mia madre ha prestato il libro a uno dei nostri vicini".

19) A. Il verbo *stop* significa "fermarsi (per fare qualcosa)" quando è seguito da un altro verbo nella forma dell'infinito con *to*. Significa, invece, *smettere* quando è seguito da un altro verbo nella forma in *-ing*.

20) C. Con l'avverbio *yesterday* la scelta del *simple past* è obbligata.

21) D. La lingua inglese è una lingua indoeuropea del gruppo germanico. Ha avuto molte influenze significative da altre lingue indoeuropee.

22) C. *The film was made in France*. La forma passiva inglese è speculare a quella italiana: *be* + participio passato.

23) D. *This book was written by Manzoni.* La ragione è illustrata nel commento precedente.

24) B. Dopo *want* si usa il *to* + infinito.

25) C. *If I hadn't missed the bus, I'd have had to walk to school.* Irreale (lo si capisce da *hadn't missed*): quindi si può usare *could have / would have / might have* + participio passato.

26) D. L'espressione *go on* (andare avanti) insieme alla preposizione *for* (da) indica un'azione che inizia nel passato e continua nel presente. Senza la seconda parte della frase sarebbe stato possibile tradurre *for* con "per", e usare un verbo al passato, ma l'impiego di *ever since* (da quando) rende chiaro il contesto presente dell'enunciato.

27) A. Il verbo *(not) mind*, "(non) dispiacere", in italiano è usato con una costruzione impersonale: "Non mi dispiace dirti che sono arrabbiato". In inglese *(not) mind* è seguito dalla forma in *-ing*.

28) C. Il verbo modale *should* è usato per dare consigli o per criticare. Nella forma negativa, seguito da *have* più il participio passato, prende il significato di "non avresti dovuto" e quindi la frase significa "Non avresti dovuto credere alle previsioni del tempo".

29) A. L'espressione *it's time* (è ora) può essere seguita da un verbo all'infinito o da una frase esplicita in cui il soggetto è seguito dal verbo al *simple past*. Questa forma corrisponde all'uso in italiano del congiuntivo in contesti simili.

30) C. Il periodo descrive due azioni future. Nella frase principale viene usato il futuro con *going to*; nella secondaria, introdotta dalla congiunzione temporale *after*, l'inglese non ammette l'utilizzo del tempo futuro.

31) D. Per tradurre *preferire* nella forma condizionale in inglese si può usare l'espressione *would rather*, utilizzata spesso in forma contratta, per esempio, *I would rather watch/I'd rather watch the football match tonight* (Preferirei guardare la partita di calcio stasera). Per costruire il negativo si aggiunge *not* dopo *rather*: *I'd rather not watch the football match tonight* (Preferirei non guardare la partita di calcio stasera).

32) D. La forma *talk into* significa convincere qualcuno a fare qualcosa a furia di parlare. Come molte forme costruite con un verbo seguito da una preposizione, si può inserire il complemento oggetto fra il verbo e la preposizione, come in questo esempio.

33) B. Nella frase si deve inserire un verbo che può avere *extreme poverty* (la povertà estrema) come complemento oggetto e che ha senso se ci si riferisce alla lotta contro l'AIDS e la povertà in Africa. *Halve* (ridurre della metà) è adeguato al contesto.

34) A. In questa frase è richiesto un insieme di parole che significhi "fare progressi, fare passi da gigante". Soltanto *strides* (passi, passi lunghi) ha senso.

35) B. *Abreast* è l'unica parola che può essere seguita dalla preposizione *of*. Inoltre, i vari significati degli altri termini proposti non sono adatti al contesto; soltanto *abreast* (*keep abreast* significa "tenere aggiornato") lo è.

36) E. Nella lingua inglese chi è superstizioso tocca il legno (*touch wood*), o bussa sul legno (*knock on wood*) per proteggersi dal male.

37) D. La parola *issue* si riferisce ad un numero o fascicolo di una pubblicazione; la parola *volume* significa volume o libro; la parola *edition* è l'edizione o tiratura di una pubblicazione. Il nome generico usato per un periodico di natura dotta o erudita è *journal*; la parola *newspaper* significa giornale e include un riferimento alla carta (*paper*).

38) D. L'uso del tempo presente nella frase secondaria di questo periodo, seguito da *I suggest* (suggerisco che) significa che l'azione del verbo *buy* (comprare) è futura rispetto al momento del suggerire. Il verbo che segue *I suggest* può essere usato all'infinito senza *to*, in uno dei pochi casi in inglese che si definisce come l'uso del congiuntivo (*subjunctive*).

39) A. Si usa *will* quando si decide di compiere l'azione nel momento stesso in cui si parla.

40) D. In questo contesto, dove il complemento del verbo è *light switch* (interruttore della luce), l'espressione *turn on* significa "accendere". Quando si usa l'espressione *in no circumstances* (in nessuna circostanza) all'inizio della frase, è necessario operare un'inversione, ponendo il soggetto e il verbo della frase nello stesso ordine della forma interrogativa, con il verbo modale *must* prima del soggetto *you*, seguito a sua volta dal resto della frase.

41) C. In questo esempio abbiamo due frasi collegate con una virgola. La seconda proposizione è dipendente dalla prima in tutte le sue parti, perché il verbo consiste in un gerundio o in un infinito. Quindi, la prima frase del periodo deve essere quella principale. Soltanto la risposta ricercata presenta la prima frase con la forma giusta del *simple past* del verbo *lie* ("giacere", ma in questo caso semplicemente "stare" oppure "essere sparso").

42) B. Nella frase si trova un contesto futuro, indicato da *by next year* (per l'anno prossimo). L'elemento da inserire è seguito dall'infinito con *to*. Soltanto *will be able* rende il significato "saremo in grado di parlare".

43) B. L'espressione idiomatica *out of the question* vuol dire *fuori questione*.

44) B. Il tempo chiamato *past perfect continuous* si usa con *for/since* (da) per indicare un'azione che inizia prima di un punto di riferimento nel passato, oppure, come qui, per indicare un'azione passata con un effetto in un momento successivo nel passato.

45) B. Significati diversi sono prodotti dalla combinazione dello stesso verbo con diverse preposizioni, e questa è una delle difficoltà maggiori per l'apprendente dell'inglese. *Bring about* significa "causare", rendendo la frase "Che cosa ha causato questo cambiamento di opinione/idea?".

46) C. Si usa il *present continuous*, spesso con l'avverbio *always*, per criticare un comportamento: *He is always contradicting me* (Mi contraddice sempre). La seconda parte della frase, *it drives me up the wall* (mi irrita molto), indica un contesto al presente rivelando che il parlante è irritato dal comportamento del soggetto della prima frase.

47) B. *Get over* significa "superare, riprendersi da".

48) D. L'espressione idiomatica *thin as a rake*, letteralmente "magro come un rastrello", corrisponde all'italiano "magro come un chiodo". I termini delle altre risposte non sono utilizzati per indicare magrezza.

49) D. L'espressione idiomatica *like a cat on hot bricks*, letteralmente "come un gatto (che cammina) su mattoni caldi", significa che la persona non riesce a stare ferma, perché è molto nervosa. Le altre risposte non corrispondono al significato dell'espressione.

50) C. Dopo i pronomi si usa il *to* + infinito.

Questionario 2
Informatica

1) Cosa indica il termine Wireless?
A. Senza fili
B. Senza confini
C. Senza fine
D. Senza limiti
E. Senza controllo

2) Cosa indica il termine Blog (o Web log)?
A. È la contrazione di web log, ovvero "traccia sulla rete"
B. È uno spazio corrispondente ad un indirizzo http in cui una persona può pubblicare il suo diario personale in modo multimediale
C. È un luogo in cui è possibile scambiare opinioni
D. È uno spazio on-line su cui chiunque può esporre idee proprie
E. Tutte le risposte sono vere

3) Un collegamento ipertestuale all'interno di pagine web tramite testi e immagini è denominato:
A. hyperlink
B. web track
C. track web
D. hyper space
E. cyber space

4) 4) L'acronimo RAM significa:
A. Random Access Memory
B. Reset Applet Memory
C. Reset Access Memory
D. Rewind Access Memory
E. Rapid Access Memory

5) Cos'è un "browser"?
A. Un elenco di dati
B. Il programma di posta elettronica
C. Un programma di videoscrittura
D. Un programma che serve per effettuare il defrag di sistema
E. Un programma per navigare in Internet

6) Cos'è l'Html?
A. Un linguaggio usato per la realizzazione di ipertesti di pagine web
B. Un software per la gestione della posta elettronica
C. Un programma per il disegno animato
D. Un motore di ricerca
E. Un sistema operativo

7) Che cosa è la CPU (Central Processing Unit)?
A. Strumento che inserisce dati
B. Strumento che elabora i dati
C. Strumento che estrae i dati
D. Unità di deframmentazione dati
E. Nessuna delle risposte è esatta

8) Che differenza c'è tra "hardware" e "software"?
A. L'hardware si riferisce al computer come macchina, il software si riferisce ai programmi
B. Hardware e software designano, rispettivamente, computer difficili e facili da usare
C. Hardware è il corpo principale del computer, software sono i dischetti
D. Sono due differenti livelli di difficoltà della ECDL
E. Nessuna delle risposte è esatta

9) Il termine Bug, letteralmente "piccolo insetto" o "cimice", in informatica indica:
A. un errore o il malfunzionamento che si verifica in un programma
B. il client
C. la customizzazione di un programma
D. la rimozione di errori di funzionamento in un programma
E. il registro delle cancellazioni

10) Quale fra i seguenti è un dispositivo di solo input?
A. Tastiera
B. Monitor
C. Stampante
D. CPU
E. Hard Disk

11) Indicate l'affermazione corretta.
A. I file con estensione DOC sono immagini
B. I file di PowerPoint hanno estensione PPP
C. I file immagini hanno estensione JPG
D. I file di Word hanno estensione GIF
E. I file con estensione PNG sono file audio

12) Che cosa significa "salvare"?
A. Memorizzare
B. Recuperare
C. Ripristinare
D. Annullare
E. Ripetere

13) Che cosa è un'icona?
A. Immagine di Clipart
B. Piccola immagine che identifica un'applicazione
C. Un programma di disegno
D. Un programma di fotoritocco
E. Un programma per la visualizzazione di immagini

14) Che cosa è la "Homepage"?
A. Una pagina di un sito web
B. La prima pagina del sito web
C. L'indirizzo del sito web
D. La pagina dei contatti di un sito web
E. Nessuna delle risposte è esatta

15) Cosa sono i driver?
A. Dischi fissi
B. Programmi di comunicazione tra computer e periferiche
C. Programmi che guidano l'utente attraverso l'apprendimento di un nuovo programma
D. Programmi che pilotano il sistema operativo
E. Nessuna delle risposte è esatta

16) Cos'è una Query?
A. Una domanda posta frequentemente
B. Il criterio in base al quale si effettua una ricerca
C. La risposta ad una domanda
D. L'output di una ricerca
E. Il feedback di un'azione

17) Un byte da quanti bit è composto?
A. 0
B. 8
C. 4
D. 16
E. 32

18) Per aprire un documento PDF, occorre istallare sulla propria macchina:
A. X-press
B. Acrobat
C. Winzip
D. Flash
E. Photoshop

19) Un documento zippato è di norma:
A. più pesante dell'originale
B. identico all'originale
C. scaricabile solo da internet
D. leggibile solo su Mac
E. più leggero dell'originale

20) Come sono detti i programmi per effettuare calcoli e battere testi?
A. Fogli elettronici e database
B. Fogli elettronici e videoscrittura
C. Fogli elettronici e Ms-DOS
D. Fogli elettronici e Win XP
E. Nessuna delle risposte è esatta

21) Cosa indica l'acronimo ADSL?
A. Una tecnologia che consente di velocizzare la connessione ad internet
B. Un programma che consente di ridurre le dimensioni dei file
C. Un sistema operativo
D. Un motore di ricerca
E. Un programma di condivisione di file

22) Slide sta a ppt come foglio di lavoro sta a:
A. jpg
B. doc
C. ppt
D. xls
E. pdf

23) Un software che consente di accedere solo ad un numero limitato delle sue funzioni viene chiamato:
A. prova
B. memo
C. demo
D. hardware
E. flash

24) Qual è il significato letterale del termine Download?
A. Scaricare
B. Scommettere
C. Pilotare
D. Memorizzare
E. Delegare

25) Excel:
A. appartiene al pacchetto Office
B. consente l'immissione di numeri e lettere
C. è composto da fogli di calcolo
D. consente di ottenere rappresentazioni grafiche di serie numeriche
E. tutte le risposte sono corrette

26) Che cos'è una Guida in linea?
A. Un aiuto sul programma utilizzato, fornito da personale specializzato contattato telefonicamente
B. Un manuale fornito con il programma
C. Una simulazione del programma che ne spiega le caratteristiche principali con esempi
D. Un aiuto presente all'interno di quasi tutti i programmi per Windows, consultabile durante l'esecuzione del programma stesso
E. La versione "demo" di un programma

27) Quale tra i seguenti è un sistema operativo?
A. Word
B. DOS
C. jpg
D. ppt
E. pdf

28) Che cos'è il "desktop"?
A. Uno strumento di input
B. La parte fondamentale di un programma
C. Un ambiente di lavoro con icone
D. La parte principale di un sistema operativo
E. Un ambiente di lavoro presente solo su sistemi operativi Microsoft

29) Quale dei seguenti elementi non fa parte dell'hardware?
A. Periferiche
B. Parti meccaniche
C. Sistema operativo
D. Schermo
E. Parti elettroniche

30) Un software usato per proteggere un server da attacchi pervenuti via rete locale o via Internet, viene comunemente definito:
A. software
B. firewall
C. input
D. antispamming
E. hardware

31) Cos'è una LAN?
A. Un tipo di memoria
B. Una rete internet veloce
C. Una rete senza fili
D. Una rete locale
E. Una rete remota

32) Il termine Font riferito ad un testo, ne indica:
A. il carattere usato
B. le dimensioni del carattere
C. il corsivo
D. il grassetto
E. l'allineamento

33) Il trasferimento di dati da un computer remoto ad uno locale viene detto:
A. streaming
B. broadcasting
C. download
D. loading
E. bluetooth

34) La componente del computer che si occupa di modulare i segnali digitali, trasformandoli in analogici, in modo tale da renderli trasportabili dalle convenzionali linee telefoniche, viene detta:
A. scheda di rete
B. antispam
C. modem
D. monitor
E. ADSL

35) Cos'è un motore di ricerca?
A. L'insieme di programmi e procedure tramite cui è possibile cercare dati su Internet
B. L'insieme dei programmi e procedure che consentono al computer di eseguire i comandi

C. L'insieme dei programmi e procedure mediante cui è possibile collegarsi a periferiche esterne
D. L'insieme dei programmi e procedure che consentono di trasferire dati da un computer remoto ad uno locale
E. Nessuna delle risposte è corretta

36) La periferica di output che consente di visualizzare immagini e video generati da un computer viene chiamata:
A. modem
B. monitor
C. mobi
D. tastiera
E. mp3

37) Quale delle seguenti operazioni non è consentita da Microsoft Word?
A. Scrivere testi
B. Inserire immagini
C. Disegnare forme geometriche
D. Fare calcoli
E. Formattare i testi

38) PowerPoint è un programma per la creazione di:
A. database
B. pagine web
C. immagini
D. grafici e tabelle
E. presentazioni

39) Le periferiche sono:
A. l'insieme di hardware e software
B. quei componenti alloggiati esclusivamente all'interno del case del PC
C. quei componenti alloggiati esclusivamente all'interno del microprocessore
D. quei componenti posti esclusivamente all'esterno del case del PC
E. nessuna delle risposte è corretta

40) Di cosa avete bisogno per collegare un pc ad una rete locale?
A. Scheda di rete
B. Installare Windows NT
C. Installare Windows 95
D. Installare Linux
E. Nessuna delle risposte è esatta

41) Si può navigare in Internet quando si è in "modalità provvisoria"?
A. No
B. Sì, solo se il modem è acceso
C. Sì, solo se si attiva la navigazione in modalità provvisoria
D. Sì
E. Dipende dal modem

42) Cosa significa Random?
A. Normale
B. Casuale
C. Opinabile
D. Possibile
E. Consentita

43) Che cosa significa WWW?
A. World Windows Web
B. Wilde Wilde West
C. World Wide Web
D. È solo una sigla che serve ad identificare l'indirizzo di un sito
E. Nessuna delle risposte è esatta

44) Uno Scanner è una periferica in grado di:
A. convertire suoni in immagini
B. condividere file musicali
C. convertire in digitale immagini stampate
D. convertire in immagini stampate un file
E. convertire tif in jpg

45) Cos'è un Trojan?
A. Un virus
B. Un hacker
C. Un bug
D. Un errore di sistema
E. Un problema di connessione

46) Con tecnologia UMTS il trasferimento dei dati avviene ad una velocità di:
A. 4 megabits al secondo
B. 8 megabits al secondo
C. 384 kb al secondo
D. 2 kb al secondo
E. 6 kb al secondo

47) Quale dei seguenti programmi non fa parte del pacchetto Office?
A. Photoshop
B. Excel
A. Word
B. Power Point
C. Outlook

48) Un Megabyte, unità di misura della capacità di memorizzazione dei dati, equivale a circa:
A. un miliardo di bytes
B. un milione di bytes
C. centomila bytes
D. dieci bites
E. cento bytes

49) A cosa serve il "mouse"?
A. Per digitare testo
B. Per scegliere un comando
C. Per colorare il monitor senza caricare alcun programma
D. Per navigare in Internet
E. Nessuna delle risposte è esatta

50) Il dispositivo di puntamento usato in combinazione con l'interfaccia grafica di un programma per selezionare elementi sullo schermo prende il nome di:
A. driver
B. joystick
C. scanner
D. mouse
E. toner

Risposte commentate

1) A. Wireless significa senza fili. È il contrario di *wired* che significa collegato, intendendo che il collegamento tra due dispositivi avviene attraverso un cavo. Le reti wireless hanno avuto la loro diffusione all'inizio del 2000.

2) E. Il Weblog, diffuso da pochi anni su internet, è uno spazio multimediale dove si possono pubblicare informazioni su ogni tipo di argomento, lasciando a chiunque la possibilità di esprimere il proprio pensiero.

3) A. È l'hyperlink, anche detto collegamento ipertestuale. Agli inizi degli anni '90 si diffonde il World Wide Web, ovvero quella parte di internet che consente di accedere a contenuti multimediali e non solo testuali. Con l'introduzione dell'hyperlink si può saltare da un contenuto all'altro senza dover necessariamente scorrere le informazioni sequenzialmente.

4) A. RAM sta per Random Access Memory, ovvero memoria ad accesso casuale, definita anche memoria principale. Il nome deriva dal fatto che la CPU può accedervi in un punto a caso e prelevare o depositare un dato elaborato o ancora da elaborare. Fisicamente è costituita da una serie di "cellette", ciascuna delle quali può contenere un byte (8 bit) e ha un proprio indirizzo, così da poter essere identificata in maniera univoca e permettere la giusta lettura o scrittura del dato in essa contenuto.

5) E. Un browser è un programma che fornisce uno strumento per navigare e interagire con i contenuti che si trovano nel World Wide Web.

6) A. L'HTML (HyperText Markup Language) è un linguaggio utilizzato per descrivere la struttura di un documento ipertestuale oltre che a specificarne il contenuto. Tale linguaggio ha consentito la diffusione del World Wide Web tanto che tutti i siti web sono fondamentalmente scritti in HTML anche se frequentemente accompagnato da elementi o applicazioni scritte in altri linguaggi come JAVA o PHP.

7) B. La CPU (Central Processing Unit) è l'unità centrale di elaborazione.

8) A. L'hardware è tutto ciò che in un computer si riconosce fisicamente e quindi tutte le parti elettriche, meccaniche, elettroniche ed ottiche. Il software invece è l'insieme di programmi e procedure utilizzati per far eseguire al computer un determinato compito.

9) A. Il termine Bug indica un errore o una omissione nella scrittura di un programma software o, più raramente, nella realizzazione di un hardware. Ricordiamo tutti il cosiddetto *Millennium Bug* che, allo scoccare della mezzanotte del 1 gennaio 2000, generò non pochi disagi agli utenti di software che per memorizzare una data rappresentavano l'anno con due cifre e non con quattro.

10) A. La tastiera serve solo ad immettere informazioni nel computer.

11) C. Jpg è una delle estensioni possibili per i file di immagini.

12) A. Salvare vuol dire memorizzare un documento in modo da poterlo utilizzare in futuro.

13) B. È una rappresentazione grafica che identifica un'applicazione.

14) B. La Homepage è la pagina iniziale dei siti web.

15) B. Un driver è un file accessorio al sistema operativo che consente la comunicazione fra il computer e una periferica.

16) B. Una Query è l'interrogazione di un database secondo uno specifico criterio. È possibile creare un database inserendo i dati di una categoria per poi interrogarlo con uno specifico linguaggio detto SQL (Structured Query Language) la cui entità fondamentale è proprio la query.

17) B. Unità utilizzata in informatica che equivale a otto bit. Viene abbreviato spesso con una B maiuscola (mentre il bit è abbreviato con la b minuscola).

18) B. L'estensione PDF (Portable Document Format) è un diffusissimo formato per la pubblicazione di documenti in formato elettronico. Per poter aprire un file di questo tipo è necessario installare sul proprio PC il software *Acrobat* della *Adobe* che rappresenta ormai uno standard nella sua versione Acrobat Reader.

19) E. Un documento *zippato* è un archivio di file che viene trasformato, da un algoritmo di compressione detto ZIP, in un file più leggero dell'originale. Per poter scompattare un archivio di questo tipo occorre aver installato un apposito programma come Winzip. Altri algoritmi di compressione diffusi sono RAR e CAB.

20) B. I fogli elettronici, di cui Excel è un esempio, sono programmi di calcolo; i programmi di videoscrittura, come Word, servono all'elaborazione di testi.

21) A. Per ADSL (Asymmetric Digital Subscriber Line) si intende una tecnologia che consente di velocizzare la connessione a internet pur continuando a riceverla attraverso la rete telefonica. Tale tecnologia si è diffusa negli ultimi dieci anni e ha consentito la crescita degli utenti di internet che possono ora disporre di una banda larga per una navigazione veloce.

22) D. L'estensione xls, caratteristica del *software Microsoft Excel*, è in grado di creare e gestire fogli di lavoro, ovvero di fogli elettronici per relazioni matematiche o statistiche. L'estensione ppt, invece, viene utilizzata da *Microsoft Powerpoint* per creare presentazioni formate da diapositive che illustrano le informazioni che si intende comunicare.

23) C. Una demo di un software è una versione dimostrativa dello stesso con funzionalità limitate. Vengono utilizzate dalla case produttrici di software per pubblicizzare un proprio prodotto senza lasciare all'utente la possibilità di utilizzarne tutte le funzioni.

24) A. Con il termine Download si indica l'azione di copia di uno o più file su di un computer locale a partire da una sorgente remota con la quale si è in connessione. La navigazione internet è fondata su questo principio ed ecco perché la velocità di download diventa un fattore essenziale per la sua qualità.

25) E. Il software Microsoft Excel, appartenente al pacchetto Office, consente l'immissione di numeri e di lettere in appositi fogli di calcolo attraverso i quali ottenere rappresentazioni grafiche o relazioni matematiche utili ai fini contabili o statistici.

26) D. In qualsiasi momento e praticamente nella maggior parte dei software applicativi, l'utente può accedere alla Guida in linea premendo il tasto F1 o attraverso l'apposita voce dal menu. La finestra che si apre consente di accedere ai vari argomenti della Guida o di effettuare delle ricerche tramite l'apposita casella di ricerca, per ottenere aiuto sulle varie funzionalità di quel determinato software.

27) B. Il DOS (Disk Operating System) è tra i primi sistemi operativi nella storia dell'informatica ad aver contribuito alla diffusione del personal computer. Oggi tale sistema lo ritroviamo ancora alla base delle più moderne versioni di Microsoft Windows. Word, invece, è il word-processor più diffuso al mondo mentre jpg, ppt e pdf sono le estensioni caratteristiche rispettivamente di un formato compresso di immagini, di un file leggibile da Powerpoint ed infine di un documento Adobe Acrobat.

28) C. È un ambiente di lavoro con icone che consentono di accedere facilmente a tutte le aree del computer.

29) C. Solo il sistema operativo, infatti, è un software tra i nomi elencati tra le risposte multiple.

30) B. Firewall (letteralmente *muro di fuoco*) è un particolare tipo di difesa contro gli attacchi o i tentativi di accesso ad un server. Esistono firewall software e firewall hardware ma la modalità di protezione è essenzialmente la stessa: vengono definite alcune regole che i programmi o l'accesso alle risorse di un computer devono rispettare, in caso contrario la richiesta effettuata viene rigettata avvisando l'utente o l'amministratore del sistema del tentativo effettuato.

31) D. Letteralmente: Local Area Network, in italiano rete locale. Identifica una rete costituita da computer collegati tra loro all'interno di un ambito fisico delimitato (ad esempio una stanza o un edificio, o anche più edifici vicini tra di loro) che non superi la distanza di qualche chilometro.

32) A. Con font si indica un insieme di caratteri tipografici caratterizzati e accomunati da un certo stile grafico. Il termine proviene dal francese medioevale e sta ad intendere *qualcosa che è stato fuso* con riferimento ai caratteri mobili prodotti per la stampa tipografica, ottenuti versando il metallo fuso nella forma contenente la matrice del singolo carattere.

33) C. Con il termine Download si indica l'azione di copia di uno o più file su di un computer locale a partire da una sorgente remota con la quale si è in connessione. Il termine streaming identifica un flusso di dati audio/video trasmessi da una sorgente a una o più destinazioni tramite una rete telematica. Per broadcast si intende la trasmissione di informazioni da un sistema trasmittente ad un insieme di sistemi riceventi non definito a priori. Loading è il termine inglese che indica il *caricamento* ovvero la fase di avvio di un software mentre bluetooth è un tipo di rete senza fili.

34) C. Il modem è un componente di un sistema hardware che si occupa di trasformare un segnale di trasmissione, costituito dall'alternarsi di tensioni elettriche, in una sequenza di bit comprensibile da un dato software e viceversa; è dotato di due collegamenti: uno con la rete telefonica (analogica) e l'altro con un computer o una periferica interfacciabile (digitale). Il termine modem sta infatti per mo-dulatore dem-odulatore.

35) A. Per consentire la ricerca di dati in Internet, sin dai primi anni '90, si sono diffusi i motori di ricerca. Sono particolari siti internet che consentono di digitare un testo con determinati criteri ed ottenere, come risultato, una lista di siti attinenti ai criteri impostati e contenenti l'argomento o la parola digitata nella ricerca. Negli ultimi anni sono andati scomparendo molti di essi lasciando il campo al più diffuso *Google* che è, ormai, diventato quasi uno standard.

36) B. Le periferiche di output sono quei dispositivi hardware che consentono a un computer di produrre il risultato di una sua elaborazione nel modo richiesto dall'utente, ad esempio la stampa di un documento (stampante) o la visualizzazione di un'immagine (monitor).

37) D. Microsoft Word è un programma appartenente alla categoria dei word processor. Questa tipologia di software consente l'elaborazione di documenti contenenti testo formattato eventualmente affiancato a altri contenuti come immagini, forme geometriche e tabelle.

38) E. PowerPoint è un software appartenente al pacchetto Microsoft Office utilizzato per la creazione di presentazioni multimediali proposte sotto forma di diapositive da utilizzare come supporto visivo.

39) E. Le periferiche sono apparecchiature elettroniche che possono essere connesse ad un computer per ricevere o inviare dati.

40) A. Per collegarsi ad una rete locale occorre una scheda di rete.

41) A. In modalità provvisoria, vengono utilizzati solo i file e i driver di base (mouse, monitor, tastiera, memoria di massa, schermo di base, servizi di sistema predefiniti e nessuna connessione di rete).

42) B. Il termine *random* significa casuale, senza un ordine predefinito. In informatica ritroviamo tale termine sia nell'acronimo RAM (Random Access Memory) ovvero memoria ad accesso casuale, sia nei programmi multimediali quando si sceglie di riprodurre una sequenza di files in sequenza casuale.

43) C. La sigla WWW sta per World Wide Web, interfaccia ipertestuale di Internet che utilizza il linguaggio HTML.

44) C. Uno scanner è una periferica di input che consente la digitalizzazione di una immagine o di un documento stampato. Esistono inoltre software (detti OCR) capaci di "leggere" il testo stampato e di di riconoscerne il contenuto per poi inserirlo in un programma per l'elaborazione di testi come Microsoft Word. Una volta eseguito tale procedimento il testo diventa modificabile come se fosse stato digitato manualmente.

45) A. Un trojan è un particolare tipo di virus che prende il suo nome dal mitologico cavallo di troia con cui Ulisse, mediante uno stratagemma, riuscì ad infiltrarsi tra le mura di troia per conquistarla. Allo stesso modo questo tipo di virus è capace di infiltrarsi in un sistema per poi intaccarne la protezione e consentire, a sua volta, l'accesso nel sistema di altri virus ben più dannosi.

46) C. La tecnologia UMTS (Universal Mobile Telecommunications System) rappresenta lo standard di nuova generazione nelle reti di trasmissione per telefonia mobile. Le applicazioni tipiche attualmente implementate sono tre: voce, videoconferenza e trasmissione dati a pacchetto. Ad ognuno di questi tre servizi è assegnato uno specifico transfer rate, per la voce 12,2 kb/s, 64 kb/s per la videoconferenza e 384 kb/s per trasmissioni di tipo dati (scarico suonerie, accesso al portale, ecc.).

47) A. Il pacchetto software Microsoft Office è probabilmente la suite di programmi più utilizzata al mondo e contiene i cinque applicativi fondamentali per la gestione dell'office automation: Word per l'elaborazione di testi; Excel per la gestione di fogli elettronici; Access per i database; Powerpoint per le presentazioni digitali ed Outlook per la posta elettronica. Il software Photoshop, invece, della Adobe, consente l'elaborazione delle immagini.

48) B. Il Megabyte, equivalente a circa un milione di bytes, è una unità di misura dell'informazione usata per indicare la quantità di dati che è possibile immagazzinare in un memoria di massa. Il simbolo utilizzato è MB da non confondere con Mb che, invece, sta per megabits, unità di misura utilizzata per misurare la velocità di trasmissione dati di un mezzo di trasmissione.

49) B. Il mouse può essere utilizzato al posto della tastiera per selezionare un comando.

50) D. Il mouse è considerata la periferica di input di più largo uso in informatica. Consiste in un dispositivo collegato al PC via cavo o wireless che, grazie a dei sensori ottici, riesce a percepire il movimento che l'utente gli impartisce per poi digitalizzarlo trasformandolo in informazioni per lo spostamento del puntatore sullo schermo del computer.

Printed by Amazon Italia Logistica S.r.l.
Torrazza Piemonte (TO), Italy

51614839R10154